GUIDES PRATIQUES CONTY

PUBLIÉS SOUS LE PATRONAGE DES COMPAGNIES DE CHEMINS DE FER

LES Pyrénées

OCCIDENTALES ET CENTRALES

et le Sud-Ouest de la France

PARIS
ADMINISTRATION DES GUIDES CONTY
12, RUE AUBER (PRÈS L'OPÉRA)

Permettez-nous, chers Lecteurs, de vous offrir, sous le bienveillant patronage des Compagnies des Chemins de fer de l'Etat, du Midi et de l'Orléans, la deuxième édition de notre guide des « **Pyrénées**, occidentales et centrales », qui comprend l'indication des principaux itinéraires de Paris et des points les plus importants de France, aux Pyrénées.

Vous y trouverez la description détaillée de toute la région du **Sud-Ouest**, desservie par la Compagnie des Chemins de fer du Midi et s'étendant : de Bordeaux à Hendaye et Sébastien (Espagne) à l'O.; de St-Sébastien à Bagnères-de-Luchon, au S.; de Luchon à Toulouse, à l'E.; et de Bordeaux à Toulouse, au N.

Ce guide est la continuation de notre Guide des « **Plages de l'Océan** » et se relie à notre Guide « **Paris-Marseille-Alger** » par la ligne Narbonne-Toulouse, où se trouve la description de l'antique cité de **Carcassonne**.

De nombreuses gravures et des cartes et plans, établis avec le plus grand soin, complètent et égaient ce petit volume, qui saura, nous l'espérons, comme ses devanciers, mériter votre faveur.

GUIDE CONTY

Avis important.

Ce volume se compose de trois parties : le **papier blanc** réservé au *Texte*, les *pages* **bleues** et les *pages illustrées* sur **papier rose**.

Nos lecteurs trouveront dans les **Pages bleues** tous les renseignements de nature à les éclairer sur le choix des *Hôtels* et *Restaurants* ainsi que sur les changements apportés d'une année à l'autre aux horaires et tarifs des *voitures*, *tramways*, *bateaux* desservant la région qu'ils visitent.

Les **Pages roses** contiennent toutes les combinaisons offertes par les différentes *Compagnies de chemins de fer* pour les voyages circulaires, les mêmes indications pour les grandes *Compagnies de navigation*, ainsi que des annonces de *villes*, *stations thermales*, *plages* et grandes marques du *commerce* et de l'*industrie*.

La **Pochette** adhérente à la couverture renferme une *carte d'ensemble* des régions décrites dans ce volume.

Nous prions instamment nos lecteurs de vouloir bien remplir et nous adresser le petit *livret-contrôle* renfermé dans cette pochette. Il sera toujours tenu compte de leurs observations.

N. B. — Prière d'affranchir et d'indiquer le nom et l'adresse.

Guides Conty

E. et J. LE BRUN, Directeurs.

Paris, 12, rue Auber (près l'Opéra).

BAGNÈRES-DE-LUCHON. — Le lac d'Oo.
(Phot. Lafont, libraire, 63, allée d'Etigny, à Luchon).

Les Pyrénées

La chaîne des Pyrénées s'étend sur une longueur totale de 840 kil., avec une largeur variant de 50 à 120 kil. Elle commence au **cap Creus**, sur la Méditerranée, pour se terminer au **cap Finistère**, sur l'Atlantique, élevant entre la France et l'Espagne, du cap Creus au cap Figuier, une barrière formidable, hérissée, de hauts sommets, qui constitue ce qu'on appelle, plus spécialement, les **Pyrénées Françaises**.

Cette partie des Pyrénées, dont la longueur est de 450 kil., est de beaucoup la plus intéressante et la plus pittoresque. Elle est formée de deux chaînes parallèles, orientées du S.-E. au N.-O., de longueur sensiblement égale, reliées entre elles, à la hauteur du *Val d'Aran*, par un massif rocheux, qui s'étend du *Mont Vallier* au *Pic de l'Escaletta*.

On distingue dans les Pyrénées Françaises, trois parties :

Les *Pyrénées Orientales*, du cap Creus au Pic de Corlitte ;

Les *Pyrénées Centrales*, du Pic de Corlitte au massif du Mont Perdu, où se trouvent les plus hauts sommets

Et les *Pyrénées Occidentales*, du Mont Perdu au col de Goritty, qui comprennent, notamment, le Vignemale et le port de Gavarnie et viennent se terminer au fond du golfe de Gascogne, au cap Figuier, par la montagne de Haya ou des Quatre Couronnes et le Jaizquibel.

Abruptes et presque à pic, au S., du côté de l'Espagne, les Pyrénées, au N., du côté de la France, s'infléchissent jusqu'à la plaine, par une série de pentes, pour la plupart très accessibles et du plus riant aspect. Des glaciers étincelants, qui garnissent les hauts sommets, jusqu'aux vertes prairies de la vallée, ce ne sont, partout, que riches pâturages et forêts immenses de sapins et de hêtres, que sillonnent, en tous sens, mille gaves capricieux, dont les eaux limpides forment, à chaque obstacle, de ravissantes cascades.

Les Alpes possèdent de plus hauts pics ; mais tout en étant merveilleusement grandioses, elles se présentent, généralement, sous un aspect sévère et imposant ; les Pyrénées, au contraire, sont plus accueillantes et, dans l'éclat radieux de leur incontestable majesté, se prêtent, avec une bonne grâce aimable, à toutes les tentatives, même les plus audacieuses, des ascensionnistes.

Admirablement belles, elles savent encore se rendre éminemment utiles en protégeant, écran gigantesque, toutes les régions de la France, qui leur confinent, contre les effets désastreux des vents brûlants du Midi.

Le sommet le plus élevé des Pyrénées Françaises est le **pic de Néthou** (3.404 m.), dans le *massif de* *la Maladetta*; viennent ensuite : les pics de Posets (3.367 m.), du Mont-Perdu (3.352 m.), du Cylindre de Marboré (3.327 m.), de Cambielle (3.234 m.), de Troumouse (3.086 m.), de Mont-Calm (3.080 m.), etc. dans le massif des Pyrénées Centrales, qui renferme, également, le **Pic du Midi de Bigorre**, remarquable par sa situation isolée, au milieu de l'armée de monts qui l'entourent, et qui l'a fait choisir pour y élever l'observatoire, rendu fameux par les précieuses observations météorologiques du général de Nansouty. L'altitude du Pic du Midi n'est que de 2.877 m. Citons encore les pics de Corlitte (2.920 m.) et de Puy-Mal (2.909 m.), dans les Pyrénées Orientales, et ceux de Vignemale (3.298 m.), de Badescure (3.147 m.), d'Arriengrand (2.984 m.) et du Midi d'Ossau (2.885 m.), dans les Pyrénées Occidentales. Les principaux cols et passages de cette chaîne, en allant de l'E. à l'O., sont ceux de la Massane (795 m.), de Pertus (290 m.), de la Jonquera, de la Creu, des Aires, de Mantes, de la Perche (1.622 m.), où passe la grande route de Perpignan à Urgel, de Puymoren (1.931 m.), de Saldéou, de Siguier, de Port Vieil (2.599 m.), de Port d'Orle (2.363 m.), du Pont-du-Roi (585 m.), où passent la route du Val d'Aran et la Garonne, du Portillon de Plan (2.243 m.), de la Pez (3.300 m.), de Vénasque (2.417 m.), où passe la route de Vénasque à Luchon, d'Oo (3.000 m.), de Clarabide (2.877 m.), de Troumouse, du Port de Gavarnie (2.282 m.), de Marcadaou (2.556 m.), par où l'on se rend de Cauterets aux bains de Panticosa, en Espagne, de Canfranc (2.046 m.), de Pourtalet, d'Ibagnetta, de Roncevaux (1.100 m.), de Bélate, l'un des principaux passages de France en Espagne, et de Goritty.

D'innombrables vallées, plus fertiles et plus riantes les unes que les autres, étendent leur tapis de fraîche verdure au pied de tous ces monts ; citons, notamment, celles de Sègre, d'Andorre, de Vic-Dessos, de Salat, d'Aran, de la Pique, de Luchon, de l'Esponne, la vallée d'Aure, celles de Bagnères-de-Bigorre, de Campan, de Labassère, d'Argelès, de Luz-St-Sauveur, de Cauterets, de Laruns, d'Ossau, d'Azun, d'Aspe, de Roucal, de Baigorry, de Bastan, etc...

Cinq départements confinent aux Pyrénées, ce sont les Pyrénées-Orientales, l'Ariège, la Haute-Garonne, les Hautes-Pyrénées et les Basses-Pyrénées. Ils sont arrosés par de nombreux cours d'eau dont les principaux sont la Tech, le Têt, l'Aude, l'Ariège, la Garonne, l'Adour, le Gave de Pau et la Bidassoa, qui sert de frontière entre la France et l'Espagne. Ces cours d'eau sont formés par une quantité considérable de torrents ou gaves, descendus des montagnes, qui entretiennent dans toutes ces régions une délicieuse fraîcheur et leur assurent une remarquable fertilité.

Les montagnes des Pyrénées sont riches en métaux et minéraux ; on y rencontre, en grande quantité, l'argent, le cuivre, le fer, le plomb, l'étain, le cobalt, l'antimoine, l'alun, le sel gemme et, par-dessus tout, le marbre, dont les nombreuses variétés font l'objet d'une exploitation très importante. La végétation ne cesse qu'à 2.200 m. et, jusqu'à cette altitude imposante, l'on peut voir tout au long des pentes et sur les plateaux des sommets, des troupeaux de bœufs disséminés çà et là et paissant, en liberté, la bonne herbe saine et parfumée de la montagne.

La flore des Pyrénées est particulièrement abondante et variée ; quant à la faune, elle compte plusieurs espèces rares et intéressantes, telles que l'ours, l'isard, des aigles et des vautours de grande taille, la perdrix blanche, le coq de bruyère, la palombe, etc...

En voilà plus qu'il ne faut pour attirer vers la région pyrénéenne tous les amateurs de spectacles grandioses, mais ce qui assure aux Pyrénées une clientèle de visiteurs, déjà très nombreuse et qui ne fera que croître d'année en année, c'est l'incroyable abondance et les étonnantes vertus curatives de leurs eaux minérales, froides ou thermales.

Ajoutons, qu'à ce point de vue spécial, les stations thermales des Pyrénées sont aménagées avec tout le confort désirable et en rapport avec les exigences de la thérapeutique moderne. Nos lecteurs pourront s'en convaincre par les détails contenus dans notre ouvrage et qui sont de la plus scrupuleuse exactitude.

Quand nous aurons dit : que les Pyrénées, comme les Alpes, ont leurs amateurs fervents et passionnés, au premier rang desquels il convient de citer **Lord Russell**, qui exerce la plus élevée des royautés, sur tous ces pics fameux, dont il a pénétré tous les secrets et décrit, avec tant d'élégance, les incomparables beautés, **Lézat**, **Wallon**, **Ramond** et leurs continuateurs; que les races pyrénéennes sont dignes, à tous égards, du cadre merveilleux dans lequel elles se meuvent; que nous avons éprouvé un charme indéfinissable au spectacle de tant de jolies choses, nous aurons rendu un juste hommage et payé un faible tribut d'admiration à ces Pyrénées qu'on ne se lasse jamais de revoir.

En route, donc, pour les Pyrénées !

1.

Conseils Pratiques

Ce qu'il faut emporter. — Quelle que soit la durée de votre séjour aux Pyrénées, emportez de chauds vêtements, pour vous prémunir, matin et soir, contre les effets pernicieux des refroidissements. Les dames trouveront, du reste, sur place, d'excellents manteaux fabriqués avec le tissu des Pyrénées et qui sont à la fois légers et chauds. Si vous devez faire des ascensions, joignez à votre bagage de solides chaussures au cuir souple et à la semelle épaisse. Pour le surplus restreignez-vous le plus possible.

Cyclisme et photographie. — Les bicyclistes n'auront que l'embarras du choix dans les innombrables excursions que l'on peut faire aux Pyrénées, où les routes sont généralement bien entretenues ; quant aux amateurs de photographie, ils pourront à loisir exercer leur talent et ne rencontreront jamais occasion plus propice d'enrichir leur collection de souvenirs de voyage.

La vie aux Pyrénées. — Les hôtels. — En dehors du mois d'août, où il y a foule, la vie n'est pas trop chère aux Pyrénées. Les hôtels y sont bons. Il faut compter, pendant la saison, de juillet à septembre, par personne et par jour, de 10 à 15 francs et plus, dans les hôtels de 1er ordre, de 8 à 12 francs dans les hôtels de 2e ordre et de 6 à 9 francs dans les autres. On obtient des conditions plus avantageuses en mai, juin et septembre, mois pendant lesquels il fait vraiment bon visiter les Pyrénées.

Maisons meublées. — Dans toutes les stations thermales des Pyrénées on trouve à louer des maisons ou appartements meublés avec cuisines, où l'on peut mener la vie de famille. Les propriétaires fournissent, pour le prix de location, linge, vaisselle et argenterie. On peut s'entendre avec la bonne de la maison pour le ménage et la confection des repas.

Agences de locations. — Pour obtenir tous renseignements sur les maisons ou appartements à louer, s'adresser aux « agences de locations » indiquées dans notre *agenda bleu*, fin du volume.

BILLETS DE CHEMIN DE FER

Pour tous les renseignements concernant les différentes combinaisons de voyages circulaires, à tarifs réduits, mises à la portée du public par les Compagnies de Chemins de fer, se reporter à nos *pages roses* en fin du volume.

Ces billets comprennent : Les *billets d'excursions, individuels et de famille,* qui sont de trois sortes : 1° Billets d'excursions ; 2° Billets d'aller et retour individuels, et 3° Billets d'aller et retour de famille, et les *Billets pour parcours supplémentaires* non compris dans les itinéraires des billets de voyages circulaires ci-dessus.

ITINÉRAIRE EN 30 JOURS

Nous donnons ci-dessous l'emploi de trente journées dans les Pyrénées et le Sud-Ouest de la France, y compris la durée des trajets de Paris à Bordeaux et de Toulouse à Paris, ou vice-versa.

Nous recommandons, autant que possible, de quitter Paris le soir, afin de gagner une journée.

Bordeaux. — **Royan,** le **Verdon**	2 jours.
Bordeaux à Arcachon. — **Arcachon.** Environs...	1 —
Arcachon à Dax et Bayonne. — **Dax, Bayonne, Cambo, Saint-Jean-de-Luz, Hendaye, Fontarabie, Saint-Sébastien**	5 —
Biarritz	1 —
Bayonne à Pau. — **Salies de Béarn, Pau**	2 —
Pau à Oloron. — **Saint-Christau, Vallée-d'Aspe.**	2 —
Laruns. — **Eaux-Bonnes, Eaux-Chaudes**...	2 —
Pau à Lourdes. — **Lourdes, Argelès,** Pierrefitte, **Cauterets, Luz-Saint-Sauveur, Gavarnie, Barèges**	6 —
Lourdes à Tarbes. — **Tarbes, Bagnères de Bigorre**	2 —
Tarbes à Bagnères de Luchon. — **Loures-Barbazan, Saint-Bertrand-de-Comminges, Bagnères de Luchon** et environs	4 —
Bagnères de Luchon à Toulouse. — **Toulouse**...	2 —
Toulouse à Paris par **Montauban**	1 —
Total....	30 jours.

DE PARIS AUX PYRÉNÉES

Direction Biarritz et Tarbes — **Direction Bagnères-de-Luchon**

BORDEAUX

Par { l'ORLÉANS (7.54) / l'ÉTAT (11.58) }

Lamothe......	Arcachon (9 1/2). Mont-de-Marsan (11 1/2).
Morcenx......	Bagnères-de-Bigorre (13 3/4). Tarbes........ Montréjeau-Bagnères-de-Luchon (14.9).

DAX

Dax........	Puyôo..... { Salies-Béarn-Mauléon...... (12 3/4)
	Orthez..... Saint-Etienne-St-Jean-Pied-de-Port.
Bayonne.... (12 1/4)	Ossès..... { Oloron (15 1/2) St-Christau Eaux-Bonnes
	Pau...... (13 1/2). { Laruns..... (15 3/4). Eaux-Chaud. Cauterets-Luz-Saint-Sauveur-Gavarnie-Barèges.
	Pierrefitte... (15 1/4).
	Lourdes..... (13 3/4).
Biarritz.... (12 1/2)	Tarbes..... (13 1/4). Bagnères-de-Bigorre..... (13 3/4).
St-Jean de Luz (13).	Capvern.... (14 1/2).
Hendaye..... (13 1/4)	Montréjeau... Loures-Barbazan (15.20)...
Irun........	Saléchan.... (15.30) Ste-Marie.... Siradan..... Bagnères-de-Luchon.... (14.9).
St-Sébastien.. (15 1/4)	

TOULOUSE

Par l'ORLÉANS { via MONTAUBAN (9) / via CAPDENAC (13.40) }

St-Gaudens... Montréjeau...	Loures-Barbazan-Saléchan-Bagnères-de-Luchon (12)
Capvern (15).	Bagnères-de-Bigorre (16).
Tarbes......	Mont-de-Marsan-Morcenx-Arcachon-Bordeaux.
Lourdes.... (16 1/2)	Pierrefitte (18 3/4). Cauterets-Luz-S-Sauvr-Barèges-Gavie
Pau (17 1/4).	Oloron (20 1/2)-St-Christau. Laruns (20 1/2) { Eaux-Bon. Eaux-Ch.
Orthez (18).	
Puyôo (18 1/4)	Dax-Arcachon-Bordeaux.
Bayonne.... Biarritz.... St-Jean-de-Luz.... Hendaye.... Irun...... Saint-Sébastien......	Cambo-Ossès-Saint-Jean-Pied-de-Port.

DE PARIS AUX PYRÉNÉES

On peut se rendre de Paris aux Pyrénées, soit par **Bordeaux**, soit par **Toulouse**.

Nous recommandons le trajet par *Bordeaux* pour toutes les stations comprises entre Bordeaux, Bayonne et Saint-Sébastien, ainsi que pour celles de la ligne de Bayonne à Toulouse, jusqu'à Tarbes et *Bagnères-de-Bigorre*.

Le trajet, par *Toulouse* (viâ Montauban ou viâ Capdenac), est le seul pratique pour les personnes se rendant à *Bagnères-de-Luchon*.

On trouvera indiquée, dans le tableau ci-contre, la durée du trajet de Paris à chacune des stations balnéaires des Pyrénées, pour l'une et l'autre direction.

ITINÉRAIRES

De Paris à Bordeaux, v. notre guide : « *Les Plages de l'Océan* », pr. 2 fr. 50.

Bordeaux, v. p. 23.

De Nantes à Bordeaux, v. notre guide : « *Les Plages de l'Océan* », pr. 2 fr. 50.

De Lyon à Bordeaux (trajet en 15 h. env.), par **Saint-Etienne**, *Roanne*, **Vichy**, *Saint-Germain-des-Fossés*, *Gannat*, *Montluçon*, *Guéret*, **Limoges**, **Périgueux**, *Coutras* et *Libourne*.

De Vichy à Bordeaux (trajet en 9 h. 50 exp.; et 13 h. dir.) par *Gannat*, *Montluçon*, *Guéret*, *Saint-Sulpice-Laurière*, **Limoges**, **Périgueux** et *Coutras*.

DE BORDEAUX A TOULOUSE

257 kil. en 3 h. 35 rap., 4 h. 39 expr. et 6 h. 30 dir.

En quittant Bordeaux (*gare Saint-Jean*), on laisse à dr. la ligne de Bayonne, et, passant aux stations de *Bègles*, *Villenave-d'Ornon*, *Cadaujac* et *Saint-Médard-d'Eyrans*, on atteint **Beautiran**.

Nota. — De Beautiran, se détache, à dr. une ligne qui dessert **Hostens**, par *la Brède*, où se trouve le *Château de Montesquieu*, des XIIIe et XVe siècles.

Après Beautiran, viennent les stations de *Portets*, *Arbanats*, *Podensac*, **Cérons** (à 2 kil. Cadillac, avec le château d'Epernon, des XVIe et XVIIe siècles, qui sert de prison pour les femmes), **Barsac** (renommé pour ses excellents vins blancs), **Preignac** (cru très estimé). — *Sauternes* est 6 à kil. au S.-O. et **Langon**.

Nota. — De Langon, se détache à dr., la ligne de **Bazas** (20 kil.), par *Nizan* (Beau château fortifié de *Roquetaillade*, du XIVe siècle, à 3 kil. au N.), qui est relié à **Saint-Symphorien** (emb. sur **Luxey**), **Hostens** et **Facture**, par une ligne de chemin de fer.

On doit construire prochainement la ligne de **Bazas à Auch**, par *Bergonce* et *Eauze*. **Langon** sera relié également à **Libourne** par une ligne passant par *la Sauve*.

En quittant Langon, on passe à *Saint-Macaire, Saint-Pierre-d'Aurillac, Caudrot, Gironde* **et on arrive** à **La Réole (61 kil.).**

La Réole. — Ville de 4.177 hab., s.-préf. du dép. de la Gironde, bâtie en amphithéâtre sur le flanc d'une colline escarpée dont le pied est baigné par les eaux de la Garonne. — Commerce de vins, eaux-de-vie, grains, chapeaux, cordes, cercles, chaussons en basane, etc.

A signaler : *Hôtel de Ville* des XIIe et XIVe siècles; *Eglise Saint-Pierre,* des XIIIe et XVe siècles; restes de l'antique *Abbaye de Regula,* autour de laquelle la ville s'est formée au Xe siècle; ruines d'un *Château* datant de la domination anglaise.

Deux stations, *Lamothe-Landerron* et *Sainte-Bazeille,* séparent **La Réole** de **Marmande (79 kil.).**

Marmande. — Ville de 10.341 hab., s.-préf. du dép. de Lot-et-Garonne, sur un plateau, au bord de la Garonne. — Port sur ce fleuve. — Fabriques d'eaux-de-vie, commerce de vins, farines, grains, chanvre et prunes. — Magasin de tabac. — Eglise des XIIe et XVe siècles.

Nota. — Marmande est le point d'embr. des lignes de **Bergerac** et *Mont-de-Marsan,* par **Casteljaloux** et **Roquefort.**

Après Marmande, viennent *Gontaut-Fauguerolles* et **Tonneins** (emb. sur **Villeneuve-sur Lot**), puis *Nicole, Aiguillon,* et **Port Sainte-Marie.**

Nota. — De Port-Sainte-Marie, se détache à dr., la ligne de **Risole**, par *Nérac, Condom* et *Eauze.*

De Nérac, part la ligne de **Mezin**, qui sera prolongée jusqu'à **Mont-de-Marsan**, par *Gabarret*, point de la future ligne **Bazas-Auch**.

On passe ensuite à *Fourtic, Saint-Hilaire* et *Colayrac*, **on remarque le beau** *pont-canal*, **qui franchit la ligne du chemin de fer et on arrive à Agen** (Buffet).

Agen. — Ville de 23.234 hab., préf. du dép. de Lot-et-Garonne, bâtie sur la rive dr. de la Garonne, au milieu d'un site ravissant et au pied d'une colline égayée par de jolies villas et traversée de l'E. à l'O. par le boulevard de la République. — Siège d'un évêché. — Entrepôt de commerce de Bordeaux et de Toulouse. — Commerce très important de fruits, **prunes d'Agen**, chasselas, raisin, abricots, pêches, etc. Patrie de *Lacépède* et du *poète Jasmin*.

A signaler : l'*Eglise Sainte-Foi*, des xiiie et xive siècles, en face de la gare; la *Cathédrale Saint-Caprais*, avec abside et transept des xie et xiie siècles et nef des xive et xvie siècles, jolies fresques; les *halles*; l'*Eglise Saint-Hilaire*, du xve siècle, façade et clocher modernes, tribune d'orgue en pierre, vitraux et fresques remarquables; l'*Eglise des Jacobins*, du xiiie siècle en briques, à deux nefs; l'*Hôtel de Ville*, où se trouve le *Musée* (visible tous les jours pour les étrangers); le *Boulevard de la République*, la *promenade du Gravier*, au bord de la Garonne, avec une gracieuse passerelle suspendue et, près de là, un joli pont de pierre et un *pont-canal* fort curieux, sur lequel passe le canal latéral à la Garonne et accessible aux piétons; la statue du poète-perruquier *Jasmin*, la *promenade de la Plate-Forme*, la *Préfecture* et le *Palais de Justice*.

Nota. — Agen est le point de bifurcation de la ligne d'**Agen** à **Périgueux**, par *Mosempron-Libos*. Il est en outre relié à **Auch** et à **Tarbes** par la ligne qui part de *Bon-Encontre* et va rejoindre, par **Auch**, la ligne de *Morcenx* à *Tarbes*, à la station-embr. de *Vic-Bigorre*.

La première station après Agen, est **Bon-Encontre**, d'où se détache, à dr., la ligne d'*Auch-Vic-Bigorre* et *Tarbes*.

Nota. — Cette ligne dessert, indépendamment de **Auch**, les stations de **Lectoure** et **Mirande**, s.-préf. du dép. du Gers.

Viennent ensuite, *Lafox, Saint-Nicolas-de-la-Balerme, Lamagistère, Valence-d'Agen, Malause* et **Moissac**.

Moissac. — Ville de 8.797 hab., s.-préf. du dép. de Tarn-et-Garonne, sur le canal latéral à la Garonne et la rive dr. du Tarn. — Grand commerce de farine pour le Levant et les colonies ; huiles, vins, laines et fruits divers. — *Eglise Saint-Pierre*, reconstruite au XVe siècle, avec portail remarquable du XIIe siècle, *Cloître*, datant du commencement du XIIe siècle, un des plus curieux de France.

Après Moissac, on passe sous deux tunnels, on franchit le Tarn sur un pont tubulaire et on arrive à **Castelsarrasin** (187 kil.).

Castelsarrasin. — Ville de 7.772 hab., s.-préf. du dép. de Tarn et-Garonne, près de la Garonne, sur le Canal latéral. — Fonderie et laminoirs à cuivre ; minoterie ; grands marchés de bestiaux. *Eglise Saint-Sauveur*, des XIIe et XVe.

Nota. — Castelsarrasin sera prochainement relié à **Gimont Cahuzac**, station de la ligne de **Toulouse** à **Auch**, par une ligne passant à *Beaumont-de-Lomagne*.

On dépasse la **station de** *la Villedieu*, on voit à g., la grande ligne de Montauban à Paris, par Cahors et Limoges, et on atteint **Montauban** (Buffet).

Montauban, v. p. 328.

De Montauban à Toulouse (*Matabiau*), 6 stations, *Montbartier, Dieupentale, Grisolles, Castelnau-d'Estrète, Saint-Jory, Lacourtensourt*; on rejoint à g. la ligne de Paris à Toulouse, par Capdenac, et on entre en **gare de Toulouse** (*Matabiau*)

De Vichy à Toulouse (trajet en 22 h. 30 et 26 h. 15) (par ce train, on couche à Aurillac), par *Saint-Germain-des-Fossés*, **Clermont-Ferrand**, *Arvant*, *Aurillac*, *Figeac* et *Capdenac*.

DE LYON A TOULOUSE
Trajet en 11 h. 50 env.

Itinéraire, par *Tarascon, Nimes, Montpellier, Cette, Béziers, Narbonne, Carcassonne, Castelnaudary* et *Villefranche-de-Lauragais*.

Nota. — De Lyon à Narbonne, voir, pour l'itinéraire et la description des villes, notre guide : « *Paris-Marseille-Alger* », prix 2 fr. 50.

De Narbonne à Toulouse. — *Itinéraire*. — En quittant Narbonne, on laisse à g., la ligne de *Perpignan, Port-Bou, N.-E. de l'Espagne*, puis, à dr., la petite ligne de *Bize*, on passe aux stations de *Marcorignan, Villedaigne, Lezignan, Moux* (bifurc. à dr. sur **Caunes**, où se trouvent des carrières de marbre très renommé), *Capendu, Floure, Trèbes* et, après avoir franchi un petit tunnel, traversé l'Aude et le Canal du Midi, on arrive à **Carcassonne** (Buffet).

Carcassonne. — Ville de 28.235 hab., ch.-l. du dép. de l'Aude, située sur la rivière de l'Aude qui la divise en deux parties très distinctes, la **Ville-Basse**, dans la plaine, sur la rive g., où se trouve la gare et **la Cité**, sur une colline de la rive dr. Le Canal du Midi passe devant la gare, à la partie N. et N.-O. de la Ville-Basse. — Evêché.

La Ville-Basse. — On se rend de la gare à la **Place aux Herbes** *(5 min. env. à pied)*, qui est le centre de cette partie de Carcassonne, en traversant, à la sortie de la gare, le *pont Marengo*, jeté sur le canal du Midi, en suivant la *rue de la Gare*, qui lui fait suite et longe à dr., la *promenade du Jardin des Plantes*. La Ville-Basse est bien construite, sur un plan régulier, qui lui donne l'aspect d'un damier, percée de rues bien entretenues et bordée au S., à l'O. et à l'E. par de jolis boulevards plantés de platanes. Elle possède, en outre des squares, comme le *Square Gambetta*, la *Place aux Herbes* et le *Jardin des Plantes*, qui constituent de délicieux buts de promenade et où règne, sous d'opulents ombrages, une continuelle fraîcheur. Carcassonne est, du reste, la ville de France qui met la plus grande quantité d'eau potable à la disposition de ses habitants.

A signaler : L'*Eglise de Saint-Vincent*, de style gothique, des XIVe-XVIe siècles, avec une large nef, de beaux vitraux et une grosse tour inachevée, du sommet de laquelle Delambre et Méchain calculèrent l'axe du méridien de Paris, qui passe à 46" à l'O.; la *Place aux Herbes*, où l'on remarque une jolie fontaine de marbre, du XVIIIe siècle, surmontée d'un Neptune, par les Barata, père et fils; la *cathédrale Saint-Michel*, du XIIIe siècle, où l'on remarque, dans le mur O., une fort belle rose; la *statue du révolutionnaire Barbès*, par Falguière, sur le boulevard Barbès, en face de la cathédrale; *l'Hôtel de la Préfecture*, dans l'ancien évêché, avec joli jardin, dans lequel se trouve une colonne en marbre gris, élevée à l'empereur Numérien, né à Narbonne; *le Musée*, près du square Gambetta, (visible le dimanche et le jeudi, de midi à 4 h.), très curieux à visiter; la *Bibliothèque*, dans le même local que le Musée, riche de 25.000 vol. enfin le *Square Gambetta*, où se trouvent un kiosque pour la musique, une pièce d'eau et un Mercure, en marbre blanc, par Ludovic Durand.

De la gare à la Cité. — (25 min. à pied). En sortant de la gare, traverser le canal du Midi, sur le *pont Marengo*, longer le *Jardin des Plantes*, tourner à g. dans *la rue de Tivoli*, pour suivre, plus loin, à dr. le **boulevard de la Préfecture**; on passe entre le *Square Gambetta* et le *Musée* et, arrivé en face de l'*Evêché*, on prend, à g. la *rue du Pont-Vieux* puis, le **Pont-Vieux** (du XIIe siècle, à 8 arches plein cintre, croix de pierre au milieu) qui aboutit au *faubourg de la Trivalle* et à la rue de ce nom; suivre cette rue, dans laquelle on prend, à dr., la deuxième rue, qui conduit en marchant droit devant soi et en contournant la colline à la **Porte-Narbonnaise**, par laquelle on pénètre dans la Cité.

La Cité. — Se compose d'une double enceinte fortifiée garnie de tours imposantes et percée de 2 portes : la **Porte Narbonnaise**, à l'E. et la **Porte de l'Aude** à l'O.; elle renferme un **Château-Fort**, *extrêmement curieux*, qui domine toute la vallée et qu'on voit de très loin. Ces fortifications ont été élevées au ve siècle par les Visigoths et restaurées par Viollet-le-Duc. C'est le plus bel ensemble monumental qui se puisse voir en France.(*S'adresser pour visiter, au* **gardien**, *rue Porte d'Aude*). La ville est peu habitée; on y remarque encore *la belle église*. **Saint-Nazaire**, du xiie siècle, à la partie S.-O.; beaux vitraux, transept remarquable.

Retour : Pour rejoindre le *Pont-Vieux*, en sortant par la **Porte de l'Aude**, descendre jusqu'à la première rue qu'on trouve à dr. et qui mène tout droit au pont.

Nota. — Carcassonne est le point de bifurcation de la ligne de **Quillon**, par *Limoux*.

De Carcassonne à Toulouse, 13 stations, *Pezens, Alzonne, Bram, Pexiora*, **Castelnaudary** (emb. sur **Castres** et **Albi**), *Mas-Saintes-Puelles, Segala, Avignonet*, **Villefranche-de-Lauragais**, *Villenouvelle, Baziège, Montlaur* et *Escalquens*; on arrive à **Toulouse** (*Matabiau*).

De Nice à Marseille, v. notre guide : « *Paris à Nice* », pr. 2 fr. 50.

De Marseille à Narbonne, v. notre guide, « *Paris-Marseille-Alger* », pr. 2 fr. 50.

De Narbonne à Toulouse, v. p. 18.

De Paris à Toulouse, par *Montauban*, v. p. 316.

De Paris à Toulouse, par *Capdenac*, v. p. 329.

Toulouse, v. p. 331.

De l'Auvergne aux Pyrénées

Beaucoup de personnes, leur saison de traitement terminée dans les différentes stations thermales de l'Auvergne, complètent leur cure par un voyage dans la région Pyrénéenne. Nous indiquons, ci-dessous, afin de faciliter ces déplacements, la durée du trajet depuis **Laqueuille**, (*Station desservant la Bourboule et le Mont-Dore*), jusqu'aux points les plus généralement fréquentés, des **Pyrénées**, avec la désignation des directions à prendre :

Bagnères-de-Luchon, *Via Cahors-Toulouse*, **17 h. 30**.
Bagnères-de-Bigorre, *Via Cahors-Toulouse*, **16 h**.
Pierrefitte, *Via Cahors-Toulouse*, **16 h**.
(Cauterets. Luz-Saint-Sauveur. Gavarnie. Barèges).
Lourdes, *Via Cahors-Toulouse*, **15 h**.
(Argelès-Gazost).
Oloron-Saint-Christau *Via Cahors-Toulouse*, **16 h**.
Laruns, *Via Cahors-Toulouse*, **18 h. 30**.
(Eaux-Bonnes et Eaux-Chaudes).
Pau, *Via Cahors-Toulouse*, **16 h**.
Salies-de-Béarn, *Via Cahors-Toulouse*, **18 h**.
Arcachon, *Via Bordeaux*, **12 h**.
Dax,   —   **13 h**.
Biarritz,   —   **14 h. 30**.
Saint-Jean-de-Luz, *Via Bordeaux*, **15 h**.

BORDEAUX. — La place de la Bourse et les quais.

BORDEAUX

Grande et belle ville de 252.415 hab.; ch.-l. du dép. de la Gironde et siège du commandement du 18e corps d'armée. — Archevêché. — Situation magnifique sur la Garonne. Port marchand considérable. — Grand commerce de vins.

Moyens de transport. — On se rend de Paris à Bordeaux : par l'Orléans, gare d'Austerlitz. — Distance, 578 kil.; trajet en 7 h. 50 env. en rapide, 10 à 11 h. en express et de 13 à 15 h. en train omnibus. — Les trains les plus agréables sont les rapides de 9 h. 15 du mat. et de 10 h. 22 du s. et les express partant vers 11 h. 20 du mat. et 8 h. 20 du s.

Gares. — Bordeaux a quatre gares : la *gare de la Bastide*, située sur le quai de Queyries, pour la ligne du Chemin de fer d'Orléans; la *gare Saint-Jean*, pour les lignes du Midi et de l'Etat, correspondant avec la gare de la Bastide; la gare du *Médoc*, cours Saint-Louis, et la *gare de la Sauve*, quai Deschamps.

Arrivée à Bordeaux. — On trouve, à la sortie des gares, les omnibus du chemin de fer conduisant à domicile (50 c. par personne et 20 c. par colis) et des voitures de place (v. tarif ci-après). — Pas d'omnibus d'hôtel.

TARIF	VOITURES A 1 CHEVAL FERMÉES OU DÉCOUVERTES		VOITURES A 2 CHEVAUX			
			FERMÉES		DÉCOUVERTES	
	6 h. m. à Minuit	Minuit à 6 h. m.	6 h. m. à Minuit	Minuit à 6 h. m.	6 h. m. à Minuit	Minuit à 6 h. m.
La course..	1.75	2.25	2 »	3 »	3 »	4 »
1re heure ..	1.75	2.25	2 »	3 »	3 »	4 »
Heures suivantes	1.50	1.75	1.75	2.50	2.50	3 »

Nota. — Les voyageurs sans bagages pourront se rendre à pied de la gare au centre de la ville en suivant notre itinéraire de la page 27 ou bien prendre le *tramway* qui vient du quai, passe devant la gare St-Jean et permet de gagner le centre de la ville (v. plus loin p. 27). La durée du trajet **à pied** demande une **demi-heure** environ.

Choix d'un hôtel. — Pour les renseignements sur les hôtels, v. *Agenda du Voyageur*, papier bleu, fin du volume, lettre B.

Poste et Télégraphe. — Bureau principal, rue du Palais-Gallien, 7, près la place Gambetta. Ouvert de 7 h. du mat., en été, et 8 h. en hiver à 9 h. du soir.

Voitures de place. — En stationnement sur les places *Gambetta* et *d'Aquitaine*, les *allées de Tourny*, les *cours du Chapeau Rouge* et *Victor-Hugo*, le *quai des Chartrons*, aux *gares*, etc., etc.

Tramways. — Huit lignes de tramways desservent les principaux quartiers de la ville.

1° *Du boul. J.-J.-Bosc au Bassin à flot.*
2° *Du cours d'Albret à la Bastide.*
3° *De la gare du Midi à la gare du Médoc.*
4° *De la place Bourgogne au boul. du Tondu.*
5° *De la place Richelieu aux boul. du Bouscat et de Caudéran.*
6° *De la place Richelieu au boul. de Caudéran.*
7° *De la place Richelieu au boul. de Talence.*
8° *De la place d'Aquitaine au boul. de Bègles.*

Prix des places : Intérieur, 20 c., impériale, 15 c. Correspondances (all. et ret. 30 et 25 c.).

Omnibus. — Cinq lignes :

1° *Des Docks au passage de Lormont*
2° *Du quai des Chartrons aux cours d'Albret et d'Aquitaine.*
3° *Des allées de Tourny à la place Nansouty et au boul. de Bègles.*
4° *Du Jardin public à la place d'Aquitaine.*
5° *De la place de la Bourse aux boul. du Tondu et de Caudéran.*

Prix des places : Intérieur, 20 c. ; aller et retour, 30 c.; impériale, 15 c. — On donne des correspondances, mais sans aller et retour.

Bateaux à vapeur. — Des bateaux-omnibus : *Abeilles*, *Hirondelles* et *Gondoles*, desservent Bordeaux et les localités voisines (pour les heures et les prix, consulter les affiches). — Traversée de la Bastide, toutes les 5 min., 10 c.

Bateaux du bas de la rivière (ponton des Quinconces) pour Blaye, Pauillac et Royan (consulter l'horaire).

Bateaux du haut de la rivière (ponton de la Grave) pour La Réole et Agen (consulter l'horaire).

Paquebots. — De grands paquebots appartenant à la Compagnie générale transatlantique, aux Messageries maritimes, aux Chargeurs réunis, etc., font le service entre Bordeaux et les principaux ports de l'Amérique et de l'Afrique occidentale (Voir l'Indicateur).

Plaisirs. — Bordeaux compte relativement peu de théâtres et concerts. Citons : le *Grand Théâtre*, place de la Comédie (opéra et opéra comique); — le *Théâtre des Arts*, rue Saint-Sernin (vaudeville et comédie) ; — l'*Olympia* (ancien Théâtre-Français), rue Montesquieu, genre Olympia de Paris ; — l'*Alcazar*, à la Bastide; le *Casino des Lilas* et l'*Eden-Théâtre*, boulevard de Caudéran.

De la gare en ville. SI VOUS ARRIVEZ PAR LA BASTIDE (20 *min. à pied*): En sortant de la gare suivre à g. le *quai de Queyries*, puis traverser le *pont de Bordeaux*, ayant en face de vous la *porte de Bourgogne*, et suivre, à dr., les *quais de Bourgogne, de la Douane* et *de la Bourse* jusqu'à la *place Richelieu*, pour remonter, à g., le *cours du Chapeau-Rouge*, conduisant en ligne directe, sur la *place de la Comédie*, d'où part notre itinéraire dans la ville.

Ou prendre le *bateau* pour traverser la Garonne. On débarque *place Richelieu*, d'où on gagne la *place de la Comédie*, soit à g. par le *cours du Chapeau-Rouge*, soit à dr. par la *rue Esprit des Lois* (10 min. en tout).

SI VOUS ARRIVEZ PAR LA GARE SAINT-JEAN (30 *min. à pied*) : Prendre à dr. la *rue de la Gare* et tourner à g. pour suivre le *cours Saint-Jean* jusqu'à la *place d'Aquitaine*. Remarquer à dr. la *Faculté de Médecine*. Passer sous la *porte d'Aquitaine* de l'autre côté de laquelle s'ouvre la *rue Sainte-Catherine*, l'artère principale de Bordeaux, qui vous conduit directement à la *place de la Comédie*.

Nous rappelons qu'il est préférable en sortant de la gare Saint-Jean de gagner à droite le tramway qui conduit jusqu'à la place d'Aquitaine et prendre là l'omnibus de la rue Sainte-Catherine (correspondance). En continuant par le tramway on arrive au haut du *Cours de l'Intendance*, à la **Place Gambetta**. Le même tramway conduit à la *Gare du Médoc*, par la *Place Tourny* et le *Jardin public*. (*Voir notre plan.*)

Physionomie de Bordeaux. — Grâce à sa magnifique situation sur les bords de la Garonne, à ses voies magistrales et ses monuments remarquables, Bordeaux est, sans contredit, une des plus belles villes de France. La proximité de l'Océan et les facilités de navigation de la Garonne en ont fait un port marchand de premier ordre et une tête de ligne importante des paquebots transatlantiques.

Ville essentiellement industrielle et commerçante,

Bordeaux est surtout réputée pour ses *vins* dont le commerce d'exportation est considérable.

BORDEAUX. — Les Quinconces.

Il faut, pour avoir une idée de l'importance de ce trafic, visiter l'un des chais des grands négociants bordelais (on en obtient facilement l'autorisation), la plupart sur les quais des Chartrons et de Bacalan et le Cours Saint-Louis. Là sont rangés, classés, étiquetés tous les vins des crus bordelais qui doivent, par quantités énormes, être expédiés dans toutes les parties du monde.

Nous vous engageons aussi à vous rendre (tramway) par le quai des Chartrons au Bassin à flot; vous pourrez ainsi vous rendre compte, en peu de temps, du mouvement du port et de son admirable situation.

Deux mots d'histoire. — Déjà cité importante sous les Romains, Bordeaux fut dévasté au vᵉ siècle par les Vandales et les Visigoths, puis tomba sous la domination des Francs. Plus tard les Normands, qui ravageaient l'Aquitaine, le détruisirent à leur tour.

Au xııᵉ siècle, par suite du mariage d'Eléonore avec Henri Plantagenet, Bordeaux passa sous la domination anglaise ainsi que tout le S.-O. de la France, et ne fit retour à la couronne que sous Charles VII (1453).

Henri II y établit la « gabelle », ce qui amena une violente insurrection, cruellement réprimée par le connétable de Montmorency. Bordeaux eut aussi sa Saint-Barthélemy et 264 protestants y furent massacrés. Sous Louis XVI, le marquis de Tourny, alors intendant de la Guyenne, fit tracer les belles voies que l'on admire aujourd'hui et embellit considérablement la ville.

Après la proscription des Girondins, en 1793, Bordeaux s'insurgea contre la Convention, mais dut bientôt se soumettre et fut châtié sévèrement de sa rébellion.

Pendant la guerre franco-allemande (1870) Bordeaux devint le siège de la délégation du gouvernement provisoire et l'Assemblée y vota les préliminaires de la paix.

Bordeaux est la patrie d'*Ausone*, de *saint Paulin*, du peintre *Carle Vernet*, des Girondins *Boyer-Fonfrède* et *Gensonné*, de l'avocat *de Sèze* qui défendit Louis XVI devant la Convention, du général *Nansouty*, etc.

Itinéraire dans la Ville

Promenade de la Matinée

8 h. — Partir de la **place de la Comédie** où se trouve le *Grand Théâtre*.

Le Grand Théâtre, inauguré en 1780, est un bel édifice mesurant 88 mèt. de long. sur 47 mèt. de larg. et 19 mèt. de haut. Sa façade est ornée de douze colonnes corinthiennes que surmonte une balustrade décorée de douze statues symboliques. De chaque côté s'étendent des galeries. A l'intérieur on remarque : le vestibule, avec ses seize colonnes ioniques et au-dessus duquel se trouve une salle de concert ; — le grand escalier ; — et la salle de spectacle, de forme ronde. C'est dans cette salle que se tinrent les séances de l'Assemblée nationale en 1871.

On y joue l'opéra et l'opéra comique.

Le dos tourné au Grand Théâtre, prendre à g., la **rue Sainte-Catherine**, une des plus animées de Bordeaux, et la suivre jusqu'au **cours d'Alsace-Lorraine** qui vous mène, à d., à la **place Pey-Berland** où s'élève la **cathédrale Saint-André**.

La cathédrale Saint-André est un magnifique monument gothique des xiie et xive s. d'une long. de 129 mèt. avec nef sans bas-côtés ni façade. Le portail principal (côté N.) est dominé par deux flèches en pierre ; au-dessus de la porte on a placé la statue de Bertrand de Goth, archevêque de Bordeaux, plus tard pape sous le nom de Clément V, qui contribua aux frais de construction de l'édifice. On remarque aussi les sculptures du tympan, représentant la Cène et l'Ascension. Le portail S. est à peu près semblable, mais les tours sont inachevées.

A l'intérieur, on remarque : le cœur avec ses chapelles rayonnantes ; — le monument du cardinal de Cheverus ; — le tombeau de Mgr Donnet ; — le Crucifiement par Jordaens ; — sous l'orgue, deux bas-reliefs Renaissance représentant la Descente de J.-C. dans les limbes et la Résurrection du Christ ; — à droite du chœur, dans une chapelle, le monument de Mgr d'Aviau ; plus loin, dans d'autres chapelles, ceux d'Antoine de Noailles et de Mgr de la Bouillerie.

Le maître-autel, dont le style n'est pas en harmonie avec celui de l'édifice, provient, ainsi que le lutrin et la grille du chœur, d'une église de La Réole.

Le clocher Pey-Berland. — A côté de l'église, dans un petit square, s'élève le *Clocher Pey-Berland* construit, en 1440, par l'évêque du même nom. Il est surmonté d'une statue de la Vierge et renferme un bourdon de 11,000 kilos. Pour monter sur la plate-forme, d'où l'on découvre une jolie vue sur Bordeaux, s'adresser au gardien (25 c.).

Nota. — Sur une petite place, en face du portail Nord de la cathédrale, s'élève une reproduction en bronze de la statue de *Gloria Victis*, de Mercié. Du côté opposé se trouvent les bâtiments de la *Faculté de droit*.

De la cathédrale dirigez-vous sur l'*Hôtel-de-Ville*, situé au fond de la place.

L'Hôtel de Ville, ancien archevêché bâti en 1781 et restauré en 1862, se compose d'une belle façade monumentale flanquée de deux ailes réunies par des péristyles. Escalier d'honneur remarquable.

Faisant face à l'Hôtel de Ville, prendre à g. la **rue de Rohan** vous conduisant au *Musée*.

Le **Musée**, qui occupe deux galeries parallèles de chaque côté du jardin de l'Hôtel de Ville, est public tous les jours, excepté les lundis et vendredis, de midi à 4 h. en hiver et 5 h. en été. (Les étrangers peuvent aussi le visiter les lundis et vendredis, même avant midi, en s'adressant au concierge).

Il renferme quelques sculptures et de très bonnes toiles des écoles française, flamande, hollandaise, italienne et allemande.

Citons parmi les œuvres les plus remarquables.

Première galerie (côté de la rue de Rohan). — Apollon (sculpture), *Lemot* ; Bethsabée au bain, *Grebber* ; Portrait par *Holbein le jeune* ; Saint Antoine de Padoue, *Murillo* ; Triomphe de Galatée, *Le Titien* ; la Femme adultère, *P. Véronèse* ; Ajax, *Salvator Rosa* ; la Femme adultère, *Le Titien* ; l'Amour jaloux de la Fidélité, *Ricci* ; Un conciliabule, *Ribera* ; Sainte Famille, *Vasari* ; Sainte Appoline, *Liberi*, la Madeleine, *Le Guide* ; Vénus endormie, *Giordano* ; Kermesse, *Téniers le jeune* ; Adoration des Mages, *Ecole de Rubens* ; Bacchus et Ariane, *Rubens* ; Copie de la chasse de Delacroix (dont l'original, en partie détruit dans un incendie, se trouve dans l'autre galerie), *J. Coudray* ; Paysage, *Cuyp* ; Chasse aux renards et le Lion devenu vieux, *Snyders* ; Songe de saint Joseph, *P. de Champaigne* ; le Christ au Calvaire, *Franck le jeune* ; Martyre de saint Georges, *Rubens* ; l'Evocation, *Téniers le jeune* ; Adoration des bergers, *Ecole de Rembrandt* ; Paysage, *Hobbéma* ; la Rosière, *Brueghel* ; Danse de villageois, *Rubens* ; Madeleine pénitente, *Van Dyck*, et, dans la dernière salle, statue en bronze de Louis XVI, de 6 m. 50 de haut., par *Raggi*.

Deuxième galerie (côté de la rue Montbazon). — Une découverte (sculpture), *Blanchard* ; la Cigale (sculpture), *Cambos* ; Louis IX visitant les pestiférés, *Lethière* ; une Bacchante, *Bouguereau* ; Paysage, *Français* ; les Cuirassiers de Waterloo, *Bellangé* ; la Chasse aux Lions (fragment du tableau détruit), *Delacroix* ; Prisonniers marocains, *Benjamin Constant* ; Supplice d'Urbain Grandier, *Jouy* ; Louis XIV, *Mignard* ; le Tribunal des Eaux de Valence, *Ferrandiz* ; le

Marchand d'images, *Antigna* ; le Tintoret peignant sa fille morte, *Cogniet* ; Tranchée devant Sébastopol, *Pils* ; le Retour de la Foire, *F.-A. Bonheur* ; Miroir des Bois, *Antigna* ; Présentation de Jésus au Temple, *Restout* ; la Fontaine de Jouvence, *Quinsac* ; Toilette de Vénus, *Baudry* ; les Bords de l'Oise, *Daubigny* ; Eclaireurs gaulois, *Luminais* ; Embarquement de la duchesse d'Angoulême, *Gros* ; le Duel. *Beaulieu* ; Bazeilles, *Pallière* ; Boissy-d'Anglas, *Delacroix* ; Paysage, *Corot* ; le Capitaine Desse sauvant l'équipage d'un navire hollandais, *Gudin*, et dans la dernière salle, la maquette du *Monument des Girondins*, érigé sur la place des Quinconces.

Sortant du Musée par la grande grille, suivre à g, le **cours d'Albret** jusqu'à la **place Magenta** où s'élèvent : à g, le *Palais de justice*, construction lourde avec un péristyle d'ordre dorique, et, à dr. l'*Hôpital Saint-André*.

Nota. — Derrière le Palais de Justice se trouve la *Prison*, bâtie sur l'emplacement de l'ancien fort du Hà.

Traversant la place Magenta en obliquant à dr. prendre, à son extrémité, la **rue de Cursol** qui longe la Caserne et aboutit au **cours Victor-Hugo** en face de la *Faculté des sciences et des lettres*.

Nota, — A l'angle de la rue de Cursol et du cours Victor-Hugo, s'ouvre la petite rue Sainte-Eulalie, conduisant à l'*église* du même nom, reconstruite au xv° s., mais dont les fondations remontent au xiii° s.

Suivant à dr. le **cours Victor-Hugo**, on rencontre bientôt, à g., le *Grand marché*, derrière lequel se trouve l'*église Saint-Paul*, et, à dr., le *Lycée*. Plus loin, à g., en retrait, à l'entrée d'une petite rue, la *porte de l'Hôtel-de-Ville* et l'*église Saint-Éloi*.

La porte de l'Hôtel de Ville, restaurée au xvi° s., faisait partie de l'ancien Hôtel de Ville. Elle se compose d'une arcade basse, sous laquelle passe la rue et que surmontent trois tourelles. Au milieu est une curieuse horloge Renaissance, et, plus haut, une cloche qui servait autrefois à donner l'alarme en cas d'incendie : au-dessus se trouve une lanterne surmontée d'un lion.

L'Eglise Saint-Eloi, accolée à la Porte de l'Hôtel-de-Ville, date du xvie s.; elle n'a qu'un seul bas-côté. Son clocher est une ancienne tour de défense.

La porte de l'Hôtel-de-Ville.

Continuant le cours Victor-Hugo, prendre, à dr., la **rue des Faures** conduisant à la **place du Marché-Neuf** et à l'*église Saint-Michel*.

L'Eglise Saint-Michel, de style gothique, date du xiie s., mais a été reconstruite au xve. Les sculptures des trois portails sont très belles et représentent : la Naissance de l'Enfant Jésus et l'Adoration des Bergers (à l'O.) ; le sacrifice d'Abraham (au N.); l'Apparition de saint Michel à l'évêque de Siponto (au S.). A l'intérieur on remarque la voûte du chœur plus basse que la nef ; la Chapelle Saint-Joseph; un beau rétable en pierre et quelques vitraux anciens.

Le clocher de Saint-Michel, séparé de l'église comme celui de la cathédrale Saint-André, est situé au milieu d'un square, à 30 mèt. de la façade. C'est une belle tour hexagonale de 108 mèt. de haut, avec contreforts ornés de statues. La flèche, détruite en 1768 par un ouragan, a été reconstruite. Sous la tour s'étend une *crypte* où sont exposés des cadavres momifiés retirés, dit-on, d'un cimetière qui occupait jadis cet emplacement et dont la terre avait la propriété de conserver les corps. Pour visiter, s'adresser au gardien (50 c.).

Façade de l'église Sainte-Croix.

Le dos tourné à Saint-Michel, suivre à g., la **rue Sainte-Croix**, conduisant en ligne directe à l'église de ce nom.

L'église Sainte-Croix date du viie s., mais elle a été remaniée au xiie s. et restaurée de nos jours. Sa façade est très belle et rappelle, par ses sculptures, Notre-Dame de Poitiers. L'intérieur n'offre rien de remarquable.

Nota. — A g. de l'église Sainte-Croix se trouve l'*École des Arts décoratifs*.

A dr. de l'église, prendre la **rue du Port** pour vous rendre sur le quai **Sainte-Croix**, d'où l'on a le splendide panorama des coteaux dominant la Garonne, et suivre les quais à g. Vous atteignez bientôt, à l'extrémité du quai des Salinières, à g., la *porte de Bourgogne*, à l'entrée du cours Victor-Hugo, et, à dr., le *pont de Bordeaux*.

Pont de Bordeaux. — Commencé en 1810 et construit primitivement en charpente, il fut transformé et bâti en pierres de 1819 à 1820, par les ingénieurs Deschamps et Billaudel. D'une long. de 487 mèt. et d'une larg. de 15 mèt., il se compose de 17 arches, dont les 7 du milieu ont $26^m,50$ d'ouverture; les autres varient entre 20 et 25 mèt. A l'intérieur du pont, c'est-à-dire entre la chaussée et les voûtes, s'étendent d'une extrémité à l'autre, des galeries qui, tout en allégeant le poids de la construction, permettent de l'entretenir et d'y faire les réparations sans interrompre la circulation. Placé au milieu du pont vous découvrez une vue magnifique sur la ville et le port.

Nota. — Pour visiter les galeries, s'adresser au gardien à l'entrée du pont (côté de la Bastide).

Continuant à suivre les quais, on rencontre à g. la *porte de Cailhau*, appelée aussi *porte du Palais* ou *porte Royale*.

La Porte de Cailhau, de style gothique. date du xve s. Flanquée de tourelles et d'une haut. de 34 mèt., elle faisait partie du palais de l'Ombrière où résidèrent les ducs d'Aquitaine. Elle a été complètement dégagée et restaurée de nos jours.

Vient ensuite la *Douane*, derrière laquelle se trouve l'*église Saint-Pierre*, puis la **place de la Bourse**.

La Place de la Bourse, au milieu de laquelle se trouve la belle *Fontaine des Trois-Grâces*, est bordée, à dr., par la *Bourse* et, à g., par la *Douane*, deux belles constructions formant pendant et décorées de sculptures allégoriques. Elles sont l'œuvre de Jacques Gabriel.

Suivant le **quai de la Bourse**, on passe devant la **place Richelieu**, au milieu de laquelle se dresse la jolie statue du Président **Carnot**, par *Barrias* et l'on atteint les **Quinconces**.

La place des Quinconces, plantée d'arbres, la plus belle et la plus grande place de Bordeaux, occupe l'emplacement de l'ancien Château-Trompette construit sous Charles VII et détruit en 1789.

A l'entrée sont deux colonnes rostrales de 20 mèt. de haut, surmontées des statues du Commerce et de la Navigation, et, de chaque côté, un établissement de bains. En arrière se trouvent les statues de *Montesquieu* et de *Montaigne* et, dans le fond, le beau *Monument des Girondins*, dont l'aspect rappelle quelque peu celui de la *Colonne de Juillet*, à Paris.

C'est sur la place des Quinconces qu'ont lieu les grandes foires bordelaises.

Nota. — Si vous disposez de tout votre temps vous pouvez : soit faire une promenade sur le **quai des Chartrons**, qui vous donnera une idée du *port* et de l'activité extraordinaire qui y règne, soit vous rendre par les rues Foy et Notre-Dame, à g., à l'*église Saint-Louis*, édifice moderne, de style gothique du xiie s., avec deux belles flèches en pierre sur la façade.

De la place des Quinconces revenir, par les **allées d'Orléans** et le **cours du XXX-Juillet**, à la place de la Comédie.

12 h. — Déjeuner à l'hôtel ou au restaurant.

Allées de Tourny.

Promenade de l'Après-Midi

2 h. — Partant de la **place de la Comédie**, suivre les **allées de Tourny** conduisant à la place du même nom, au milieu de laquelle s'élève la *statue de Tourny*, et prendre, à dr., le **cours du Jardin Public** où se trouve à g., le *jardin public*.

Le Jardin public, une des plus belles promenades de Bordeaux, se compose d'un joli parc anglais, merveilleusement entretenu, et d'un jardin botanique très riche en plantes de toute espèce, avec de belles et vastes serres.

A l'extrémité du jardin se trouve le *Muséum*, public les dimanches et jeudis, de midi à 4 ou 5 h. (tous les jours pour les étrangers), et renfermant des collections d'histoire naturelle et d'ethnographie.

Concert dans le parc les dimanches et jeudis, le soir, en été, et, l'après-midi, en hiver.

Sortant du Jardin public par la **place Bardineau**, à l'angle du Muséum, prendre à g. la **rue Duplessis**, puis, traversant la **rue Fondaudège**, suivre en face de vous la **rue du Palais-Gallien**, et dans cette rue, à dr., la **rue du Colisée**, à l'extrémité de laquelle se trouvent les *Arènes*.

Les Arènes, dont il ne reste aujourd'hui que des ruines furent construites, croit-on, sous l'empereur romain Gallien, d'où leur nom de *Palais Gallien*. De forme elliptique, elles mesuraient de 132 à 137 mètres dans le sens du grand axe et de 105 à 114 mètres dans le petit; ces ruines atteignent encore une hauteur de 20 mètres.

Des Arènes, revenir à la rue du Palais-Gallien et tourner, à dr., à la **rue Thiac** (5ᵉ à dr.) qui vous mène directement à l'*église Saint-Seurin*. Remarquer, en passant, à l'angle des rues Thiac et Saint-Sernin, l'*Institution nationale des Sourdes-Muettes*.

L'église Saint-Seurin, des xıᵉ, xıııᵉ et xvᵉ s., fut primitivement la cathédrale de Bordeaux. Le portail du S. (xıııᵉ s.), précédé d'un porche de la Renaissance est fort beau ; il est décoré de sculptures représentant le *Jugement dernier*.

A l'intérieur, on remarque : à g. du chœur, la *chapelle Notre-Dame-de-la-Rose*, avec ses belles arcatures ; — dans le chœur, le *siège épiscopal* de style gothique, pierre sculptée et finement fouillée ; — de beaux *vitraux* modernes, — les *stalles* du chœur et des tombeaux.

La *crypte*, qui se trouve sous le chœur, est très curieuse (pour visiter, s'adresser au sacristain). Elle est divisée en trois nefs voûtées et renferme le *tombeau de saint Fort*, premier évêque de Bordeaux et des sarcophages en marbre.

A la sortie, traverser la **place des Allées-Damour**, où s'élève la *statue de Vercingétorix*, et, à l'extrémité des allées, suivre, à g., la **rue Judaïque** aboutissant à la **place Gambetta**. Traverser le square en obliquant à dr. et prendre, à g., la **rue Porte-Dijeaux**, à l'entrée de laquelle se trouve la *porte* du même nom.

Suivre la **rue Porte-Dijeaux** et tourner à g., **rue Vital-Carles**, ayant à dr., comme perspective, le portail de la cathédrale; descendre ensuite à dr., le **cours de l'Intendance** jusqu'à la petite **rue Martignac** qui conduit, à g., sur la **place du Chapelet** où sont l'*église Notre-Dame* et la *Bibliothèque*.

L'église Notre-Dame, fondée au xiiie s., et reconstruite au xviiie, est décorée, à l'intérieur, de peintures de Romain Cazes.

La Bibliothèque, ouverte tous les jours de 11 h. à 4 ou 5 h., excepté le samedi et durant les vacances, renferme 170,000 volumes et 1,500 manuscrits. On remarque surtout un exemplaire des *Essais* de Montaigne, annoté par l'auteur.

Nota. — Derrière la Bibliothèque se trouve le *marché des Grands-Hommes*, de forme circulaire.

De la place du Chapelet, revenir au cours de l'Intendance qui vous ramène, à g., à la **place de la Comédie**, votre point de départ.

Pour mémoire. — Citons encore au nombre des curiosités de Bordeaux : le *cimetière catholique* et, à côté, l'*église Saint-Bruno*, ancienne église de la Chartreuse (on s'y rend par la rue d'Arès); — le *parc Bordelais*, au delà du boulevard de Caudéran, belle promenade avec pelouse et massifs rappelant un peu le bois de Boulogne ; — la *préfecture*, derrière le Grand-Théâtre; l'*archevêché* et le *quartier général* du 18e corps d'armée, rue Vital-Carles.

Environs de Bordeaux

Parmi les excursions que l'on peut faire de Bordeaux, nous citerons au nombre des plus intéressantes :

Promenade en bateau à vapeur à Lormont, petite localité agréablement située sur la Garonne.

Excursion en chemin de fer à La Sauve (21 kil.); — chemin de fer de La Sauve, départ gare de La Bastide, où l'on voit les ruines d'une abbaye du xie siècle.

Excursion à Soulac-les-Bains, par le chemin de fer du Médoc.

Excursion à Royan, en bateau à vapeur.

Nota. — Pour ces deux dernières excursions, voir notre guide « *Les Plages de l'Océan* » prix 2 fr. 50.

Excursion à Arcachon, v. p. 42.

DE BORDEAUX AU VERDON
Par le chemin de fer du Médoc
101 kil. en 2 h. 15 et 3 h. 30.

Itinéraire. — En quittant la gare du Médoc, on laisse à g. le *faubourg du Bouscat* pour atteindre en quelques min. *Bruges* (embr. à g. sur Lacanau), où commence le Médoc.

Le Médoc, que traverse toute la ligne du chemin de fer, est célèbre par ses vins. Cette riche région vinicole s'étend sur une longueur de 80 kil., entre Bordeaux et Soulac, principalement sur la rive g. de la Gironde, et est divisée en deux parties : le Haut-Médoc et le Bas-Médoc. Les grands crus (classés en cinq catégories) se trouvent dans le Haut-Médoc. Les principaux sont : le *Château-Laffitte,* le *Château-Margaux,* le *Château-Latour,* le *Léoville,* le *Saint-Julien,* le *Saint-Estèphe,* etc. Les vins du Médoc sont, en grande partie, rouges ; mais on en récolte aussi de blancs, entre autres les *Graves,* appelés ainsi à cause de la nature du sol composé de graviers.

On passe ensuite à *Blanquefort, Parempuyre, Ludon* (dont les vins sont classés parmi les 3es crus; château de la Lagune), *Macau* (petit port sur la Gironde), *Labarde,* en face de l'île Cazeau, puis longeant *Cantenac,* qui produit d'excellents vins rouges, on arrive à *Margaux* (embr. à g. sur Castelnau).

Margaux, bourg de 1,915 habit., célèbre par ses vins rouges dont la réputation est universelle. Il compte parmi ses vignobles : le *Château-Margaux* (1er cru), le *Château-Rauzan* (2e cru), le *Dufort-Vivens* (2e cru), le *Lascombes* (2e cru), *Malescot* (3e cru), *Saint-Exupéry* (3e cru), le *Ferrière* (3e cru), etc.

Après les vignobles de Margaux, on passe à *Soussans Moulis, Saint-Laurent-Saint-Julien*, station qui dessert les bourgs de Saint-Laurent et de Saint-Julien, dont les vins sont classés parmi les 2es crus, ainsi que les *Léoville*, les *Gruaud* et le *Château-Beaucaillou*. La ligne se rapproche du fleuve, laisse à dr. le *Château-Latour* (1er cru) et atteint *Pauillac*.

Pauillac, ville de 4,564 habit., sur la rive g. de la Gironde. Port de commerce important, où s'arrêtent les gros navires qui ne peuvent remonter jusqu'à Bordeaux et où font escale les bateaux de Royan. Les vignobles de Pauillac viennent après ceux de Saint-Estèphe pour la quantité ; ils comprennent, entre autre, le *Château-Laffite* (1er cru) qui, avec le Château-Margaux, tient la tête des grands vins de Bordeaux. Citons aussi le *Château-Pichon-Longueville* et le *Mouton-Rothschild* (2es crus).

Appontement public de Pauillac. — C'est à Pauillac que se détache, à dr., la ligne qui dessert le magnifique appontement inauguré en 1894 et construit, grâce à l'impulsion de M. E. Péreire, président de la Cie Gle Transatlantique, par les ingénieurs Daydé et Pillé. Ce gigantesque travail où se trouvent réunis tous les perfectionnements de l'outillage moderne, a eu pour résultat d'enrayer la défaveur dont souffrait le port de Bordeaux, en permettant aux grands bateaux de s'approvisionner, sans perdre un temps précieux à la remonte et à la descente du fleuve. Il a, de plus, supprimé le transbordement en rivière, si pénible pour les voyageurs.

L'appontement public de Pauillac constitue une des curiosités les plus intéressantes de cette région fameuse à tant de titres.

Viennent ensuite : *Saint-Estèphe* (2e cru), le plus grand vignoble du Médoc, *Vertheuil*, (église romane), *Saint-Germain-d'Esteuil, Lesparre* dans le Bas-Médoc (emb. à g. sur Lacanau et Facture, tour carrée du xive s., église moderne dans le style du xiie s.), *Gaillan, Queyrac, Vensac, Saint-Vivien, Talais*, **Soulac-les-Bains** et enfin *Le Verdon*, d'où part le tramway de la Pointe de Graves (embarcadère des bateaux de Royan).

DE BORDEAUX A ARCACHON

56 kil. en 55 min., 1 h. 15 et 1 h. 45.

Départ de la gare Bordeaux-Saint-Jean.

Itinéraire. — En quittant Bordeaux on longe les vignobles de Haut-Brion de réputation européenne, puis on passe à *Pessac, Gazinet* où commencent les Landes, *Pierroton-Croix-d'Hins, Marcheprime, Canauley* et *Facture* (embr. du chemin de fer économique qui traverse les landes de la Gironde).

Les Landes. — Les Landes, qui entourent le bassin d'Arcachon et que traverse la ligne du chemin de fer, font partie de cette immense contrée sablonneuse et inculte qui s'étend depuis les rives de la Garonne jusqu'à celles de l'Adour sur une longueur de plus de 200 kil. Du côté de l'Océan, le littoral est envahi par des dunes mouvantes se déplaçant constamment sous les efforts de la mer et du vent. Depuis un siècle cependant, on a pu, grâce aux plantations de pins maritimes, arrêter en partie cet envahissement. Ces plantations s'accroissant chaque année forment maintenant de véritables forêts qui constituent, par la résine que l'on en recueille, une ressource pour le pays; il s'en fait, dans les environs d'Arcachon, un commerce important.

Peut-être vous sera-t-il donné aussi, en traversant cette triste et aride contrée, de rencontrer ce que vous ne verrez pas ailleurs en France: des hommes et des femmes sur des échasses. Les Landais ont dû, pour traverser leurs landes, adopter ce genre de locomotion. Certains, même, ont acquis une grande habileté dans cette marche et parcourent facilement 10 kil. à l'heure. Couverts de peaux de moutons, juchés sur leur pittoresque piédestal et appuyés sur une longue perche qui leur sert de siège au besoin, on les voit tranquillement surveiller leurs troupeaux.

Après Facture on traverse la Leyre, rivière qui se jette dans le bassin d'Arcachon et on arrive à *Lamothe* (embr. de la ligne de Bayonne). Puis viennent *Le Teich* (tumulus), *Gujan-Mestras*, *La Hume*, *La Teste* (embr. de la ligne de Cazaux).

La Teste (La Teste de Buch), ville de 6,200 habitants, ancienne résidence des captals ou seigneurs de Buch. — Importantes usines de produits résineux.

Vient ensuite *Arcachon*.

Arcachon

Ville de 8,034 hab., station balnéaire hivernale et estivale de premier ordre. — Huîtres renommées.

Moyens de transport. — Ligne de Paris à Bordeaux par l'État ou l'Orléans. Changer de train à la gare Bordeaux-Saint-Jean.

De Bordeaux à Arcachon (ligne du Midi), v. p. 42.

Distance de Paris, 641 kil. — Trajet direct en 9 ou 12 heures en express.

Arrivée à Arcachon. — On trouve à la sortie de la gare les omnibus des principaux hôtels, les omnibus du chemin de fer et les voitures de place.

Omnibus. — Ville d'été : 30 c. par personne et 30 c. par colis.
— Ville d'hiver : 50 c. par personne et 50 c. par colis.

Voitures de place. — La course 1 fr. 50, l'heure 2 fr. 50 ; 25 c. par colis, au-dessus de 3 colis 75 c.

Choix d'un hôtel. — Pour les renseignements sur les hôtels, v. *Agenda du Voyageur*, papier bleu, lettre A.

Villas. — Pour l'indication des villas à louer et des agences de location, v. *Agenda du Voyageur*, papier bleu, lettre A.

Excursions en mer. — Bateaux à vapeur pour le phare et le cap Ferret ; traversée 2 fr. all. et ret.

Bateaux de plaisance pour les excursions en mer et dans le bassin d'Arcachon, 2 fr. l'heure.

Postes et Télégraphes, rond-point Tartas.

Plaisirs. — Le *Casino*, propriété de la ville, situé à l'entrée de la ville d'hiver (soirées, concerts, bals, théâtre). — *Concerts* également dans quelques cafés du boul[d] de la Plage. — Citons aussi comme distractions arcachonnaises la chasse aux oiseaux de mer, la pêche, les régates, etc.

Itinéraire de la gare à la plage (5 *min. à pied*. — En quittant la gare, prendre à g. le *boul*[d] *Degane* jusqu'au *rond-point Tartas* et suivre à dr. l'*avenue Gambetta* qui vous conduit directement sur la *place Thiers*, en face de la Plage.

3.

Les bains. — Les bains de mer se prennent sur toute l'étendue de la plage et généralement à marée haute. Il y a deux établissements de bains. On trouve en outre des cabines de bains dans les rues aboutissant à la plage ainsi que dans tous les hôtels et propriétés particulières au bord de la mer. A l'heure de la marée, la mer vient jusqu'au pied des cabines et les baigneurs n'ont, pour se plonger dans l'onde amère, qu'un pas à faire.

Deux mots sur Arcachon. — Créé en 1823 par François Legallais, qui vint y fonder un hôtel et un établissement de bains, Arcachon, qui n'était encore à cette époque qu'un petit port de pêche composé de quelques cabanes, devint rapidement, en raison de son climat doux et tempéré, et de sa situation, une de nos premières stations balnéaires, fréquentée aujourd'hui par plus de 200.000 personnes.

Admirablement situé au pied des dunes plantées de pins maritimes, Arcachon se divise en deux parties absolument distinctes : la *ville d'été* et la *ville d'hiver*.

La ville d'été s'étend sur une longueur de plus de 4 kil. au bord de la mer et a pour limites les dunes et la forêt. La plage de sable fin, bordée d'élégantes villas, s'étend sur toute cette longueur et est très fréquentée pendant la saison des bains. Il manque cependant sur cette grande plage une belle promenade ; malheureusement les maisons ont été bâties trop près de la mer et l'on ne peut se promener sur le sable qu'à marée basse.

La ville d'hiver est située derrière la ville d'été. Elle se compose d'élégantes et luxueuses villas, disséminées çà et là au milieu d'une forêt de pins maritimes, abritée par les dunes et sillonnée d'allées sinueuses habilement tracées.

La température douce et toujours égale qui y règne et les émanations résineuses des pins font de ce grand parc un séjour d'hiver parfait pour les malades.

Itinéraire dans la Ville

Partant de la **place Thiers**, remontez l'**avenue Gambetta** jusqu'au **rond-point Tartas** et prenez à dr. l'**avenue Regnault** qui vous mène au pied de la terrasse du *casino*, à l'entrée de la ville d'hiver.

Casino. — Le casino est une construction de style mauresque, pittoresquement situé sur une sorte de plate-forme d'où l'on jouit d'une vue magnifique sur la ville d'été et le bassin d'Arcachon.

L'intérieur est très bien aménagé et comprend : une salle des fêtes, une salle de concert et de bal, un salon de conversation, une bibliothèque, etc.

Prenez à dr. du casino l'**allée Émile-Pereire** et suivez cette charmante promenade, bordée de chalets et de villas, qui, vous faisant ainsi traverser une partie de la ville d'hiver, aboutit en face de l'entrée du *Parc Pereire* (pour visiter s'adresser au régisseur).

Nota. — Si vous ne visitez pas le parc, prenez, à dr. de la porte d'entrée, l'**avenue Brémontier** vous conduisant à l'église Notre-Dame.

Traversez le parc vous dirigeant vers la *villa Pereire*, gracieuse et élégante construction.

Sortant du parc Pereire, suivre à dr. le **boul^d de l'Océan** jusqu'à l'**avenue Sainte-Marie** qui vous conduit à dr. à *N.-D. d'Arcachon*, église de style gothique, bâtie en 1856 sur les plans d'Alaux.

En face de N.-D., prendre l'**allée de la Chapelle** et arrivé au **boulevard de la plage**, tourner à dr. Le boul^d de la Plage est la rue de Rivoli d'Arcachon, où se trouvent les principaux magasins et les hôtels. Suivez le boul. dans toute sa longueur. Successivement vous rencontrerez, à g., après la place Thiers que vous connaissez, le *château Deganne*, magnifique construction, et le *Musée-Aquarium* (entrée 50 c.).

Le **Musée Aquarium** d'Arcachon est admirablement organisé et peut-être considéré comme un des modèles du genre. Indépendamment d'une très curieuse collection de cétacés, poissons et coquilles, fossiles, oiseaux de la région, minéraux des Pyrénées et objets exotiques, du plus grand intérêt, il renferme une riche bibliothèque et un laboratoire d'études zoologiques entièrement reconstruit en 1882, où sont admis à travailler, sur autorisation du Directeur, les savants de tous pays. *Les étudiants français sont logés gratuitement dans l'établissement.*

Nota. — En face de l'Aquarium se trouvent la passerelle et l'embarcadère des bateaux à vapeur. (Tableaux donnant les heures de départ et d'arrivée des différents bateaux.

Plus loin, toujours à g., l'*hôtel Legallais*, le premier qui fut construit à Arcachon (1823), agrandi depuis et nouvellement aménagé. Viennent ensuite à l'extrémité, à g., les *bains d'Eyrac* qui occupent l'emplacement de l'ancien casino de 1850.

Suivez toujours le boulevard de la Plage, ayant à g. le *bassin*, et prenez à dr., un peu plus loin, l'**avenue du Collège** qui vous mène, en passant devant l'*église Saint-Ferdinand* (construite en

1854), au *collège Saint-Elme*, établissement d'éducation destiné spécialement aux enfants délicats.

De Saint-Elme, revenez par le boul^d Deganne à l'avenue Gambetta et de là à la place Thiers, point de départ de l'itinéraire.

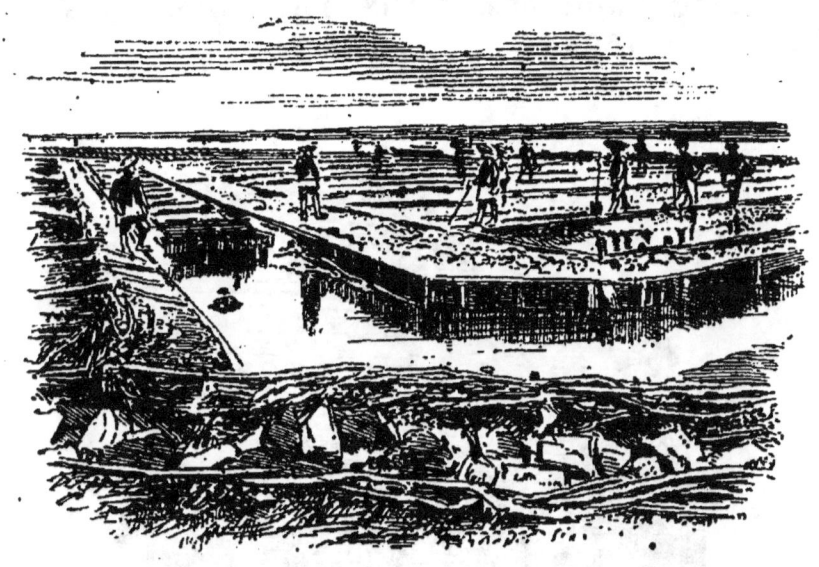

Les huîtres. — Arcachon est un centre de production d'huîtres dites « d'Arcachon » très estimées; aussi l'ostréiculture est-elle la principale industrie du pays. On compte dans le bassin plus de 4,000 parcs, produisant annuellement 300 millions d'huîtres.

Promenades et Excursions

Aux touristes pressés, nous recommandons simplement l'excursion, en bateau, du bassin, dont les principales attractions sont : les *parcs aux huîtres*, l'*île aux oiseaux*, le *phare* et le *cap Ferret*.

En dehors de cette excursion, les personnes disposant de tout leur temps, pourront faire d'intéressantes promenades en *forêt* (à pied ou en voiture, à *Moulleau*, au *moulin Braouet*, au *Pilat* et à la grande *dune du Sablonney*); au sémaphore, près de la *pointe du Sud* (à pied par la côte, à marée basse ou en bateau); en chemin de fer à *La Teste* (usines de produits résineux), et à l'*étang de Cazaux*, magnifique bassin aux bords ombragés et à l'aspect sauvage.

Le Bassin d'Arcachon

Nota. — Pour l'excursion du bassin prendre de préférence une *pinasse* (barque du pays) pouvant aller partout et qui vous permettra de tout voir.

Le bassin d'Arcachon, de forme triangulaire, occupe une superficie de 15,500 hectares; il communique au S-O. avec l'Océan par une entrée de 2,690 mèt. de larg.; mais, sur la barre, les passes n'ont que 520 mèt. La profondeur minima est de 7 mèt. A marée basse, on découvre dans le bassin des bancs de sable très étendus divisés par des chenaux généralement très profonds, entre autres celui d'*Eyrac* qui atteint 18 mèt. de profondeur aux plus basses mers. C'est sur ces bancs de sable, appelés *crassats*, que sont installés les parcs aux huîtres.

L'île aux Oiseaux, en face même de la plage d'Arcachon, doit son nom aux oiseaux de passage qui s'y réunissent. Elle ne se compose que de cabanes de pêcheurs et ses rives sont bordées de parcs aux huîtres. On y chasse le lapin, le canard sauvage et, en général, les oiseaux de mer.

Le phare et le cap Ferret. — (On peut s'y rendre en bateau à vapeur — 2 fr. all. et ret.; l'embarcadère des bateaux se trouve sur la passerelle en face l'aquarium et le château Deganne).

Itinéraire. — En longeant la rade d'Eyrac on découvre du bateau un joli panorama sur Arcachon et sa forêt de pins. Puis on laisse la ville à g. et on atteint bientôt le phare situé sur la rive O. du bassin.

Le *phare* a 51 mèt. d'élévation et une portée de 18 milles en mer. De la terrasse (escalier de 275 marches) on a une vue superbe sur l'Océan et le bassin d'Arcachon.

Près du phare se trouvent un poste de douane et quelques maisons.

Nota. — Un tramway partant du débarcadère des bateaux permet de traverser la langue de terre qui sépare le bassin de l'Océan.

La *pointe du cap Ferret* se trouve à peu de distance du phare. On s'y rend à pied en quelques minutes.

La villa algérienne. — Du côté opposé au cap Ferret, en suivant le chenal de Piquey au N. du phare (à 5 kil. environ), on rencontre une jolie villa de style mauresque appelée la *villa algérienne* que l'on peut visiter en l'absence du propriétaire. Près de la villa s'élève la *chapelle Notre-Dame-des-Dunes*. A 3 kil. plus loin se trouve le village de *Piquey*.

Promenades en Forêt

MOULLEAU, PILAT, DUNE DE SABLONNEY
12 kil. all. et ret.

Itinéraire. — Partant de la *place Thiers*, suivre à dr. le *boulevard de la Plage*, à l'extrémité duquel on prend à g. l'*allée de la chapelle* qui passe devant l'église *N.-D. d'Arcachon* et se continue par la *route de Moulleau*, qu'on atteint après après avoir traversé le joli petit bois des *Abatilles* et les Semis de l'Etat.

Moulleau (3 kil.) charmante agglomération de gracieux chalets édifiés autour de la chapelle de *N.-D. des Passes*, érigée en face du phare d'Arcachon par les dominicains. — Jolie plage.

On peut rentrer à Arcachon par les mêmes chemins ou gagner la *Teste*, par les semis de l'Etat, en suivant le premier chemin qu'on trouve à g. à la sortie de Moulleau et qui passe par le *Cippe Brémontier*, bloc de marbre de 2 m. 60 élevé sur une dune près de la Teste. De la Teste on peut gagner Arcachon soit à pied soit par chemin de fer. Cette promenade demande au plus 3 h. à pied. On peut, encore, prolonger cette belle excursion vers le S. en longeant la côte, jusqu'au *Pilat* et à la *grande dune de Sablonney*, haute de près de 100 m. (3 kil. de Moulleau).

Nota. — Il importe de se rappeler que tous les chemins ou sentiers bien frayés par les résiniers et les troupeaux, aboutissent, dans la région **Nord**, à la *Teste* ou à *Arcachon* et, dans la région **Sud**, au village de *Cazaux*.

Étang de Cazaux

Distance 17 kil. en 50 min.

Observation. — On peut se rendre à l'étang de Cazaux, à pied, à cheval, en voiture ou par chemin de fer. On trouve une auberge à Cazaux.

A pied. — 3 heures à travers les semis de l'Etat les bois de la grande vallée et la grande forêt, qui s'étend jusqu'à l'Etang. Un guide est nécessaire.

A cheval. — 2 h., guide nécessaire.

En voiture. — 2 h. Par la *Teste de Buch*, qu'on traverse du N. au S. et le *pont de Saou*, où la route, après avoir traversé la voie ferrée, se poursuit jusqu'à l'étang en longeant la ligne et en laissant à g. le canal de *Cazaux* à la *Hume*, petit port à l'E. de la Teste.

Par chemin de fer. — *Itinéraire.* — D'Arcachon à la *Teste*, (6 min.). En quittant la gare de la *Teste*, on laisse à g. la ligne d'Arcachon à Lamothe, on dépasse les stations de *Courneau* (8 kil. de la Teste), de *Cazaux* (12 kil. de la Teste) et on arrive (13 kil. de la Teste) à *Cazaux lac*, au bord même de l'étang.

Etang de Cazaux. — Lac magnifique, d'une étendue de 5750 hect. bordé au N. et à l'O, de magnifiques forêts et à l'E. par les Landes. Pêche abondante. On trouve à louer des embarcations à Cazaux. La partie occidentale du lac n'est séparée de l'océan que par les *dunes de Lescours* (les plus élevées après la grande *dune de Sablonney*) dont la largeur est d'environ 4 kil. 500.

On peut se rendre en bateau au hameau de *Sanguinet*, sis à la partie orientale du lac et que dessert la petite station de *Caudos* (ligne de Bordeaux à Bayonne), distante de 10 kil. environ.

L'Etang de Cazaux communique avec le grand étang de Biscarosse, au S., lequel est lui-même relié, par un petit chenal, à l'étang d'*Aureilhan*.

DE BORDEAUX A DAX

(148 kil. en 2 h. tr. de luxe, 2 h. 30 exp. et 3 h. 30 omn.

Itinéraire. — Après avoir dépassé les stations de *Pessac*, *Gazinet*, *Pierroton*, *Croix d'Hins*, *Marcheprime*, *Canauley* et *Facture*, on arrive à *Lamothe*, station d'embranchement de la ligne d'*Arcachon*. (V. p. 44.)

Laissant à droite la ligne d'Arcachon, on traverse une région de landes et des forêts de pins et, après les petites stations de *Caudos* et de *Lugos*, on atteint *Ychoux*, d'où se détachent: à droite, la ligne de *Parentis*, et, à gauche, celle de *Pissos*, puis *Labouheyre*, point d'embranchement des lignes de *Mimizan*, à droite et de *Sabres*, à gauche et, après *Solférino*, on arrive en gare de *Morcenx*.

Nota. — C'est de *Morcenx* que part la ligne de *Tarbes*, par *Mont-de-Marsan* et *Vic-Bigorre*. Pour l'itinéraire de *Bordeaux* à *Tarbes*, par **Morcenx**, v. p. 258.

A **Morcenx**, doivent descendre les voyageurs pour *Mézos* et *Uza*, localités desservies par la Cie des chemins de fer d'intérêt local du département des Landes.

En quittant la gare de Morcenx, on laisse à gauche la ligne de Tarbes par Mont-de-Marsan, on dépasse la station de *Rion* et on atteint *Laluque*, d'où partent les lignes desservant *Linxe*, à droite, et *Tartas*, à gauche. Les pins étendent de tous côtés leurs masses sombres, que coupent çà et là quelques éclaircies, la ligne s'infléchit vers le Sud-Ouest, et après avoir dépassé la halte de *Buglose*, la station du même nom et la halte du *Berceau de St-Vincent-de-Paul*, on arrive à **Dax**, point important de bifurcation. A droite, la ligne se continue sur *Bayonne*, *Biarritz* et l'*Espagne*; à gauche, elle va rejoindre, à *Puyôo*, la grande ligne de Bayonne à Toulouse, desservant les directions de Pau, Lourdes et au delà.

Nota. — Dax est relié à *Marmande*, station de la ligne Bordeaux-Toulouse, par une ligne qui passe à *Mont-de-Marsan* point de la ligne de *Morcenx* à *Tarbes*.

DAX

Ville de 10.240 habitants sur l'Adour; chef-lieu d'arrondissement des Landes. — Station d'hiver renommée pour ses eaux thermales, ses boues végéto-minérales et ses *eaux salées* et *eaux mères*. — Beaux établissements thermaux. — Casino. — Grand commerce de bois de pins. — Marchés importants des huiles, chevaux et matières résineuses.

Arrivée à Dax. — On trouve à la sortie de la gare les omnibus des hôtels et de la ville (25 c., bag. 25 c.), ainsi que des voitures de place 75 c.. de la gare en ville).

Voitures de place. — De la gare en ville 75 c. En ville, la course 1 fr. 50, l'heure 2 fr. 50. Pour les excursions, faire prix d'avance.

Choix d'un hôtel. — Pour les renseignements sur les hôtels, voir *Agenda du Voyageur*, fin du volume, papier bleu, lettre D.

Postes et Télégraphes. — Rue Sainte-Ursule, près du théâtre. Bureaux ouverts de 7 heures du matin à 9 heures du soir.

De la gare en ville. 15 min. à pied. — En sortant de la gare suivre à droite une avenue ombragée et, à son extrémité, tourner à gauche pour traverser le long *faubourg du Sablar*, puis, franchissant le *pont de l'Adour*, on arrive *Place Thiers*, ayant à droite le magnifique établissement de **Dax-Salin-Thermal**, renfermant le **Casino**, précédé d'un gracieux jardin et les Thermes Salins, et à gauche la **promenade des Remparts**.

Deux mots d'histoire. — Dax est une ville très ancienne et jouissait déjà, sous la domination romaine, d'une grande réputation comme station thermale. Ancienne capitale des

Tarbelli, appelée par les Romains *Aquœ Tarbellicæ*, et plus tard *Acqs*, elle fut pendant longtemps une place forte entourée de remparts très élevés, dont il reste encore aujourd'hui quelques vestiges. Malgré ses puissantes murailles les Barbares s'en emparèrent et la mirent au pillage. Charlemagne la reconquit et la réunit au royaume d'Aquitaine; mais, en 842, les Normands l'occupèrent et la ville fut de nouveau saccagée. Elle passa ensuite sous la domination anglaise et ne revint définitivement à la France qu'en 1453, après la bataille de Castillon.

Dax est la patrie d'*Arborius*, précepteur des fils de Constantin (III° siècle), de *Ch. de Borda*, marin et ingénieur, du graveur *Grateloup*, de *Roger Ducos*, membre du Directoire et du Consulat, de *Pierre Labarthe*, de *Mlle Guimard*, la célèbre danseuse, du général *Baron Lafitte*, du général *Darricau*, dont le cœur, renfermé dans une urne est placé contre un pilier de la nef de l'église cathédrale, etc...

Les Eaux. — Les eaux de Dax se divisent en : eaux thermo-minérales, sulfatées calciques, eaux salées et eaux-mères chlorurées sodiques et ferrugineuses, les unes froides, les autres chaudes, et s'emploient en bains et en boisson. On utilise aussi les *boues* végéto-minérales, soit en bains généraux, soit en applications locales. Elles sont souveraines contre le rhumatisme, les névralgies, la goutte articulaire, les fractures et les affections utérines.

Les eaux émergent de plusieurs sources, alimentant les divers établissements de la ville, dont les principaux sont : *Dax Salin-Thermal* (Thermes Salins), les *Thermes*, les *Baignots*, les *bains Séris*, les *bains Saint-Pierre* ou *Lauquet*, les *bains romains* et les *bains Lavigne*. Pour les détails : voir notre *Itinéraire dans la ville*.

Traitement. — Le traitement de Dax, grâce au climat, remarquable par sa douceur et sa régularité, convient particulièrement aux enfants chétifs et délicats, aux scrofuleux, aux rhumatisants et aux névropathes de toutes catégories. On peut le suivre *hiver* comme *été*.

Itinéraire dans la ville

Partir de la **Place Thiers**, en contrebas de laquelle se trouve, à gauche, la *Fontaine chaude*, occupant le centre de la place du même nom.

La Fontaine chaude, la principale curiosité de Dax, jaillit dans un bassin de 344 mètres de surface, entourée d'une grille. La façade principale est ornée d'un portique d'ordre toscan, à trois arcades, sur lequel on lit cette inscription : *Source de la Néhe, sulfatée calcique, 64° centigrades, 2.400.000 litres par 24 heures*. L'eau sort en bouillonnant et dégage une vapeur qui se répand sur toute la surface du bassin.

Passer devant la fontaine, prendre la **rue des Pénitents**, où se trouvent les *bains romains*, alimentés par la Fontaine chaude, et, faisant suite à la rue des Pénitents, après un léger coude à droite, la **rue de Borda**, qui aboutit **rue Saint-Vincent**. Là, tourner à gauche pour arriver sur la **Place de la Cathédrale**.

La Cathédrale, bâtie au xviie siècle, sur les ruines de l'ancienne basilique du xiiie siècle, dont on peut voir encore quelques vestiges, entre autres le *portail* orné de magnifiques sculptures, a perdu beaucoup de son cachet primitif à la suite des restaurations exécutées ces temps derniers. A l'intérieur, on remarque la belle grille en fer forgé qui entoure le chœur.

Contournant la cathédrale, à g., on arrive sur la **Place de l'Hôtel de Ville** où s'élève, derrière la cathédrale, la *statue de Borda*;

A g., se trouve *l'Hôtel de Ville* renfermant un petit *musée d'antiquités*. Au fond de la place, à droite, on aperçoit la *halle*.

Revenir sur la place de la cathédrale et suivre, à droite, la **rue Saint-Pierre**, prolongement de la rue Saint-Vincent et, avant d'arriver à la place de Lonne, prendre, à gauche, la petite **rue des Faures**, qui débouche sur le **cours du Théâtre** où se trouve, à gauche, le *théâtre*. A l'extrémité du cours gravir l'escalier conduisant à la belle **promenade des Remparts**, qui se prolonge jusqu'au *Pont de l'Adour*.

Des remparts on domine le **boulevard Saint-Pierre**, où se trouvent les *bains Lauquet*, alimentés par la *source Saint-Pierre*.

Arrivé au pont de l'Adour, ayant, à votre gauche, la place Thiers, dirigez-vous vers le *jardin du Casino*, qui vous fait face et au fond duquel se dresse le splendide établissement de thermes salins, **Dax-Salin-Thermal**, où se trouve le *Casino*, dont l'entrée monumentale regarde la place.

Dax-Salin-Thermal. — Cette imposante construction, dont la première pierre a été posée par le président Carnot, le 24 mai 1891 et dont l'inauguration a eu lieu le 29 avril 1894, M. Milliès-Lacroix étant maire, a été édifiée sur l'emplacement du vieux château de Dax, d'après les plans de M. Pierre Esquié, architecte. Elle se compose d'un corps principal, flanqué de deux grands pavillons, sur la façade du Casino et continué par des bas côtés terminés par deux pavillons d'un élégant aspect. On y a installé, dans des conditions peu communes de confortable et de bon goût les " *Thermes Salins* " et le *Casino*.

Les Thermes Salins, dont l'entrée est diamétralement opposée à celle du Casino et auxquels on accède directement en contournant l'une ou l'autre des deux ailes du bâtiment, se composent d'un grand vestibule relié aux pavillons d'angles par deux vastes galeries. Le traitement est assuré par 50 cabines de 1re classe, 30 de 2e, 6 affectées aux indigents, une grande salle de douches, munie de tous les appareils les plus perfectionnés, une salle de gymnastique rationnelle et une spacieuse piscine de natation, à eau courante, *salée thermale*, alimentée directement par les eaux de la source *La Nèhe*, préalablement additionnées d'eau salée. Un service spécial de petits bains et de petites douches est organisé pour les *enfants*. Chaque cabine de bains est précédée d'un déshabilloir et meublée d'un lit de repos, enfin un salon de lecture et un cabinet de consultation pour MM. les médecins, complètent cet ensemble harmonieux, où, partout, l'agréable le dispute à l'utile.

Les Thermes communiquent avec le Casino au moyen d'une large baie ménagée au fond du grand vestibule, face à l'entrée.

Le Casino, précédé d'une large terrasse, comprend : au *rez-de-chaussée*, un vestibule sur lequel donnent à droite une salle de café, et à gauche la loge du concierge et une salle réservée à la direction et au *premier étage*, auquel donnent accès deux grands escaliers, une jolie salle de spectacles, un salon de lecture et des salons de jeux. Ce Casino reste ouvert toute l'année. Un excellent orchestre donne deux fois par jour, pendant la bonne saison, des concerts publics et gratuits dans le parc, des Kermesses brillantes, de joyeux bals d'enfants, et de nombreuses fêtes, organisées avec le concours d'artistes choisis, réservent aux visiteurs de la cité Dacquoise une somme de distractions dont bon nombre d'autres stations pourraient, à bon droit, se montrer jalouses.

Derrière Dax-Salin-Thermal, se trouvent *les Thermes de Dax*.

Les Thermes de Dax. — Ce vaste établissement, qu'on aperçoit dans son majestueux ensemble, lorsqu'en venant de la gare, on traverse le pont de l'Adour, a été construit en 1868, au milieu d'un riant jardin qui borde l'Adour. Il se compose d'un corps central à deux étages et de deux grandes ailes, représentant quatre façades d'exposition différente, ce qui permet aux malades de choisir l'orientation qu'ils jugent préférable. Toute cette partie de l'édifice est destinée aux Salons de Compagnie, de lecture, de jeux, de billards et aux appartements des pensionnaires qui ouvrent sur une magnifique galerie vitrée, large de deux mètres, admirablement aérée, en été, et maintenue, en hiver, à une température égale, de 15° à 17° centigrades. Les malades trouvent aux Thermes de Dax tout le confortable des meilleurs hôtels et l'avantage énorme de pouvoir suivre leur traitement sans la moindre fatigue. Le service balnéaire occupe l'étage inférieur de l'établissement: il comprend une longueur de galeries de 200 m. sur lesquelles viennent s'ouvrir 65 cabines, renfermant : 26 baignoires en marbre pour bains d'eau minérale; 20 piscines à boues, individuelles, avec bains ou douches, 3 bains de caisse à vapeur térébenthinée ; 4 douches de vapeurs minérales; 6 douches minérales en pluie et jet, 5 douches locales, 2 lits de sudation en marbre, construits sur la voûte même de la source; 4 lits particuliers pour applications locales de boues ; grande salle d'hydrothérapie avec piscine froide ; 3 grandes piscines et 1 vaste bassin de natation à eau courante; 2 étuves naturelles avec douches en jet et pluie, 1 salle de humage, 1 salle de pulvérisation, munie d'appareils variés, avec douches locales et bains de pieds à eau courante. Enfin, vestiaire, lits de repos, de massage, à proximité de la salle d'hydrothérapie et des étuves.

Il existe, de plus, aux Thermes, deux installations balnéaires, *isolées* du *service général* et affectées aux *indigents* et aux petits malades scrofuleux. Un hôtel annexe a été créé récemment pour les malades peu fortunés, qui n'ont qu'une rue à traverser pour suivre leur traitement aux grands Thermes.

Des Thermes, se rendre par la **promenade des Baignots**, sur le bord de l'Adour, à *l'établissement des Baignots*, en passant près des *Bains Séris*.

Les Baignots. — Situé sur la rive gauche de l'Adour et alimenté par plusieurs sources, l'établissement des Baignots est le plus ancien de Dax et possède un service complet d'hydrothérapie, des piscines à boues, des étuves avec douches, et une installation complète d'hivernage où les baigneurs peuvent prendre pension. Un vaste jardin anglais entoure l'établissement.

Des Baignots revenir par la promenade et le *Port* à la place Thiers, votre point de départ.

Pour mémoire. — Citons également parmi les curiosités de Dax la *tour de Borda*, élevée à la mémoire du célèbre ingénieur, sur la colline du Pouy d'Eauze et, à l'extrémité de la rue Gambetta, renfermant le tombeau du premier évêque de Dax, l'*Eglise Saint-Vincent* qui vient d'être reconstruite dans le style roman et mérite une mention spéciale.

Environs de Dax

Aux baigneurs séjournant à Dax, nous recommanderons les excursions suivantes :

Chêne de Quillac (1 h. aller et retour). — Franchir le pont de l'Adour et descendre la rive droite du fleuve jusqu'au pont du chemin de fer, sous lequel on passe pour prendre à droite un chemin conduisant à un bois de chênes. C'est dans ce bois que se dresse, au milieu d'un rond-point, le *chêne de Quillac*, mesurant 9 mètres de circonférence sur 3 mètres de hauteur. Dans son énorme tronc jaillit une source prétendue miraculeuse et qui est un but de pèlerinage, le 23 juin.

Saint-Paul-les-Dax et Saint-Vincent-de-Paul (6 kil). — Après avoir traversé le pont de l'Adour on suit le faubourg du Sablar et laissant à droite l'avenue de la gare, on prend, après la voie ferrée, le premier chemin à gauche conduisant au village de *Saint-Paul* qui possède une église remarquable par son abside romane (XIIe et XVe s.).

De Saint-Paul, revenir sur ses pas, jusqu'à la route du Sablar que l'on continue à suivre jusqu'à une bifurcation ; là, tourner à droite et, après avoir traversé le passage à niveau, prendre à gauche le chemin de *Saint-Vincent-de-Paul*. C'est le hameau où naquit, en 1576, saint Vincent de Paul; on peut voir encore la maison qu'il habitait ainsi que le chêne sous lequel il gardait son troupeau. A côté, se trouvent l'asile et la maison de retraite dirigés

par les religieux Lazaristes, ainsi qu'une très jolie chapelle.

Nota. — Le hameau de *Saint-Vincent-de-Paul*, est desservi par la halte de ce nom; trajet en 8 min.

Tercis (7 kil.), village situé à l'extrémité du faubourg Saint-Vincent, où se trouve un établissement thermal alimenté par une source sulfureuse chlorurée, sodique.

De Dax à Puyôo. — 31 kil. en 30 et 35 min. — Laissant à dr. la grande ligne de Bayonne, on dépasse les petites stations de *Mimbaste* et *Misson-Habas* et on atteint **Puyôo** (Buffet). (v. p. 108).

DE DAX A BAYONNE
50 kil. en 1 h. environ.

Itinéraire. — En quittant Dax on laisse à gauche la ligne de Pau, et, longeant la rive droite de l'Adour, on passe à *Mees* (halte), *Rivière* (pont suspendu), *Saubusse*, (bains de boues chlorurées calciques), *St-Geours*, *St-Vincent de Tyrosse* (embr. à droite sur Soustons), *Bénesse-Maremne* (halte), *Labenne*, d'où l'on se rend à *Capbreton* (7 kil.)

Capbreton, station balnéaire avec petit port à l'embouchure du Boudigau. — Belle plage. Etablissement de bains. Villas et maisons meublées.

Après Labenne la ligne se rapproche de la mer que l'on aperçoit bientôt, à droite, avant d'atteindre *Le Boucau*, l'avant-port de Bayonne, où l'on peut aller visiter, le mardi, à 2 h. 3/4, les magnifiques ateliers des *Forges de l'Adour*, puis on longe la rive droite de l'Adour et, passant au pied de la citadelle, on entre en gare de *Bayonne*.

BAYONNE

Ville de 27.192 habitants, chef-lieu d'arrondissement des Basses-Pyrénées, au confluent de l'Adour et de la Nive. Belle cathédrale. Evêché. — Citadelle remarquable, construite par Vauban. — Port de cabotage très important. Jambons fameux et chocolats renommés.

Moyens de transport. — *De Paris à Bayonne.* On se rend de Paris à Bayonne par Bordeaux (lignes d'Orléans et du Midi). — Dist. : 783 kil. Durée du trajet environ 12 h. en rapide, 15 à 17 h. environ en express et de 17 à 19 h. en train direct.

Pour l'itinéraire de Paris à Bordeaux, v. p. 14.
Pour l'itinéraire de Bordeaux à Bayonne v. p. 54.

Arrivée à Bayonne. — On trouve à la sortie de la gare les omnibus de la ville et des hôtels (50 cent. avec bagages) et des voitures de place.

Voitures de place. — 2 fr. 50 l'heure. En stationnement à la gare et sur la Place d'Armes.

Choix d'un hôtel. — Pour les renseignements sur les hôtels, voir *Agenda du Voyageur*, papier bleu, fin du volume, lettre B.

Postes et Télégraphes. — Rue Frédéric-Bastiat, près du Réduit. Arrivée du courrier de Paris : le matin, à 11 h., distribué à midi 30, le soir à 11 h., distribué le lendemain matin. Pour qu'une lettre soit distribuée le lendemain matin à Paris, il faut la mettre à Bayonne avant 2 h. du soir. Tout l'été, les lettres mises à la poste pour le *rapide quittant Bayonne à 6 h. 30 s.*, arrivent à Paris le *lendemain matin vers 7 h.*

Tramway à vapeur. — De *Bayonne à Biarritz*. Départ de la Place d'Armes toutes les 30 minutes ; trajet en 35 minutes. Prix 50 et 35 cent. aller et 90 et 55 cent. all. et ret. Dernier train à 9. 40 s.

Chemin de fer spécial : *Bayonne, Anglet, Biarritz*, aux allées de Paulmy, en dehors des fortifications, qu'on traverse à l'angle gauche de la Place d'Armes. — Départ toutes les 30 minutes ; trajet en 15 minutes. Prix 75 cent. et 45 cent. aller et 1 fr. et 60 cent. all. et ret. *L'été, départs tous les 1/4 d'h. de 2 h. à 7 h. s.* Dernier train à 10 h. 30.

De la gare en ville. *10 min. à pied.* — En quittant la gare tourner à droite pour traverser la *place St-Esprit* et le *pont St-Esprit* jeté sur l'Adour.

A l'extrémité du pont, passer sous une porte fortifiée, appelée *le Réduit*, pour traverser plus loin le *pont Mayon*, sur la Nive, et, laissant en face de soi, la *rue Victor-Hugo*, la plus commerçante de la ville,

BAYONNE. — Vue générale.

tourner à droite. Vous êtes sur la *Place de la Liberté*, centre de Bayonne.

Deux mots d'histoire. — Bayonne, le *Lapurdum* des Romains, ne joua, jusqu'au xie siècle, aucun rôle important. A cette époque son commerce prit une plus grande extension, grâce à l'affranchissement de la ville ; c'est alors qu'elle passa sous la domination anglaise et obtint de grands privilèges. Reprise, en 1294, par Philippe-le-Bel, elle retomba, l'année suivante, au pouvoir des Anglais, qui en lui accordant de

Le pont Saint-Esprit.

nouveaux privilèges, la conservèrent jusqu'en 1451, époque à laquelle Charles VII la réunit définitivement à la France.

En 1523, elle soutint victorieusement l'attaque des Espagnols, grâce à ses puissantes fortifications, élevées sous les règnes de Charles XII et de François Ier. En 1565, eut lieu à Bayonne entre Charles IX et la reine d'Espagne une entrevue pendant laquelle se donnèrent de grandes fêtes et où se complota, dit-on, la Saint-Barthélemy.

Pendant la guerre d'Espagne en 1808, Napoléon séjourna à Bayonne et força Charles IV à abdiquer en faveur de son frère Joseph Bonaparte.

On voit encore à *Marracq* (quartier St-Léon) les ruines du château où Charles IV fut retenu prisonnier.

Quelques années plus tard, en 1815, Bayonne soutint victotieusement un siège contre les Anglais, de l'armée de Wellington et, dans la sortie qui eut lieu, le 14 avril 1815, le général anglais *Hay* fut tué et un autre général anglais, le général *Hope*, fait prisonnier.

4.

Itinéraire dans la ville

Partant de la **Place de la Liberté**, où s'élève un vaste bâtiment à arcades renfermant l'*Hôtel de Ville*, le *théâtre* et la *Douane*, en façade sur la Nive, longer à gauche la **rue Bernède**, et, laissant, à droite, la **place d'Armes** (d'où partent les tramways pour Biarritz), prendre à gauche la belle **rue Thiers**, où sont situés les principaux hôtels. A son extrémité se trouve, à droite, le *Château-Vieux* (xiie et xv^{es}) où sont installés les services du Génie, de la Place et du Recrutement.

Continuer à monter, par la **rue de l'Evêché**, jusqu'à la *cathédrale*.

Nota. — Derrière la cathédrale, se trouve un monument élevé à la mémoire de deux Bayonnais, tués, à Paris, aux journées de Juillet.

La cathédrale, fondée en 1140, puis reconstruite de 1213 à 1544, et dont certaines parties sont encore en restauration, est un bel édifice, auquel est adossé un **cloître** (xiiie s..) ancien cimetière du chapitre. De ce côté se trouve un très joli portail sculpté, compris dans la partie transformée en Sacristie. (*Demander pour visiter*).

A l'intérieur (entrez par la porte de la rue de l'Evêché) on remarque : le maître-autel, en marbre blanc, avec le siège épiscopal, placé à g. ; le dallage du sanctuaire, également en marbre blanc, orné de dessins de couleurs variées ; et de très beaux vitraux, surtout ceux de la chapelle Saint-Jérome.

Sortir de l'église par le portail donnant sur la **rue Notre-Dame**, tourner à droite, près d'une fontaine alimentée par les eaux amenées de la montagne *Ursuya*, près Cambo, et, passant devant le *Palais de Justice*, suivre la **rue d'Espagne**, puis descendre la première rue à gauche, **rue de la Poissonnerie**. Après avoir dépassé, à gauche, *les Halles*, traverser le **pont Pannecau**, sur la Nive, pour suivre, en face, la **rue Pannecau** qui conduit devant le *château Neuf* (xve siècle). A droite est l'*Arsenal*. A gauche *l'église Saint André.*

BAYONNE. — L'Eglise Saint-André

L'église Saint-André est une construction moderne dont la façade est surmontée de deux flèches. On voit à l'intérieur l'*Assomption*, tableau de Bonnat.

En sortant de Saint-André, tourner à droite et, passant entre l'église et l'*hôpital militaire*, gagner, à gauche, les **allées Boufflers** qui longent l'Adour et vous ramènent, en passant près du *Jardin public*, au *Pont Saint-Esprit* et *au Réduit*. Du Réduit traverser le **Pont Mayon** pour revenir à la **place de la Liberté**, votre point de départ.

Nota. — Remarquer, à la sortie du pont Mayon, à l'angle g. de la rue Victor-Hugo, la *Chambre de Commerce*, installée dans l'ancienne maison de M. de Cabarrus, père de *Mme Tallien*.

Citadelle. — Sur la rive droite de l'Adour, dominant le faubourg Saint-Esprit, se dresse la *citadelle* construite par Vauban, et d'où l'on découvre toute la ville, l'embouchure de l'Adour, Biarritz, la vallée de la Nive, etc.; mais on ne peut y monter qu'avec une autorisation du commandant de la Place ou accompagné par un officier.

Les Arènes. — Au delà des allées de Paulmy, près de la ligne du chemin de fer de Biarritz, se trouvent les *Arènes* bayonnaises, belle construction de style mauresque, où ont lieu les courses de taureaux et où se donnent des fêtes de toute nature.

Environs de Bayonne

En dehors des *Allées Marines*, qui commencent à la place d'Armes et s'étendent sur le bord de l'Adour, et des *Allées de Paulmy*, qui longent les fortifications, les deux seules promenades de Bayonne, nous vous recommanderons les excursions de l'*embouchure de l'Adour* et de *Biarritz*, cette dernière surtout qui est le complément de votre visite à Bayonne.

Embouchure de l'Adour (à 6 kil. de Bayonne; — à pied ou en voiture particulière). — Partant de la place d'Armes, près du Théâtre, suivre les *Allées Marines*, prolongées par un long quai qui vous conduit au *Lazaret* et à l'*embouchure de l'Adour*. A gauche se trouve le *champ de courses*. — De chaque côté du fleuve s'étend une longue estacade en bois, que l'on transforme actuellement en jetées pleines

De là on admire, à la marée, l'intéressant spectacle de *la barre*, sorte de bourrelet formé par la rencontre des courants opposés de la mer et du fleuve.

Excursion à Biarritz. — Voir ci-après.

A signaler comme buts d'excursions : Les *Forges de l'Adour* (v. p. 62); les *Cimetières des Anglais* (20 m. à pied) et l'usine de *Mousserolles*, où l'on fabrique de grandes quantités de sel, par l'évaporation des eaux salines de *Briscous*.

DE BAYONNE A BIARRITZ

Renseignements. — On peut se rendre de Bayonne à Biarritz soit :

1° *Par le chemin de fer d'intérêt local* (8 kil.). Moyen le plus pratique. Gare de départ derrière la place d'Armes, aux allées de Paulmy. — Trajet en 15 min. — Prix : 1re cl. 60 c., all. et ret. 1 fr.; 2e cl. 40 c., all. et ret. 60 c. — Une seule station intermédiaire : *Anglet*.

2° *Par le tramway à vapeur* partant de la place d'Armes. — Départ toutes les 30 min. dans la journée. — Trajet en 35 min. — Prix des places : 1re cl. 50 c., all. et ret. 90 c.; 2e cl. 35., all. et ret. 90 c. et 55 c. — Stations desservies : *St-Léon, Lachepaillet, Beyris, Villa Minerva, Anglet, Quesnel, Chassin, av. Lebas*, le *Rond-Point* et *Palais-Biarritz*.

3° *Par le chemin de fer du Midi*. Descendre à la gare de *Biarritz* (Midi), dite *de la Négresse*, qui se trouve à 3 kil. de Biarritz. Omnibus du chemin de fer (1 fr. par place) et des hôtels à la gare.

Nota. — On va bientôt mettre à exécution le projet de raccordement de la ligne du Midi avec le chemin de fer d'intérêt local, qui permettra aux voyageurs de débarquer au cœur de Biarritz, à la gare B. A. B, place de la Liberté, sans transbordement à *la Négresse*.

4° *En voiture particulière* (prix à débattre). On demande généralement 10 fr. — Voitures sur la place de la Liberté.

BIARRITZ. — La grande plage.
(*Phot. de Lafont, libraire, 63, allée d'Etigny, à Luchon.*

BIARRITZ

Ville de 11.869 hab., dans une situation ravissante, avec une plage superbe et un climat des plus doux qui en font une station balnéaire très en vogue en même temps qu'une ville d'hiver délicieuse. Établissements de bains. Splendide Casino. Beaux hôtels.

Biarritz, qui doit sa célébrité non seulement à son admirable situation, mais encore au cachet de haute élégance que contribua à lui donner la cour impériale, sous le second empire, est aujourd'hui une station balnéaire des plus aristocratiques très fréquentée par les grandes familles étrangères. Son climat, très doux, en fait de plus une ville d'hiver, recherchée surtout par les Anglais et les Russes.

Pourvu de toutes les distractions désirables : représentations théâtrales, concerts, jeux, courses, fêtes de toutes sortes, etc. Biarritz mérite, à tous les points de vue, sa réputation de plage à la mode.

Ajoutons que Biarritz possède, depuis 1893, des *Thermes Salins* alimentés par les eaux salines de Briscous (20 kil).

Moyens de transport. — On se rend de Paris à Biarritz par Bordeaux et Bayonne (lignes d'Orléans et du Midi). — Distance : 792 kil. Trajet en 12 h. 3/4 en rapide, 15 h. 1/4 à 17 h. 1/4 environ en express et de 17 h. 14 à 19 h. 1/4 en train direct. Pendant toute l'année, des voitures directes de luxe de 1re cl. circulent dans divers rapides entre Paris et Biarritz. — Le Sud-Express dessert en outre Biarritz (trajet en 12 h. de Paris à Biarritz).

Pour l'itinéraire de Paris à Bayonne, v. p. 62.

Pour l'itinéraire de Bayonne à Biarritz, v. p. 69.

Quoique la gare de Biarritz (Midi) dite de la Négresse, soit à 3 kil. de Biarritz, il est plus commode au moins quand on vient de la direction de Paris, de descendre à cette station et non pas à Bayonne à cause du transbordement des bagages de la gare de Bayonne à la gare de Biarritz (ligne de Biarritz).

Arrivée à Biarritz. — Si vous arrivez par la gare de la Négresse, vous trouverez à la sortie de la gare les omnibus du chemin de fer et des hôtels. Si vous venez de Bayonne, soit par le tramway à vapeur, soit par le chemin de fer spécial, vous vous trouvez au cœur même de Biarritz, sur la place de la Liberté, d'où part notre itinéraire dans la ville.

Choix d'un hôtel. — Pour les renseignements sur les hôtels, voir *Agenda du voyageur*, papier bleu, fin du volume, lettre B.

Postes et Télégraphes, derrière la halle.

Voitures. — Voiture à 1 cheval, l'heure 1 fr. 50 à 2 chevaux, 2 francs. — Pour les excursions aux environs : prix à débattre. — *Anes* : 1 franc et 1 fr. 50 l'heure. De Biarritz à **la gare de la Négresse,** le prix ordinaire est de 3 francs pour les voitures à 1 cheval.

Le Casino.

Itinéraire dans la ville

Partant de la gare du chemin de fer spécial, sur la **place de la Liberté,** près de laquelle s'arrête le tramway à vapeur, se diriger vers la **place de la Mairie** et tourner à droite, avant d'atteindre la *mairie,* pour gagner, par une courte rue, la **place Bellevue,** près de la terrasse du Casino. Belle vue sur la mer.

A votre droite s'étend la *grande plage* avec son *établissement de bains*; plus loin, à droite, l'ancienne *villa Eugénie,* résidence impériale sous le second empire, aujourd'hui transformée en hôtel

BIARRITZ. — Les Bains.
(Phot. de Lafont, libraire, 63, Allée d'Étigny, à Luchon).

et, plus loin encore, le *phare* de la pointe Saint-Martin.

Descendre la rampe du *Casino*, qui passe devant les *bains chauds*, et, contournant la terrasse, suivre le chemin qui borde le *Port-aux-pêcheurs* composé de plusieurs bassins creusés au milieu des roches.

La Côte des Basques.

L'*Atalaye*, butte que couronnent les ruines d'une tour, domine le port. Du sommet, que l'on peut atteindre par un petit sentier, on jouit d'une belle vue sur l'Océan. Traverser le *tunnel* de l'Atalaye (75 mètres), pour se diriger vers la passerelle qui conduit au *rocher de Cucurlon*, percé à jour, et surmonté d'une statue de la Vierge. De là, revenir sur ses pas et suivre le bord de la côte. On arrive au *Port-Vieux*, anse étroite encaissée entre les rochers, et où se trouve un *établissement de bains* auquel on descend par un large escalier. Au delà du Port-Vieux on traverse le *pont du Diable*, pont rustique qui vous conduit, en contournant la falaise, à la *côte des Basques*, immense plage de sable adossée à de hautes falaises qui se prolongent jusqu'à Saint-Jean-de-Luz. C'est sur cette plage que viennent, chaque année, le deuxième

BIARRITZ. — L'Atalaye. — Le rocher de Cucurlon et Port-Vieux.
(Phot. de Lafont, libraire, 63, Allée d'Etigny, à Luchon).

dimanche de septembre, se baigner les Basques ; de là lui vient son nom.

De la côte des Basques, revenir par le pont du Diable au Port-Vieux et prendre à droite, après l'escalier qui descend aux Bains, la rue du Port-Vieux, qui vous conduit sur la **place Sainte-Eugénie** où se trouvent, à gauche, le **kiosque** de la musique et l'**église** ; puis monter la **rue Mazagran** qui vous ramène sur la **place de la Mairie**.

Promenades et Excursions

Biarritz offre à ses visiteurs d'innombrables promenades et excursions plus variées et plus attrayantes les unes que les autres. Nous allons décrire les principales et indiquer sommairement celles de moindre importance. *Consulter notre Carte spéciale.*

Promenade au Phare, à la chambre d'Amour et à l'embouchure de l'Adour

A pied par la côte

Renseignements. — Cette promenade demande une après-midi si l'on va jusqu'à l'embouchure de l'Adour ; mais les touristes ayant déjà fait cette excursion de Bayonne pourront se borner à n'aller que jusqu'à la *Chambre d'Amour* (2 heures aller et retour).

Itinéraire. — Partant de la **Place de la Liberté**, le dos tourné à la gare, suivre en face de soi la route nationale de Bayonne, qu'on laisse à droite, à hauteur de la grille de l'Hôtel du Palais, pour suivre tout droit l'avenue du Palais, dans laquelle on laisse à droite l'**Eglise Russe**. En 20 minutes, vous atteignez la *pointe Saint-Martin* que domine un *phare* de premier ordre, haut de 47 mètres, à feu tournant et d'une portée de 25 milles.

En continuant à suivre la côte on laisse à dr. le terrain affecté au jeu de Golf et on descend, par un sentier, à la plage de la *Chambre d'Amour*, appelée ainsi, d'une grotte, aujourd'hui bouchée par les sables, où périrent, surpris par la marée montante, deux amants qui s'y étaient réfugiés. Cette plage, que fréquentent quelques baigneurs, est assez dangereuse et les vagues y déferlent avec fureur.

Si l'on veut prolonger la promenade on peut, en suivant le bord de la mer, se rendre jusqu'à l'*embouchure de l'Adour* où se trouve l'hippodrome au milieu duquel s'étend le petit *lac de Boucau* ou de *la Barre* et de là revenir soit à Biarritz, par le même chemin, soit à Bayonne en suivant la rive gauche du fleuve. On arrive à Bayonne par les *Allées Marines*.

Retour à Biarritz par la route nationale, le Chemin de fer B. A. B., le tramway à vapeur ou la ligne du Midi et la gare de la Négresse.

Le Bois de Boulogne et les Lacs

A pied, 2 h. 30 ; à bicyclette ou en voiture, 1 h. 30.

Renseignements. — Cette promenade est une des plus fréquentées des environs de Biarritz. Le prix des voitures varie de 8 à 12 fr., selon la saison.

Itinéraire. — Partant de la **place de la Liberté**, on prend l'**avenue de la Négresse**, dans laquelle on remarque à dr. et à g. de jolies villas ; on laisse à g. le parc et le château Gramont, à dr. la villa Saint-Martin ; puis, un peu plus loin, à **dr.** l'avenue de la République et la rue d'Espagne, et à g. l'avenue Saint-Martin et l'octroi. A 350 m. environ de l'octroi, on quitte l'avenue de la Négresse, pour suivre à g. une route qui contourne le **lac Marion** qui est sur la dr.; on voit à dr. une ferme où on loue des ânes, puis un chemin qui conduit à une blanchisserie mécanique installée au bord du lac. On laisse à g. un chemin qui va rejoindre le chemin du nouveau cimetière, puis un autre qui va aboutir à la route de Bayonne, et on atteint à dr. le petit chemin qui conduit au **lac Marion.**

Le lac Marion. — Long de 300 m. et large de 200 m. environ, ce lac ne présente rien de bien remarquable.

Après avoir dépassé le lac, on prend le premier chemin à dr. qui vient rejoindre l'avenue de la Négresse, dans laquelle on tourne à g. pour prendre bientôt à dr. la route descendante qui mène au **lac de Mouriscot**, qu'elle longe à g.

Le lac de Mouriscot. — Ce lac, connu également sous les noms de **lac de la Négresse** et de **lac Bleu**, est beaucoup plus étendu que le précédent. Sa longueur est d'environ 500 m. sur une largeur qui varie de 200 à 350 m. Ses eaux atteignent à certains endroits une assez grande profondeur. On y trouve des bateaux de pêche et de promenade, mais il n'est pas prudent de s'y baigner.

La route s'éloigne du lac et monte contournant le **Bois de Boulogne** qui s'étend sur la droite.

Le Bois de Boulogne. — Ce charmant bosquet, dont la superficie atteint à peine 2 hectares, offre aux baigneurs de Biarritz, dans les jours de grande chaleur, l'attrait de ses bienfaisants ombrages et constitue, par son peu d'éloignement et la proximité du **lac de Mouriscot**, qui en forme le gracieux complément, un des buts de promenade les plus appréciés.

Après le Bois de Boulogne, on laisse à g. la route de Bidart, de l'autre côté de laquelle se trouve la villa Sachino, séjour préféré de la reine Nathalie de Serbie. On longe à dr. l'**étang de Chabiagne**, on passe devant la villa Marbella, qu'on voit à g., et on suit tout droit la route du Bois jusqu'à sa rencontre avec la **rue d'Espagne** qu'on laisse à dr. Appuyant à dr. et laissant à g. la rue des Falaises, puis un peu plus loin la rue Peyreloubil, on suit la **rue Gambetta** qui vient aboutir à la **place de la Mairie**, d'où on gagne à dr. la place de la Liberté.

De Biarritz à Bayonne

Renseignements. — On peut se rendre de Biarritz à Bayonne soit à pied, soit à bicyclette, soit en voiture, soit par chemin de fer.

Par chemin de fer. — Les promeneurs ont le choix entre la ligne du Midi (gare de la Négresse), le chemin de fer B. A. B. ou le tramway à vapeur.

A pied, à bicyclette ou en voiture. — Trois routes s'offrent aux touristes : la **route directe**, c.-à-d. la plus courte ; la **route de la Barre** et la **route d'Arcangues**. (Voitures : 12 à 18 fr. selon le trajet adopté.)

Route directe. — 8 kil. Départ de la place de la Liberté, par la rue de France, qui va rejoindre la route Nationale à la hauteur du pont du chemin de fer B. A. B. On arrive à Bayonne par les allées de Paulmy.

Route de la Barre. — 14 kil. Voir la première promenade. On arrive à Bayonne par les allées Marines.

Route d'Arcangues. — 13 kil. On prend l'avenue de la Négresse et arrivé à la route Nationale de Bayonne, ayant en face de soi la gare, on tourne à dr. et, après le passage à niveau, on prend à g. et on suit tout droit, laissant successivement à dr. les routes d'**Arbonne**, d'**Arcangues**, de **Bassussarry** et on arrive à la route de Bayonne à Cambo, dans laquelle on tourne à g. et qui, après avoir franchi la ligne du chemin de fer, conduit directement à Bayonne. On rejoint la route d'Anglet un peu avant les remparts et on entre soit par la **porte d'Espagne**, soit par les **allées Paulmy**.

Bayonne. — Voir notre chapitre spécial pour la ville et les environs, p. 62.

Nota. — Pour les autres excursions à **Cambo, Bidart. Guétary, Saint-Jean-de-Luz, Hendaye, Fontarabie, Irun** et **Saint-Sébastien,** nous renvoyons nos lecteurs aux chapitres consacrés à ces différentes localités qui sont desservies par le chemin de fer.

Promenades en mer. — Ajoutons que pendant la belle saison, et lorsque le temps le permet, des petits vapeurs font des promenades le long de la **côte basque** et vont aussi jusqu'à l'**embouchure de l'Adour** et jusqu'à **Bayonne.**

DE BAYONNE A SAINT-JEAN-DE-LUZ

(23 *kil.* en 40 *min.*)

Itinéraire. — En quittant la gare on passe sous un tunnel de 150 mèt. au-dessous du faub. Saint-Esprit, puis, franchissant l'Adour sur un pont métallique, on laisse à g. les lignes de Tarbes et d'Ossès, pour atteindre, après avoir dépassé l'*étang de Brindos*, la gare de **Biarritz** (la Négresse) située à 3 kil. de la plage (voiture de correspondance).

Biarritz. — Pour les renseignements sur Biarritz, v. p. 71.

Ensuite, on laisse à dr. le *lac de Mouriscot* et, après le tunnel de la Négresse, on passe à **Bidart**, village basque à dr. de la ligne (petits bains de mer) ; puis, le chemin de fer se rapprochant de plus en plus de la mer, atteint **Guétary**, autre station balnéaire modeste avec un petit établissement de bains.

Vient ensuite *St-Jean-de-Luz*.

Saint-Jean-de-Luz. — La plage et la digue.
Phot. de Lafont, libraire, 63, Allée d'Etigny, à Luchon).

SAINT-JEAN-DE-LUZ

Ville de 3,856 hab. située au fond de la baie de St-Jean-de-Luz à l'embouchure de la Nivelle. — Station balnéaire très agréable. Plage magnifique. Deux Casinos. Établissement de bains.

Moyens de transport. — On se rend de Paris à St-Jean-de-Luz par Bordeaux et Bayonne (lignes d'Orléans et du Midi). — Distance : 806 kil. Trajet en 13 h. en rapide, 16 à 18 h. en express et 18 à 20 h. en train direct.

Pour l'itinéraire de Paris à Bordeaux, v. p. 14.
De Bordeaux à St-Jean-de-Luz, v. p. 54, 62 et 81.

Arrivée à St-Jean-de-Luz. — On trouve à la sortie de la gare les omnibus des principaux hôtels.

Choix d'un hôtel. — Pour les renseignements sur les hôtels, voir *Agenda du voyageur*, papier bleu, fin du volume, lettre S.

Postes et télégraphes, rue Saint-Jacques.

Deux mots d'histoire. — Cité commerciale très prospère au XIIIe s., St Jean-de-Luz était surtout un nid de corsaires d'où partaient les expéditions navales qui exploraient le golfe de Gascogne et y pêchaient la baleine. Au XVe s. les pêcheurs basques explorèrent les premiers les bancs de Terre-Neuve et la pêche à la morue jointe à celle de la baleine ne fit qu'accroître la renommée et la prospérité de St-Jean-de-Luz, leur port d'attache.

En 1660, Louis XIV y séjourna, lors de son mariage avec l'infante Marie-Thérèse.

Mais en 1713 le traité d'Utrecht abandonnant Terre-Neuve aux Anglais porta un coup funeste à St-Jean-de-Luz; de plus, la baleine ayant disparu du golfe de Gascogne et la mer ayant rompu les pointes de Socoa et de Ste-Barbe, qui protégeaient la baie, détruisit le port et une partie de la ville.

Ce fut la décadence et la ruine; les pêcheurs émigrèrent.

Plus tard des travaux furent entrepris pour protéger l'entrée de la baie des violences de la mer, des digues furent construites, mais elles ne résistèrent pas longtemps. De nos jours cependant des travaux considérables ont été exécutés et semblent devoir lutter victorieusement contre la fureur des flots.

Itinéraire dans la ville

En sortant de la gare, prendre à g. pour gagner la **Place des Allées**, ayant à votre g. le port et en face de vous le derrière de la *maison Louis XIV* avec tourelles carrées. C'est dans cette maison que logea le roi lors de son mariage avec l'infante Marie-Thérèse, en 1660. Longeant ensuite la dite maison on atteint la **place Louis XIV** (kiosque pour la musique). A votre g., en façade sur le port remarquer le *château de l'infante*, grande maison du XVIIe s., restaurée, avec tours carrées et arcades. A l'intérieur, que l'on peut visiter, on remarque deux tableaux de Gérome: le *Mariage de Louis XIV* et la *Paix des Pyrénées*.

En face de la Maison Louis XIV suivre la **rue de la République** qui vous mène directement sur la digue, en face de la *plage* qui forme un demi-cercle. A g. on aperçoit la pointe et le *port de Socoa*, à dr. *Ste-Anne*.

Le nouveau Casino.

Suivant la digue, à dr., on passe devant le petit *Chalet-Casino* (salle de concerts) et, plus loin, derrière l'*établissement de bains*.

Arrivé à l'extrémité de la plage prendre, à dr., le **boul. Thiers** à l'entrée duquel se trouve le grand *Casino* et où sont les plus belles villas. On remarque entre autres une jolie *villa Mauresque*.

A l'extrémité du boulevard tourner à dr. pour descendre, par l'**avenue Thiers**, à la **rue Gambetta**, que vous suivez à dr. et qui vous ramène à la place Louis XIV en passant devant l'*église St-Jean*, du XIIIe s., type de l'église basque, avec ses galeries pour les hommes, le bas étant réservé aux femmes.

De la place Louis XIV revenir à la gare.

Promenades et Excursions

Aux baigneurs qui séjourneront à St-Jean-de-Luz nous recommanderons les promenades et excursions suivantes :

Ciboure et la pointe de Socoa. — *Ciboure* est une bourgade de 2,000 hab. presque tous marins, séparée de St-Jean-de-Luz par la Nivelle. Quelques minutes suffisent pour s'y rendre en traversant la rivière et en passant devant la douane, ancien couvent de Récollets.

Une route partant de Ciboure et longeant la plage conduit au *port de Socoa*, à la pointe du même nom, où se trouve un petit fort. Si l'on veut se rendre à la grande digue il faut contourner le port, à g. — Cette *digue* (336 mèt.) composée de blocs énormes en béton, est destinée à protéger le port et la baie des violences de la mer. Elle a pu, jusqu'ici, résister aux plus fortes tempêtes.

Urrugne (4 kil.). — Traversant la Nivelle on laisse, à dr., la petite plage de *Ciboure*, pour suivre la route d'Espagne qui croise la voie ferrée et d'où l'on aperçoit, plus loin à dr., le *château d'Urtubie*, ancien manoir féodal. — Urrugne est un bourg de 3,800 hab., situé dans un joli vallon; on y remarque l'église du XVe s. et une horloge avec curieuse inscription latine : *Vulnerant omnes, ultima necat* (Toutes blessent, la dernière tue).

Ascension de la Rhune. — 6 kil. en voiture jusqu'à Ascain, dans la vallée de la Nivelle, et 2 h. 30 de montée, à pied ou à cheval, d'Ascain au sommet de la Rhune.

La Rhune (900 mèt.) est la première masse granitique, un peu importante, des Pyrénées, du côté de l'Océan. Du sommet, où se trouvent encore des restes de fortifications qui rappellent les combats livrés aux Alliés en 1813, on jouit d'une vue superbe qui s'étend : à l'O. sur les côtes de l'Atlantique depuis St-Sébastien jusqu'à l'embouchure de l'Adour; au N. sur les vallées de l'Adour et de la Nivelle et le pays basque; à l'E. sur la chaîne des Pyrénées.

DE SAINT-JEAN-DE-LUZ A HENDAYE
(12 *kil. en* 15 *min.*)

Itinéraire. — Le chemin de fer traverse la Nivelle. Sur la dr. on aperçoit le Socoa avec son fort. On passe ensuite à *Urrugne* et, après le tunnel des Redoutes, on découvre la vallée de la Bidassoa. Quelques minutes encore et l'on entre en gare d'**Hendaye** (buffet) dernière station française.

HENDAYE

Bourg de 2.050 hab. sur la Bidassoa à la frontière espagnole. — Belle plage et bains de mer avec Casino à 2 kil. de la station. — Liqueur estimée connue sous le nom de « liqueur d'Hendaye ».

Moyens de transport. — On se rend de Paris à Hendaye par Bordeaux et Bayonne (lignes d'Orléans et du Midi). — Distance : 818 kil. — Trajet en 13 h. 1/4 en rapide, 16 à 18 h. environ en express et 18 à 20 h. en train direct.

Pour l'itinéraire de Paris à Bordeaux v. p. 14, et de Bordeaux à Bayonne et Hendaye v. p. 54.

Arrivée à Hendaye. — On trouve à la sortie de la gare les omnibus des hôtels.

Choix d'un hôtel. — Pour les renseignements sur les hôtels, voir *Agenda du voyageur*, papier bleu, fin du volume, lettre H.

Postes et Télégraphes, dans la grande rue et à la gare.

De la gare en ville. *10 min. à pied.* — En sortant de la gare tourner à g. et gravir la route qui longe la voie ferrée jusqu'au pont du chemin de fer que l'on traverse; puis tournant à g. on débouche dans la grande rue, centre d'Hendaye. A dr. s'étend une grande place avec l'*église*, du xve s. dans laquelle se trouvent trois curieuses tapisseries d'assez grandes dimensions, mais mal entretenues. Au delà de l'église, vers la mer, on remarque les *ruines* d'un château du xiiie s.

Le Casino d'Hendaye-Plage.

D'HENDAYE A HENDAYE-PLAGE

Renseignements. — On peut se rendre d'Hendaye à Hendaye-Plage soit en *canot* (1 fr.) par la Bidassoa, en partant du port vieux ; soit *par la route.* Voitures à l'arrivée des trains. Même prix que pour la ville.

Par la route (20 min.). — Partant du pont du chemin de fer, suivre tout droit, puis tourner à g. laisser à dr. la place de l'église et, 100 m. plus bas environ, prendre à dr. la rue continuée par la route qui longe la Bidassoa et qui vous mène directement à *Hendaye-Plage*, dont vous apercevez de loin le casino et les châlets.

Hendaye-Plage. — Arrivé devant le *Casino*, construction de style mauresque, dirigez-vous vers la terrasse. De là vous découvrez dans son ensemble l'admirable *plage* d'Hendaye. A votre droite la *pointe Sainte-Anne* et ses rochers ; sur le plateau, le *château d'Arragory*. A gauche, l'embouchure de la Bidassoa et la *pointe du Figuier* avec son phare, que domine le Jaizquibel. En outre du *Casino* et de l'*établissement de bains*, on compte quelques hôtels et villas.

La plage d'Hendaye est appelée à un très grand avenir. Les Espagnols la fréquentent déjà en grand nombre et les avantages de toute nature qu'elle offre aux amateurs de belles excursions et de grand calme auront vite fait de lui attirer une clientèle sérieuse, pour peu que les propriétaires veuillent bien y construire suffisamment de châlets.

La ville de Paris vient, en raison de la salubrité du climat, d'y établir un Sanatorium pour les enfants débiles. Ce Sanatorium est à plus de 500 mètres au nord de l'extrémité des terrains bâtis, près de la pointe Sainte-Anne.

Excursion en bateau à Fontarabie, à Irun et à l'île des Faisans

RECOMMANDÉE

Renseignements. — Hendaye est le centre d'une quantité considérable d'excursions très inté-

HENDAYE. — Vue prise de Foutarabie.
(Phot. de Lafont, libraire, 63, Allée d'Etigny, à Luchon).

ressantes à travers le pays Basque, soit en France, soit en Espagne, mais les touristes qui, de passage à Hendaye, ne disposeront que de quelques heures, ne devront pas manquer de faire, en bateau, une promenade sur la Bidassoa et de visiter *Fontarabie*, petite ville espagnole très pittoresque, *Irun* et *l'île des Faisans*.

Si vous n'avez que peu de temps, contentez-vous d'aller à Fontarabie.

Si, au contraire, vous disposez d'une après-midi, faites l'excursion complète.

On trouve au Port-Vieux des canots à louer. — Pour Fontarabie seulement : 1 franc aller et retour par personne. — Pour l'excursion complète de Fontarabie, Irun et l'île des Faisans, prix à débattre avec le batelier. — Profiter autant que possible de l'heure de la marée.

Fontarabie. — Une prise d'Hendaye.

Itinéraire. — Quelques minutes suffisent pour faire la traversée d'Hendaye à Fontarabie (1 kil.). On aborde au pied d'une petite jetée.

Fontarabie. — Pour l'arrivée à Fontarabie et la description de la ville v. p. 93.

Avis important. — Les personnes qui vont à Saint-Sébastien, peuvent descendre à *Hendaye*, aller visiter *Fontarabie* et prendre, au pied du casino, un tramway qui les conduira jusqu'à la gare d'**Irun**, où elles arriveront très à temps pour retrouver leur train (Tramway, 0 fr. 25).

Après votre visite à Fontarabie revenez au port pour reprendre votre canot. On remonte alors la Bidassoa, laissant Hendaye, à gauche. A droite s'élève le *Jaizquibel* sur les pentes duquel on aperçoit le couvent de *N.-D. de la Guadeloupe*; puis, passant sous le pont du chemin de fer, on se dirige à droite vers une échancrure de la rivière dans laquelle s'abrite le petit port d'*Irun*.

Irun. — Pour les renseignements sur Irun v. p. 96.

En quittant Irun le canot reprend le cours de la Bidassoa que l'on remonte de nouveau pour gagner en quelques minutes *l'île des Faisans*.

Nota. — Le petit village que l'on aperçoit plus loin, sur la droite, est *Behobia*, à g., de l'autre côté du pont, est le village français de *Béhobie*.

L'île des Faisans ou *de la Conférence*, située au milieu de la Bidassoa, est célèbre par diverses entrevues et conférences dont la plus importante est celle de Mazarin avec L. de Haro, en 1659, qui traitèrent de la paix des Pyrénées et réglèrent le mariage de Louis XIV avec l'infante Marie-Thérèse. Un monument commémoratif élevé, en 1861, au centre de l'île, rappelle cette entrevue.

L'île appartient, par moitié, à la France et à l'Espagne.

FONTARABIE

Petite ville espagnole, de 3,000 habitants située, comme Hendaye, à l'embouchure de la Bidassoa, autrefois somptueuse et puissante et n'offrant plus aujourd'hui qu'un cachet tout particulier et vraiment espagnol avec ses maisons à balcons, dont les toits se rejoignent au-dessus des rues, et les ruines de son château.

Arrivée à Fontarabie. — A votre arrivée vous êtes accueilli par une nuée d'enfants qui sollicitent une aumône ou la faveur de vous servir de guide (ce qui est complètement inutile) sous les regards bienveillants d'un douanier espagnol surveillant les étrangers.

Visite de la ville. — A la sortie du canot, laissant à droite le *Casino*, sorte de villa blanchie à la chaux, obliquer à gauche pour tourner ensuite à droite et gagner, après avoir traversé un quinconce planté de sycomores et garni de bancs de pierre, l'entrée de la ville. Devant vous se dresse une ancienne porte, sculptée et ornée d'écussons.

Passez sous la voûte pour suivre, en face de vous, la *calle Mayor* qui conduit à *l'église* et au *château*.

C'est, dit *Jean Lorrain*, une vision unique: la seule rue, la grande rue de Fontarabie, s'ouvre là devant vous, pavée de larges dalles, entre une double haie de palais Renaissance et de vieux logis de nobles, étageant très haut de lourds balcons de pierre et de grands toits ouvragés; de misérables boutiques occupent les rez-de-chaussée, et, bordée de fruiteries et d'étals de légumes, elle monte raide et tortueuse, la grande rue de Fontarabie, baignée toute d'un côté par l'ombre de la cathédrale, dont le clocher en dôme, usé, doré, sauri par les siècles, le vent, le soleil et la pluie, apparaît d'un ton de vieil ivoire entre des toits de tuiles et des murs en ruines.

Des loques pittoresques, des longs rideaux de calicot à franges, comme en a toute l'Espagne, pendent en dehors des fenêtres à grillages, des lourds balcons à jour jusqu'au fronton ornementé des portes; des femmes causent accroupies sur les seuils.

O toutes ces façades timbrées de blasons gigantesques, ces larges toits sculptés débordant sur la rue et ces brusques avancées de balcon! J'avais rêvé d'une cité arabe, et c'est dans une ville du xive siècle, de la plus belle époque espagnole, que nous montons, entre deux rangs d'anciens logis princiers.

Une odeur d'anis et d'œillet, l'odeur même de l'Espagne, sort de tous ces logis; à nos pieds, des écorces de melon, des tomates trop mûres jonchent l'épais dallage, et au bout de la rue, séparé de l'église par une allée de platanes, le château impérial, la haute forteresse où Charles-Quint tint vingt ans enfermée l'ambition de sa mère, le palais de don Sancho dresse son formidable cube de pierre grise, couronné au sommet de ronces et de soleil.

L'*église* de style gréco-romain n'offre à l'intérieur rien de remarquable.

Le *château*, actuellement en ruines, fut construit par Sanche le Savant (907) mais la façade est plus récente (xvie siècle). De la plateforme du donjon (25 c.) on jouit d'une belle vue sur l'embouchure de la Bidassoa.

Au pied du château s'étend le faubourg de la *Magdalena* habité par les pêcheurs.

Le Jaizquibel. — Derrière Fontarabie se profile la longue arête du *Jaizquibel* (585 mètres) qui s'abaissant graduellement du côté de la mer forme la pointe ou cap du Figuier que surmonte un phare à feu fixe.

On peut faire l'ascension du Jaizquibel (3 heures environ) ou simplement se rendre au *couvent de la Guadeloupe* (1 h. 30) que l'on aperçoit à mi-côte (auberge), et d'où l'on jouit d'une fort belle vue sur la Bidassoa et l'Océan.

D'HENDAYE A SAINT-SÉBASTIEN

17 *kil.*

Nota. — La voie ferrée espagnole étant plus large de 30 centimètres que la voie française, les voyageurs venant d'Espagne changent de train à Hendaye et ceux de France à Irun. Entre ces deux stations les voies sont côte à côte.

Monnaie. — Nous engageons les voyageurs à

faire leur change de monnaie française en monnaie espagnole à la gare d'Hendaye.

Itinéraire. — En quittant Hendaye on franchit la Bidassoa. *Vous êtes en Espagne.* A g., on aperçoit sur une hauteur, l'ermitage de *Saint-Martial* (source ferrugineuse) ; à droite l'estuaire de la Bidassoa et *Fontarabie*, que signale le clocher à coupole de son église.

Irun. — (Buffet, visite de la douane), changement de voitures.

Nota. — Si vous n'avez pas fait le change à Hendaye, faites-le à Irun.

IRUN

Ville espagnole de 8.500 habitants, sur la rive gauche de la Bidassoa, ayant beaucoup souffert des ravages des guerres carlistes. Eglise du XIIe siècle. Casino. Tramways desservant la ville et **Fontarabie**.

La Haya. — On peut faire d'Irun l'ascension (3 heures à la montée et 2 heures à la descente) de *La Haya* (987 mètres), montagne dont le sommet forme une triple couronne et d'où l'on découvre un très beau panorama. La Haya renferme des mines de cuivre.

Après Irun, le chemin de fer traverse la Jaizubia, affluent de la Bidassoa, puis s'engage sous un tunnel (489 mètres) pour passer ensuite à *Renteria* (Tramway électrique pour Saint-Sébastien, par Pasages, 0.60 ; joli trajet. On prend à g. en sortant de la gare et on descend jusqu'au pont, d'où part le tramway et *Pasages*, port très sûr au fond d'une

Pasages.

jolie baie entourée de hautes montagnes et, communiquant avec l'Océan par un étroit goulet qu'on aperçoit sur la droite en sortant du tunnel — (très pittoresque) et atteindre **Saint-Sébastien**.

Saint-Sébastien. — Vue générale.
(Phot. de Lafont, libraire, 63, Allée d'Etigny, à Luchon).

SAINT-SÉBASTIEN

Ville espagnole de 27.800 habitants, chef-lieu de la province de Guipuzcoa, très agréablement située sur le golfe de la Biscaye. D'origine très ancienne, mais ayant été maintes fois ravagée et détruite par les guerres et les incendies, c'est aujourd'hui une ville toute moderne reconstruite sur un plan régulier. — Bains de mer très fréquentés. Belle plage. Casino-Arènes.

Arrivée à Saint-Sébastien. — On trouve à la sortie de la gare les omnibus des principaux hôtels. Excellent *buffet* dans la gare ; déjeuenr 3 fr., dîner 3 fr. 50.

Tramway de la gare en ville, 15 c. et 30 c.

Postes. — Place de Guipuzcoa.

Télégraphes. — Calle de la Fuenterrabia.

Les arènes. — Derrière la gare se trouve l'énorme bâtiment des **arènes** où se donnent en été (août et septembre) des courses de taureaux très suivies.

Choix d'un hôtel. — Voir *Agenda du Voyageur*, papier bleu, lettre S.

Itinéraire dans la ville

En quittant la gare gagner l'**Avenue de la Liberté** par la passerelle qui traverse l'Uruméa, ou bien, longer, à droite, *l'Uruméa* et traverser le pont, ayant à votre droite la *baie de Zurriola*. Après le pont, laissant à droite la grande **place de la Zurriola**, avec square orné de la *statue de l'amiral Oquendo*, suivre en face de soi, l'**Avenue de la Liberté**, large et belle voie plantée d'arbres, qui vous conduit directement à la *conche*, baie en forme de croissant, et à la *plage* qui est très belle, et toute de sable fin. Au centre se trouve *l'établissement de bains* ; à droite le *Casino*. La baie est dominée, à gauche, par le *Mont-Igueldo* (240 mètres) surmonté d'un *phare*, et, à droite, par le *Mont-Orgallo* (130 mètres) où se trouve un fort servant de prison militaire. Du sommet de ces deux monts on découvre un joli panorama.

Vous dirigeant à droite vous arrivez, après avoir traversé un petit square, au *Casino*, splendide bâtiment, ouvert seulement en été. Du Casino, descendez à droite, vers le *port*, peu important, et gravissez, en face de vous, une rue qui monte dans la direction du Mont-Orgallo ; arrivé au pied des escaliers (que l'on peut prendre pour monter au Mont-Orgallo) tournez à droite et descendez quelques marches pour passer devant l'*église Sainte-Marie*, dont le portail est fort beau.

Laissant, en face de l'église, la **calle Mayor**, qui conduit, en passant devant le *théâtre*, derrière le Casino, suivez, à gauche, la **calle del 31 de Agosto** jusqu'à l'*église Saint-Vincent*, de style gothique, et prenez à droite, la **calle Marrica**;

CASA CONSISTORIAL

Vous rencontrez, bientôt, à droite, la **place de la Constitution** où se trouve l'*Hôtel de Ville* (casa consistorial). Cette place, de forme rectangulaire, est entourée de maisons à arcades avec balcons à tous les étages et les fenêtres sont numérotées, en vue des fêtes qui s'y donnent.

Revenir ensuite à la **calle Marrica** et la suivre, à droite, jusqu'à la **calle del Pozzo**, promenade plantée d'arbres (kiosque pour la musique) que vous traversez pour prendre, en face, la **calle de Elcano** qui vous conduit sur la **place de Guipuzcoa**, avec square, où se trouve l'*hôtel du Gouvernement*

Nota. — A droite dans la Calle de Andia, se trouve le *Théâtre Cirque*.

Traversez la place et prenez en face de vous la **calle de Churruca** qui vous ramène à l'**avenue de la Liberté** d'où vous n'avez qu'à tourner à gauche pour revenir au pont ou à la passerelle et à la gare.

DE BAYONNE A SAINT-JEAN-PIED-DE-PORT
Par CAMBO et OSSÈS

En attendant l'achèvement de la voie ferrée entre Ossès et Saint-Jean-Pied-de-Port, on se rend de Bayonne à Saint-Jean-Pied-de-Port partie en chemin de fer (*de Bayonne à Ossès*) et partie en diligence (*d'Ossès à Saint-Jean-Pied-de-Port*).

DE BAYONNE A CAMBO
19 kil. en 40 minutes
en chemin de fer.

Itinéraire. — En quittant Bayonne, on laisse à droite, la ligne d'Espagne, et, à gauche, celle de Tarbes pour remonter la vallée de la Nive et passer aux stations ou haltes de *Villefranque, Ustaritz* et *Halsou* après lesquelles on atteint *Cambo* en s'arrêtant soit à la station de *Cambo-Ville* (la 1re), soit à la halte de *Cambo-les-Bains* (la 2e) plus près de l'établissement thermal. Cette halte n'étant pas ouverte au service des bagages, les voyageurs qui ont des bagages doivent donc s'arrêter à Cambo-Ville.

CAMBO

Bourg de 1.811 habitants dans une situation très pittoresque sur la Nive. Il est divisé en deux parties : le *Bas-Cambo*, c'est-à-dire le bourg proprement dit, et le *Haut-Cambo* composé d'hôtels et de villas. — Etablissement thermal. — Environs charmants.

Choix d'un hôtel. — Pour les renseignements des hôtels, voir *Agenda du Voyageur*, papier bleu, fin du volume, lettre C.

Arrivée à Cambo. — Si vous descendez à la gare de Cambo-Ville, montez à droite, par un chemin bordé d'escaliers en pierres, après avoir passé le pont et traversez le bourg, puis tournez à gauche pour suivre une longue et belle route bordée d'arbres qui conduit au Haut-Cambo d'où l'on découvre un joli paysage sur la vallée. On redescend ensuite vers l'*établissement thermal* situé au bord de la Nive. (25 min. à pied).

Etablissement thermal. — Très agréablement installé, et entouré de promenades charmantes, l'établissement thermal exploite des sources sulfureuse et ferrugineuse dont les eaux sont très efficaces dans les maladies de la peau, le lymphatisme, la chlorose et l'anémie. Elles s'administrent en boisson, bains et douches.

De l'établissement on peut se rendre, en 5 minutes, en traversant le pont suspendu (péage 5 c.) sur la Nive et, en tournant ensuite à droite, à la halte de Cambo-les-Bains.

Nota. — De la gare de Cambo-Ville à l'établissement thermal, prendre, si l'on est pressé, le premier chemin à gauche avant d'arriver au pont et suivre jusqu'au petit pont à péage. (10 minutes à pied).

Si vous descendez à la halte de Cambo-les-Bains, suivre la petite route qui longe le gave et conduit à l'Etablissement thermal par le pont à péage.

Promenades. — On peut faire de Cambo d'agréables promenades, soit à pied ou à âne, dans les bois qui environnent l'établissement thermal et les bords de la Nive, soit en voiture particulière à *Itxassou* et au *pas de Roland*, d'où l'on peut faire l'ascension du *pic Mondarrain* (750 mètres, guide nécessaire).

DE CAMBO A OSSÈS

Itinéraire. — Entre Cambo et Ossès la ligne est très pittoresque. On côtoie, sur l'une ou l'autre rive, presque constamment la Nive, dont la vallée se resserre et forme à certains endroits des gorges très étroites laissant place à peine à la voie ferrée. Les stations ou haltes traversées sont, après la halte de Cambo ; *Itxassou* (d'où l'on va au *Pas-de-Roland*, ouverture pratiquée dans le rocher, dit la tradition, par le célèbre paladin) ; on fait également de ce village l'excursion du *pic Mondarrain* (750 m.) du sommet duquel on a une belle vue sur la vallée de la Nive et les côtes de l'Océan. (Biarritz, St-Jean-de-Luz, etc.) *Louhossoa* et *Bidarray* après laquelle on atteint **Ossès**, d'où partira l'embranchement sur Saint-Jean-Pied-de-Port actuellement desservi par des omnibus de correspondance.

D'Ossès la ligne se continue jusqu'à **St-Etienne de Baigorry**, par la halte **d'Eyphéralde** (9 kil.).

Nota. — Les maisons qui avoisinent la gare font partie du village d'*Eyharce;* le bourg d'*Ossès*, qui a donné son nom à la station, est à 30 minutes à l'Est.

D'OSSÈS A SAINT-JEAN-PIED-DE-PORT

Renseignements. — On trouve à la gare d'Ossès, à l'arrivée de chaque train, des omnibus desservant Saint-Jean-Pied-de-Port.

Itinéraire. — On laisse à droite la route de St-Etienne de Baigorry pour remonter la vallée de la Nive. La route passe à *Irouléguy* et *Ascarat* et côtoie constamment la rivière, ainsi que la nouvelle ligne du chemin de fer, jusqu'à **St-Jean-Pied-de-Port**.

SAINT-JEAN-PIED-DE-PORT

Bourg de 1.546 hab. sur la Nive d'Esterençuby Ancienne capitale de la Basse-Navarre et place forte au débouché du *port* ou col de Roncevaux, dont elle commande le passage. Citadelle construite par Vauban. L'église et une partie des remparts sont du xve s. Commerce de draps et de lainages.

Choix d'un hôtel. — Pour les renseignements sur les hôtels voir *Agenda du Voyageur,* papier bleu, fin de volume, lettre S.

Nota. — Le bourg n'ayant rien par lui-même qui puisse retenir les touristes, nous vous engagerons à profiter de votre passage à St-Jean-Pied-de-Port pour faire l'excursion de *Roncevaux* (Voir ci-après).

Excursion à Roncevaux

Renseignements. — L'excursion de Saint-Jean-Pied-de-Port à Roncevaux, en voiture particulière demande (aller et retour) une journée entière, car la route monte beaucoup. — En partant le matin vers 8 heures on peut être de retour vers 5 heures du soir. — Inutile d'emporter des provisions car on peut très convenablement déjeuner à Valcarlos.

Une voiture particulière (prix à débattre) coûte généralement 50 francs jusqu'à Roncevaux et 10 francs seulement jusqu'à Valcarlos (aller et retour) y compris les frais de *chaînes* ou droits payés par les voitures sur les routes espagnoles.

Nota. — Pendant la belle saison on peut profiter du courrier espagnol qui fait le service (irrégulier) entre Saint-Jean-Pied-de-Port et Burguete, par Valcarlos et Roncevaux. Peu pratique. Se renseigner pour les heures de départ et de retour.

Itinéraire. — La route suit la rive droite de la Nive dont la vallée se resserre peu à peu en forme de gorges et défilés très pittoresques. Après *Arnéguy*, dernier village français, on franchit la rivière qui sert de frontière entre la France et l'Espagne, et l'on côtoie la rive gauche pour atteindre, après une montée, le premier village espagnol : *Valcarlos*, qui possède un petit établissement hydrothérapique.

Nota. — On trouve à Valcarlos des hôtels (*fondas*) où l'on peut déjeuner convenablement.

Au delà de Valcarlos la route longe encore quelque temps la Nive. La vallée est alors très belle. À gauche la rive française est bordée de rochers recouverts de fougères ; à droite, sur le versant espagnol, s'étendent des pentes gazonnées, que domine le hameau de *Boaneco-Horeca* (356 m.). S'éloignant de la rivière, la route s'élève et franchit plusieurs petits ruisseaux, pour gagner après des détours le *col de Roncevaux* où s'élève l'ancienne *Chapelle de Ibaneta*. De ce point on jouit d'une très belle vue sur la *vallée de Roncevaux* vers laquelle on descend et dont on aperçoit bientôt le village.

Roncevaux (en espagnol *Roncesvalles*) est un village de 118 habitants, situé à 845 mètres d'altitude dans la vallée restée célèbre par la mort du paladin *Roland*, neveu de Charlemagne, tué par les Basques en protégeant, à la tête de l'arrière-garde, le passage de l'armée française (778).

L'*Abbaye de Roncevaux*, vaste bâtiment qui attire l'attention par ses deux tours carrées, est occupée par les chanoines Augustins, qui se mettent, très complaisamment, à la disposition des touristes pour faire visiter le couvent.

L'*Eglise*, de style gothique, renferme une statue de la Vierge, en grande vénération dans le pays, un trésor assez riche en ornements religieux et quelque peintures. Un cloître est adossé à l'église.

Remarquer aussi, près de l'église, la petite *Chapelle du Saint-Esprit* élevée sur l'emplacement présumé où furent ensevelis les vaillants preux de Charlemagne, massacrés, avec leur chef Roland, au défilé de Roncevaux.

DE BAYONNE A PUYÔO

51 kil. en 53 min. 1 h. et 1 h. 27.

Itinéraire. — En quittant Bayonne, on traverse l'Adour et, laissant à droite les lignes d'Espagne et d'Ossès, on passe aux stations ou haltes de : *Le Gaz, Lahonce, Urcuit, Urt, Pont-de-l'Arran, Guiche, Sames, Orthevelle, Peyrehorade*, (ruines d'un château du XVe siècle), *l'Eglise, Labatut*, pour atteindre **Puyôo** (buffet).

Puyôo. — Bourg sans intérêt, mais point de jonction très important des lignes de Dax à gauche et de Salies-de-Béarn, Saint-Palais et Mauléon à droite, avec la grande ligne de Bayonne à Toulouse.

Nota. — A 1 kilomètre environ de Puyôo, sur la route de Salies, se trouve le village de *Bellocq* dominé par les ruines d'un *château-fort* du xive siècle, ancienne résidence de Jeanne d'Albret, dont il reste encore les murs d'enceinte et six tours en partie démantelées.

DE PUYÔO A SALIES-DE-BÉARN

8 kil. en 14 min.

Itinéraire. — Laissant à g. la ligne de Pau, on traverse le gave pour atteindre, après un tunnel assez long, *Salies-de-Béarn* dont on aperçoit à g., avant d'entrer en gare, le Parc et l'Etablissement Thermal.

SALIES-DE-BÉARN

Ville de 6.243 hab. sur le Saleys. Célèbre par ses *salines*, auxquelles elle doit son nom et sa fortune, elle possède un établissement thermal et un Casino et jouit d'un climat très doux et très agréable en hiver.

Moyens de transport. — On se rend de Paris à Salies par Bordeaux, Dax et Puyôo (lignes d'Orléans et du Midi). — Changements de trains à Dax et à Puyôo.

Distance 769 kil. ; trajet en 12 h. 3/4 en train rapide, 17 h. en train express et 23 h. en train direct.

Du 1er mars au 30 novembre, une voiture directe, comprenant des places de lits-toilette et de 1re classe, circule entre Paris et Salies dans le train le plus rapide de chaque sens.

De Paris à Bordeaux (v. p. 14) ; de Bordeaux à Dax (v. p. 54).

Arrivée à Salies. — On trouve à la sortie de la gare les omnibus des hôtels et du chemin de fer (25 c.) et des voitures de place (prix à débattre).

Postes et télégraphes, place Jeanne d'Albret.— Bureau ouvert de 7 h. du matin à 9 h. du soir. — Distribution du courrier de Paris vers midi.

Choix d'un hôtel. Voir *Agenda du Voyageur* papier bleu, lettre S.

Deux mots sur Salies. — Les sources salées qui font aujourd'hui la célébrité de Salies-de-Béarn furent découvertes, au moyen âge, dit la légende, et d'une façon curieuse : « Un seigneur, poursuivant un sanglier qu'il avait blessé, le trouva expirant, au soleil, dans une clairière de la forêt et ayant à l'extrémité des soies, une matière blanchâtre qu'il reconnut être du sel. Le seigneur comprit que le sanglier, dans sa course, avait traversé une mare d'eau salée, il rechercha la source qui la produisait, la découvrit et pour la faire exploi-

7.

SALIES-DE-BÉARN. — Le parc et l'établissement thermal.
(Phot. de Lafont, libraire, 63, Allée d'Etigny, à Luchon).

ter y amena un certain nombre d'individus qui furent nommés saliès, c'est-à-dire fabricants de sel. Les générations se sont transmis fidèlement ce récit et la corporation *dous Béziis* (voisins) adopta, pour ses armes, un sanglier percé par une flèche avec la légende : *Se you n'ou y écri mourt arrès n'ey libéré* (si je n'y étais mort, personne n'y vivrait) ».

Bref, les salines découvertes, des cabanes se groupèrent autour et les habitants formèrent une association pour les exploiter, moyennant une redevance au seigneur de Béarn. Aujourd'hui encore, après bien des vicissitudes, les salines sont la prospérité des habitants qui forment une corporation et afferment les sources à une société particulière.

Cette corporation est présidée par le Syndic des Salines, choisi par 48 notables élus au suffrage universel. Un receveur-trésorier, nommé par le Conseil d'administration des Salines, composé de 6 membres désignés par les 40 notables, est chargé, chaque année, de la répartition entre tous les habitants, membres de la corporation, des bénéfices laissés par l'exploitation des Salines.

Grâce à l'efficacité de ses eaux et depuis la fondation d'un établissement thermal, Salies-de-Béarn a pris rapidement un développement considérable et acquiert encore chaque jour une importance de plus en plus grande.

A côté de la vieille ville a pris place une ville nouvelle, qui s'est groupée autour de l'établissement thermal, et qui se compose de beaux et confortables hôtels et d'élégantes villas.

Itinéraire dans la ville

5 min. à pied de la Gare à l'Etablissement Thermal.

En sortant de la gare tourner à gauche et suivre **l'avenue de la Gare** jusqu'au pont du chemin de fer pour prendre, à droite, le **Cours du Jardin public**, bordé, à gauche, par de belles constructions et, à droite, par le *Jardin public*, orné d'un joli kiosque pour la musique et au fond duquel se trouve l'*Etablissement thermal*.

L'établissement thermal, qui reste ouvert toute l'année, est un bel édifice, reconstruit en 1889, et qui a remplacé l'ancien détruit par un incendie et dont la fondation remontait à 1857. Très bien aménagé et pourvu de tous les appareils d'hydrothérapie que nécessite le traitement, il comprend des cabinets de bains, des salles de douches, une buvette d'eau minérale et une petite salle des fêtes.
Deux sources l'alimentent : la source du *Bayaa* et celle de *Carsalade*.

Derrière l'établissement se trouvent les *Salines* qui doivent être transportées de l'autre côté de la gare et remplacées par un nouveau parc.

Les Eaux. — Les eaux minérales de Salies proviennent de deux sources : la *Source du Bayaa* et la *Source de Carsalade*.

L'eau de la *Source du Bayaa* est chlorurée sodique-bromo-iodurée, d'une limpidité parfaite et d'une saveur fortement salée. Sa température est de 15°. Elle s'emploie en bains et en douches contre le lymphatisme, la scrofule, l'anémie, le rachitisme, les maladies de matrice, etc. — On en extrait une grande quantité de sel comestible dont le résidu, appelé *eau-mère*, est employé pour la préparation des bains.

L'eau de la *source de Carsalade*, récemment découverte, est légèrement gazeuse, bicarbonatée et chlorurée. Sa température est de 14°. Elle s'administre en boisson et convient dans les dyspepsies, les gastralgies, la gastrite chronique, les affections arthritiques, l'anémie, le lymphatisme et la scrofule.

Continuant à suivre le Cours du Jardin public on laisse bientôt à gauche l'*Eglise Saint-Vincent* pour atteindre peu après, à gauche, la **Place Jeanne d'Albret** où se trouve à droite le bureau de *Poste*. Laissant en face de vous l'avenue **Jeanne d'Albret**, traverser la place, puis le pont qui lui fait suite et prendre, en face, la **rue du Commerce**, à l'extrémité de laquelle se trouve, en retrait, à droite, *le Temple Protestant*.

Nota. — La rue Saint-Martin qui fait suite à la rue du Commerce, conduit à *l'Eglise Saint-Martin.*

Revenir à la gare par le même chemin.

Environs de Salies

Parmi les promenades et excursions à faire de Salies nous citerons, comme les plus intéressantes: **La Trinité** (1 heure aller et retour à pied). Passant sous le pont du chemin de fer à l'extrémité du Cours du jardin public, on tourne à droite pour suivre la rue Montplaisir et la route qui lui fait suite. En 30 minutes vous atteignez, à gauche, la route conduisant à la colline de *la Trinité* (Trinitad) ainsi appelée du nom d'une ancienne chapelle qui s'élevait sur cet emplacement. La vue y est très belle. Elle s'étend sur la chaîne des Pyrénées depuis la Rhune, du côté de l'Océan, jusqu'au pic du Midi de Bigorre à l'est.

Les ruines de Bellocq (6 kil.) par la route de Puyôo (V. p. 108).

Sauveterre, soit en voiture (9 kil.) soit en chemin de fer (16 kil.) v. p. 114.

DE SALIES A MAULÉON
38 kil. en 1 h. et 1 h. 29

Itinéraire. — En quittant Salies on gagne la halte de *Castagnède* après laquelle on traverse le gave d'Oloron que l'on remonte pour passer à *Escos-Labastide* et *Autevielle*, où s'embranche à droite la ligne de St-Palais (v. p. 115). On franchit ensuite le ruisseau *le Saison* pour atteindre *Sauveterre-de-Béarn*.

Sauveterre. — Petite ville de 1553 hab., très ancienne et p'acée dans une situation admirable. Elle conserve des restes de *remparts* et un *donjon* des XIIe et XIIIe siècles ainsi que les rui-

nes d'un *pont* du XIVe siècle avec une tour de défense. Église du XIIIe, des styles roman et ogival. Belle vue sur la chaîne des Pyrénées, rappelant beaucoup celle de Pau.

Viennent ensuite les stations sans importance de *Rivehaute, Charre, Espès-Undurein* et *Viodos* qui précèdent **Mauléon**.

MAULÉON

Ville de 2.575 habitants sur le Saison. s.-préf. — Elle est dominée par les ruines du château de *Malo-Léone* (d'où vient le nom de la ville); on remarque sur la place du Jeu de Paume, un vieil hôtel Renaissance assez bien conservé.

Nota. — Un courrier fait chaque jour le service entre Mauléon et *Tardets* (13 kil. : 1 fr. 10) d'où l'on peut faire quelques excursions dans les montagnes du pays basque, entre autres au *Pic d'Orhy* (2.016 m.)

DE PUYOO A SAINT-PALAIS

36 kil. en 1 h. 7 et 1 h. 20

Itinéraire. — Jusqu'à Autevielle même itinéraire que Salies et Mauléon v. p. 112. En quittant Autevielle on laisse à gauche la ligne de Mauléon pour passer sous un tunnel et atteindre, après **Arbouet** la station de **St-Palais**.

St-Palais. — Ville de 1.957 habitants sur la Bidouze, ancienne capitale de la Basse-Navarre, mais sans grand intérêt pour le touriste.

DE PUYOO A ORTHEZ

15 kil. en 15 et 20 min.

Itinéraire. — On passe par la station intermédiaire de *Baigts*. Du chemin de fer on découvre de belles échappées sur la vallée du gave de Pau et sur le gave lui-même, dont les rives, curieusement découpées par le travail des eaux, sont du plus bizarre aspect. On remarque à dr. en avant de la ville d'Orthez, la porte fortifiée qui se dresse au milieu du beau pont jeté sur le gave et on arrive en gare.

ORTHEZ

Ville de 6.210 habitants, chef-lieu d'arrondissement des Basses-Pyrénées, sur la rive droite du gave de Pau. Grand commerce de cuirs, jambons, grains, etc.

Arrivée à Orthez. — On trouve à la sortie de la gare les omnibus de la ville et des hôtels.

Choix d'un hôtel. — Pour les renseignements sur les hôtels voir *Agenda du Voyageur*, papier bleu, fin du volume, lettre O.

Poste et télégraphe, rue des Jacobins, entre la place d'Armes et la place Saint-Pierre.

Deux mots d'histoire. — Capitale du Béarn au xiiie siècle, Orthez devint la résidence des vicomtes de Béarn. En 1242, Gaston VII de Moncade, vicomte de Béarn, y fit bâtir, sur l'emplacement du vieux château d'Orthez, le château de Moncade, où eurent lieu jusqu'en 1460, des fêtes splendides. De ce château il ne reste aujourd'hui qu'un vieux donjon servant d'observatoire météorologique.

Itinéraire dans la ville

Prendre en face de la gare une route bordée d'arbres et, arrivé devant un calvaire, tourner à gauche pour suivre une longue rue qui sous les noms de **rue Saint-Gilles** et **rue du Commerce** traverse toute la ville. En cinq minutes, vous atteignez à gauche la **place Saint-Pierre** où s'élèvent la *Halle* et l'*Eglise Saint Pierre*.

Devant le portail de l'église Saint-Pierre, laissant à gauche la **rue des Jacobins** (Poste et télégraphe) conduisant à la **place d'Armes** (Hôtel-de-Ville), descendre en face de soi une route caillouteuse et bordée d'arbres, qui vous conduit en tournant à gauche au *Pont-Vieux* jeté sur le gave (traverser la voie ferrée), pont original du XIIIe siècle, au milieu duquel s'élève une tour de défense. Belle vue sur le gave dont les bords sont hérissés de pierres blanchâtres.

Le Pont-Vieux d'Orthez.

Du Pont-Vieux revenir à la place Saint-Pierre et reprendre à droite la **rue du Commerce** jusqu'à la **rue Moncade**, à gauche qui vous conduit par une montée assez rude, à la *tour Moncade*.

La tour Moncade est tout ce qui reste de l'ancien château de Moncade construit, en 1242, par Gaston VII, vicomte de Béarn. C'est un donjon pentagonal s'élevant sur une hauteur qui domine la ville d'Orthez et la vallée du gave. Il a 33 mètres de hauteur. On doit le restaurer complètement et y établir un observatoire météorologique qui serait en relations avec celui du pic du Midi.

7.

De la tour Moncade redescendre à la **rue du Commerce** et tourner à gauche pour revenir à la gare.

Pour mémoire. — Aux environs de la ville, à 3 kilomètres sur la route de Dax, se trouve le monument érigé en l'honneur du général Foy (1814).

D'ORTHEZ A PAU
40 kil. en 45 et 50 minutes et 1 heure.

Itinéraire. — On traverse les stations de *Argagnon, Lacq, Artix, Denguin, Poey, Lescar.*

Lescar, ville de 1.700 habitants, autrefois importante et possédant encore une ancienne *cathédrale* des XIe et XVIIe siècles très remarquable. On y voit aussi un vieux château avec tour carrée du XIVe siècle.

On entre ensuite en gare de **Pau** (buffet).

Embranchement à droite sur *Oloron* et *Laruns*, desservant *Saint-Christau*, la vallée *d'Aspe, Eaux-Bonnes* et *Eaux-Chaudes*, v. p. 158.

PAU

Ville de 35.000 hab., ch.-l. du dép. des Basses-Pyrénées, admirablement située au bord d'un plateau, sur la rive droite du Gave. — Station hivernale de premier ordre jouissant d'un climat d'une douceur exquise, qui attire chaque année un grand nombre d'étrangers et de malades. — Château historique. — Magnifique Palmarium. — Casino. — nombreuses et splendides promenades. — Vue unique sur la chaîne des Pyrénées.

Moyens de transport. — On se rend de Paris à Pau par Bordeaux, Dax et Puyôo (lignes d'Orléans et du Midi) — changement de train à Dax.

Distance 816 kil.; trajet en 13 h. en rapide, 16 1/2 à 17 h. en express et 21 1/2 à 23 h. en train direct.

Pendant toute l'année les trains rapides de nuit ont des voitures directes circulant, sans transbordement, entre Paris et Pau.

Arrivée à Pau. — On trouve à la sortie de la gare les omnibus des hôtels (50 c.), les omnibus de ville (30 c. et 30 c. par colis) et des voitures particulières (voir tarif ci-après).

Nota. — Les voitures faisant un grand détour pour monter en ville, si vous désirez faire le trajet à pied, suivez notre itinéraire ci-dessous : *De la gare en ville*, qui vous évitera ce détour.

Tramways. — De la gare en ville, 0,10 ; des tramways à traction électrique vont de la *gare* à la *villa Pompéi* (route de Bordeaux) et de la *Croix du Prince* aux *Allées de Morlas*.

Omnibus. — Des omnibus desservent les autres quartiers de la ville.

Choix d'un hôtel. — Pour les renseignements sur les hôtels, pensions de famille, restaurants et cafés, voir *Agenda du Voyageur*, papier bleu, fin du volume lettre P.

Tarif des Voitures. — *Intérieur de la Ville*. — Voiture à 1 cheval, la course 1 fr. le jour, 1 fr. 25 la nuit ; à 2 chevaux, 1 fr. 25 et 1 fr. 50. Bagages 1 colis 25 c. deux et plus 50 c.

Hors de l'octroi dans un rayon de 3 kil. — Voiture à 1 cheval, la course 1 fr. 25, l'heure 1 fr. 50 le jour, 1 fr. 75 et 2 fr. la nuit ; à 2 chevaux, la course 1 fr. 75 et 2 fr., l'heure 2 fr. et 2 fr. 50.

Dans un rayon de 8 kil. — Voiture à 1 cheval, l'heure 2 fr. et 2 fr. 50, voiture à 2 chevaux, l'heure 2 fr. 50 et 3 fr. *Coteaux*, l'heure, 2 chevaux : le jour, 3 fr., la nuit 3 fr. 50.

Nota. — Pour les excursions au delà de 8 kil. faire prix d'avance.

Principales stations de voitures. — Place Royale, place Grammont, place Bosquet, place de la Halle.

PAU. — Le Château et le Pont de Jurançon.
(Phot. de Lafont, libraire, 63, Allée d'Étigny, à Luchon.)

Nota. — Il y a, en outre, pendant la saison, un service de *mail-coachs* entre Pau, les Eaux-Bonnes, les Eaux-Chaudes et Larnus. Départ Place Royale. — Vous renseigner pour les jours, heures et prix.

Poste et télégraphe, 24, rue des Arts près la Nouvelle Halle. — Bureaux ouverts de 8 h. mat. à 9 h. soir. Télégraphe jusqu'à minuit. — Distribution du courrier de Paris : 8 h. du matin et 2 h. du s.

De la gare en ville. 7 *min. à pied.* — Traverser le pont en face de la gare et gravir à g., de la route suivie par les voitures, la rampe qui monte à la *place Royale,* où vous attend un magnifique panorama.

C'est de la place Royale, point le plus animé de la ville et rendez-vous des étrangers, que nous ferons partir notre itinéraire dans la ville.

Nota. — La ville de Pau vient de créer un nouveau parc qu'on voit à dr., après avoir traversé le pont ; elle doit enrichir le Bd. du Midi d'une entrée monumentale, face à la gare.

Deux mots sur Pau. — C'est autour d'un château des seigneurs de Béarn que se groupèrent, vers le xe siècle, les premières habitations qui devaient former, plus tard, la ville de Pau. Au xive siècle, Gaston Phœbus, le plus chevaleresque des souverains du Béarn, fit reconstruire le château et donna une grande extension à la ville, qui devint la capitale des Etats béarnais. En 1479, François Phœbus fut proclamé roi de Navarre. Un de ses successeurs, Henri d'Albret, épousa Marguerite de Valois, sœur de François Ier, roi de France.

La cour de Pau fut alors des plus somptueuses. Marguerite fit embellir encore le château qui devint le rendez-vous des hommes les plus illustres de l'époque : Clément Marot, Bonaventure des Périers, etc. ; en même temps que le refuge des Calvinistes persécutés.

Quelques années après, Jeanne d'Albret, fille de Marguerite, épousa le duc Antoine de Bourbon, qui devint roi de Navarre. C'est de ce mariage que naquit, en 1553, Henri IV, tandis que dans les douleurs de l'enfantement, la reine chantait un cantique patois en l'honneur de Notre-Dame du Bout-du-Pont.

A la mort d'Antoine, Jeanne se fit calviniste et entra en lutte avec les catholiques. Le Béarn eut alors beaucoup à souffrir des guerres de religion. On voit encore, au château de Pau, la salle où furent massacrés, par ordre du comte de

Montgommery, les seigneurs béarnais qui avaient pris parti pour les catholiques contre la reine de Navarre (1569).

En 1620, Louis XIII réunit les Etats du Béarn à la couronne de France.

Pau a vu naître *Henri IV*, le *maréchal Gassion* et *Bernadotte*, qui devint roi de Suède.

La ville de Pau ne néglige rien pour attirer et retenir les étrangers; désireuse de voir grossir le nombre, déjà considérable, de ses fidèles visiteurs, elle dépense, sans compter, les millions, en améliorations et en embellissements de toute nature. C'est ainsi, qu'en quelques mois, elle s'est enrichie d'un magnifique réseau d'égouts, de parcs délicieux, d'un *Palmarium* vraiment remarquable et a considérablement développé ses principales voies et boulevards. La semence a été abondante, la récolte le sera plus encore. Signalons, en outre, la construction d'un nouvel *Hôtel des Postes*, à l'angle de la rue Gambetta et du cours Bosquet et l'élargissement du boulevard du Midi, depuis la rue Adoue jusqu'au Château.

Courses. — Pendant les mois de janvier, février et avril, des courses ont lieu sur l'*Hippodrome du Pont-Long*, situé à 3 kil. de la ville. On s'y rend directement en suivant la route de Bordeaux qui part de la Haute-Plante.

Lawn-tennis, cricket, golf, etc. — A l'extrémité du parc s'étend une vaste plaine (*plaine de Billère*) où la colonie anglaise a établi ses jeux favoris : le *lawn-tennis*, le *cricket*, le *Golf*, etc.

Nota. — L'accès du Golf-Club a été rendu plus facile par la construction d'une large voie, partant du *Chemin de Billère* et aboutissant à la *route de Bayonne*, au pied du parc.

Chasses au renard. — Trois fois par semaine. — Jeu du polo à cheval. Jeu de paume quotidien. Société d'Excursionnistes du *Club-Alpin*.

Itinéraire dans la ville

Partir de la **Place Royale**.

La *Place Royale*, entourée de beaux hôtels et de cafés est ornée de la *statue* en marbre de *Henri IV*, par Raggi, derrière laquelle s'élève le *kiosque* de la musique.

Au fond de la place se trouvent l'*Hôtel-de-Ville* et le *Théâtre municipal* (entrée par la rue Saint-Louis).

Pau. — Statue de Henri IV.

Vous dirigeant vers le *boulevard des Pyrénées*, qui s'étend à dr. et à g. de la place et forme une ravissante promenade, vous découvrez un admirable panorama sur la vallée du Gave et les Pyrénées.

A vos pieds se trouve un *Casino* provisoire (salle de concerts, salons de jeux, de conversation, etc.)

PAU. — Le Boulevard des Pyrénées.
(Phot. de Lafont, libraire, 63, Allée d'Etigny, à Luchon)

Le boulevard des Pyrénées, récemment agrandi et prolongé, et sur lequel doit s'élever un grand casino conduit à g. au Parc Beaumont (v. p. 130)

Suivre à dr. le *boulevard du Midi* et visiter l'église **Saint-Martin** située au milieu d'un square.

L'église Saint-Martin est un édifice moderne de style gothique surmonté d'un joli clocher à flèche en pierre. A l'intérieur on remarque le maître-autel, le baldaquin et de jolis vitraux.

Continuant à suivre le boulevard, vous atteignez bientôt la grille d'entrée de l'enceinte du château.

Pau. — Entrée du château.

Le Château de Pau.

Le château de Pau, reconstruit au XIVe s. par Gaston-Phœbus sur l'emplacement de l'ancien château des vicomtes de Béarn, bâti au Xe s., a été, depuis, restauré et modifié. Admirablement situé à l'extrémité du plateau où s'élève la ville, au confluent du Gave et du ruisseau le Hédas, il a la forme d'un triangle tronqué et est flanqué de six tours carrées :

La *tour de Gaston Phœbus* ou *donjon* de 34 mèt. de hauteur, près de l'entrée et contre laquelle est adossée la chapelle.

Nota. De la plateforme du donjon (autorisation nécessaire pour y monter) on jouit d'un merveilleux panorama.

La *tour Montaüset*, à dr. de l'entrée, appelée aussi *tour Monte-Oiseau*, nom qui lui a été donné parce que pour y monter on aurait dû, faute d'escalier, faire comme les oiseaux. Les défenseurs y montaient avec des échelles qu'ils retiraient après eux. Des oubliettes étaient ménagées dans l'épaisseur des murailles.

La *tour Neuve*, également à dr. de l'entrée, construite sous Napoléon III.

La *tour de Billères* et les *deux tours de Mazères* s'élèvent à l'autre extrémité du château du côté de la Basse-Plante.

Une septième tour, fort délabrée, qui ne fait plus partie du château, la *tour de la Monnaie*, se trouve en contre-bas, dominant le vieux pont du gave dont il ne reste plus aujourd'hui que quelques débris.

Au pied des tours de Mazères s'étend une terrasse ornée de la *statue de Gaston Phœbus* et communiquant avec la Basse-Plante par un pont.

VISITE DU CHATEAU

Après avoir pénétré dans l'enceinte du château par la grille du boulevard du Midi, contourner la chapelle et le donjon pour passer sous une arcade et, laissant à droite le grand portique d'entrée (style Renaissance), du côté de la ville, dirigez-vous vers le fond de la cour, où se trouve l'entrée.

Nota. — L'intérieur du château est visible tous les jours, excepté le lundi, de 10 h. à 5 h. en été, et de 11 h. à 4 h. en hiver. — Un gardien conduit les visiteurs; aucune rétribution ne lui est due.

Rez-de-chaussée. — *Salle des Gardes.* Voûte à nervures, tableaux, plan du château avant sa restauration.

Château de Pau. — Salle à manger des Princes.

Salle à manger des princes. Statues de Henri IV et de Sully.
Grande salle à manger mesurant 26 mètres de long sur 11 de large. Au milieu, grande table de 100 couverts : les murs sont ornés de magnifiques tapisseries de Flandre représentant des scènes de chasse. Ces tapisseries furent commandées par François Ier pour le château de Madrid au Bois de Boulogne. Au fond de la salle, statue de Henri IV.

A la sortie de cette pièce on gravit le grand escalier d'honneur pour visiter le premier étage.

Premier étage. — *Petit salon d'attente.* Tapisseries des Gobelins et de Flandre.
Grand salon de réception. Belle cheminée Renaissance; tapisseries de Flandre; table avec mosaïque de porphyre et d'agate, don de Bernadotte (roi de Suède); vases de Sèvres. C'est dans cette salle que furent massacrés, par ordre de Mont-

gommery, les seigneurs béarnais qui avaient pris parti pour les catholiques contre la reine de Navarre (1569).

Salon de famille. Tapisseries des Gobelins ; table en porphyre rose de Suède, don de Bernadotte.

Chambre à coucher des souverains. Tapisseries de Flandre ; belle cheminée ; bahut ancien et magnifique coffre gothique rapporté de Jérusalem.

Cabinet du roi. Tapisseries de Flandre et des Gobelins ; glace de Venise du xvıı^e siècle.

Boudoir de la reine. Tableaux en tapisserie des Gobelins.

Chambre à coucher de la reine. Tableaux en tapisserie des Gobelins représentant les mêmes sujets que ceux du boudoir ; meubles anciens.

On monte ensuite au deuxième étage.

Deuxième étage. — 1re *pièce* : *chambre de Jeanne d'Albret.* Lit ; tapisseries de Flandre.

2e et 3e *pièces.* Tapisseries de Flandre ; bahuts.

4e *pièce. Chambre de Henri IV*, où il naquit (1553). Lit du xvı^e siècle ; berceau de Henri IV formé par une carapace de tortue ; tapisseries.

5e *pièce.* Lit de Jeanne d'Albret portant la date de 1562 ; tapisseries et meubles anciens.

C'est là que se termine la visite du château, les autres pièces, n'offrant du reste que peu d'intérêt, ne sont pas montrées au public.

La visite du château terminée, revenir par l'arcade du donjon devant la grille par où vous êtes entré et tourner à droite pour descendre sur la terrasse du château, en passant devant la vieille *tour de la Monnaie.*

Remarquer, sur la terrasse, la *statue* en marbre de *Gaston-Phœbus*, par Triquety, puis, traversant le pont, vous vous trouvez sur la **place de la Basse-Plante**, qui précède *le Parc.*

Le *Parc* qui s'étend au delà de la Basse-Plante, jusqu'à la plaine de Billère, est une magnifique promenade de 12 hect. de superficie, dominant le gave, sillonnée de ravissantes allées et de sentiers pleins de mystère et d'ombrage, qui font les délices des promeneurs.

A l'extrémité du parc se trouve une petite fontaine ferrugineuse, *la Bigotière* que nous ne citons que pour mémoire.

De la Basse-Plante tourner à droite et suivre la **rue d'Espalungue** qui vou mène à la **place**

Gramont sur laquelle on a érigé, en 1894, une remarquable statue en bronze du *Maréchal Bosquet*.

Il est question de prolonger, vers l'O., le *B^d du Midi* et de le relier à la place Gramont par un pont en fer, qui prendrait le nom de « *Pont de Guiche* ».

Nota. — A gauche (150 mèt.) de la place Gramont s'étend la *Haute-Plante*, immense place entourée d'arbres, où s'élève la caserne.

Traverser la place Gramont et suivre, en face de soi, la **rue Tran** qui vous conduit directement sur la **place du Palais-de-Justice** où se trouvent le *Palais de Justice*, édifice lourd et peu gracieux et l'*Eglise Saint-Jacques*.

L'*église Saint-Jacques*, de construction moderne, est un édifice de style gothique avec deux tours s'élevant au-dessus de la façade. L'intérieur n'offre rien de remarquable.

Le dos tourné au Palais de Justice, suivre à gauche la **rue Saint-Jacques** et plus loin la **rue Gassies** qui lui fait suite, pour prendre la **rue Pont-Crouzet** (2e à droite) qui débouche sur la **place Bosquet** où se trouve, en retrait, à droite le *Musée*.

Le *Musée* est public les jeudi et dimanche de 1 h. à 4 h. en hiver et 5 h. en été ; il est visible les autres jours pour les étrangers (rétribution).
Il renferme quelques sculptures, entre autres la statue en marbre de Henri IV enfant, par *Bosio*, et une assez belle collection de tableaux.

Citons parmi les toiles les plus remarquables : *E. Bordes*, Attila consulte les aruspices avant la bataille de Châlons ; *Daubigny*, marine ; *Dehodencq*, Course de taureaux en Espagne ; *Devéria*, Naissance de Henri IV ; *Duez*, Saint François d'Assise ; *Jordaens*, Ecrivain réfléchissant ; Femme tenant une aiguière ; *Merle*, Assassinat de Henri III ; *Oudry*, Chasse au cerf ; *Rubens*, Thétis demande à Vulcain des armes pour Achille ; Hector tué par Achille ; *Perrault*, le Christ mort ; le bon Samaritain ; *Ribot*, les tambours, Regamey ; *Capdevieille*, Sortie d'Eglise ; *Henner*, Tête d'enfant ; *Ulysse Bertin*, Marine etc. ; *Téniers-le-Vieux*, Paysage avec animaux ; etc.

Nota. — C'est au Musée qu'a lieu chaque année, du 15 janvier au 31 mars, l'Exposition de la Société des Amis des Arts.

Sortant du Musée, prendre à gauche la **rue de la Nouvelle-Halle**, ayant à votre droite *l'hospice*, puis laissant, plus loin à gauche, la *place de la Nouvelle-Halle*, suivre, en face de vous, la **rue de la Préfecture** à l'entrée de laquelle se trouve, à droite, la *Préfecture*, et détourner, à gauche, **rue Saint-Louis** pour revenir, en passant devant le *Théâtre*, à la place Royale, votre point de départ.

Promenades & Excursions

En dehors de la belle promenade du *Parc*, citons comme promenades et excursions des plus agréables :

Le **Parc Beaumont**, situé à l'extrémité de la rue du Lycée et admirablement disposé sur le bord du plateau, d'où l'on jouit d'une belle vue sur toute la chaîne des Pyrénées. — Kiosque pour la musique (concert deux ou trois fois par semaine); jeu de paume et vélodrome.

Le **Palmarium.** — C'est dans le parc Beaumont, sur l'emplacement de l'ancienne maison de conversation, que se dresse le splendide *Palmarium* que la ville de Pau vient de faire construire à l'intention de sa clientèle d'élite.

Ce Palmarium, dont la façade vitrée est précédée de deux terrasses bordées de balustrades et auquel on accède par deux vastes escaliers ornés de lampadaires, se compose du Palmarium proprement dit, de forme circulaire complètement couvert en verre et flanqué de deux ailes terminées par deux tours surmontées de gracieux campaniles.

C'est dans ces ailes que sont installés les salons de lecture et salles de jeux. On y accède directement à l'intérieur du Palmarium, au fond duquel une vaste baie donne accès à une jolie salle de spectacle qui complète très heureusement cette merveilleuse construction, véritable *Palais des Fêtes.*

Jurançon (2 kil.), petit pays situé sur la rive gauche du Gave et renommé pour son vin. — Pour s'y rendre, traverser le pont du Gave et suivre, en face de soi, la *rue du 14-Juillet* et la *route des Eaux-Bonnes*, qui lui fait suite et prendre le premier chemin à droite qui vous conduit à Jurançon. Vignobles universellement réputés.

Lescar (7 kil. en chemin de fer).

Bétharram (24 kil. en chemin de fer).

Gélos (4 kil.) et son haras.

Eaux-Bonnes, Eaux-Chaudes, Pic du Midi d'**Ossau,** Oloron, **Saint-Christau,** vallée d'**Aspe, Lourdes,** etc. Voir ci-après le détail de toutes ces excursions.

De Pau aux Eaux-Bonnes
ET AUX EAUX-CHAUDES

Renseignements. — On se rend de Pau aux Eaux-Bonnes et aux Eaux-Chaudes en chemin de fer jusqu'à Laruns, d'où partent, à l'arrivée de chaque train, des omnibus desservant ces deux stations thermales.

DE PAU A LARUNS-EAUX-BONNES
EN CHEMIN DE FER
39 kil. en 1 h. 5 et 1 h. 25 environ

Itinéraire. — On traverse le gave de Pau sur un pont métallique et, après avoir dépassé la halte de *la Croix du Prince*, on remonte la vallée de la Nez jusqu'à *Gan*. On gravit ensuite une rampe assez forte, puis, passant sous un tunnel, on traverse le vallon de *las Hies*, sur un beau viaduc en courbe de 30 mètres de hauteur, pour atteindre *Haut-de-Gan* et, après deux autres tunnels, la station de *Buzy* (embr. à dr. sur Oloron).

Après Buzy, dépassant *Arudy*, on entre dans la vallée d'Ossau.

La vallée d'Ossau, une des plus pittoresques des Pyrénées, commence à Arudy et s'étend jusqu'à Gabas, en passant par Laruns et les Eaux-Chaudes. Elle est dominée à son extrémité (au-delà de Gabas) par le majestueux pic du Midi d'Ossau (2885 mèt.). Le pays d'Ossau formait, au moyen âge, une petite république, dont Bielle était la capitale, ayant comme suzerain le vicomte de Béarn ; ce dernier s'engageait à lui conserver ses privilèges. Les mœurs et les costumes subsistèrent très longtemps et, aujourd'hui encore, on peut voir, surtout aux jours de fêtes à Laruns, les costumes particuliers et très pittoresques des Ossalois.

La vallée se rétrécit et forme, après la station d'*Izeste* (grotte), un défilé pittoresque ; on laisse à gauche Castet et les ruines de Château-Gélos ; puis viennent *Bielle*, ancienne capitale du pays d'Ossau, dont elle conserve les anciennes archives, et où se réunit le conseil de la vallée et *Pont-de-Béon*.

On traverse ensuite deux tunnels et, laissant à gauche *Louvic-Soubiron*, on arrive à *Laruns*. (Vue splendide sur les montagnes, dans le fond, à g.).

Laruns (504 mèt. d'alt.), chef-lieu de canton très étendu, de 2.200 habitants, dont la plupart portent, aux jours de fêtes, le costume typique ossalois ; carrières de marbre.

C'est de la gare de Laruns que partent les omnibus pour les *Eaux-Bonnes* et les *Eaux-Chaudes*.

DE LARUNS AUX EAUX-BONNES

EN VOITURE.

6 kil. en 45 minutes environ

Renseignements. — On trouve à la gare de Laruns, à l'arrivée de chaque train un omnibus desservant les Eaux-Bonnes (1 fr. 50), et des voitures particulières (landaus, 8 fr. pour 4 personnes).

Il est question de desservir les Eaux-Bonnes, au moyen d'un tramway à traction électrique, partant de la gare de Laruns et suivant le tracé de la vieille route.

Itinéraire. — En quittant la gare, on traverse le bourg de Laruns et, laissant à droite l'ancienne route des Eaux-Chaudes, on atteint, après avoir franchi le gave d'Ossau, la bifurcation des nouvelles routes des Eaux-Bonnes (à gauche) et des Eaux-Chaudes (à droite).

La route des Eaux-Bonnes laisse un peu plus loin, à gauche, l'ancienne route (plus courte, mais plus raide), et s'élève en pente douce, offrant de jolis points de vue sur la vallée de Laruns et la Montagne Verte, sur les flancs de laquelle s'étagent les hameaux d'Assouet et d'Aas. Bientôt enfin vous apparaît, entre le Gourzy et la Montagne Verte, la cime rocheuse du pic de Ger, et, brusquement, après un tournant de la route, vous atteignez les **Eaux-Bonnes** qui se dérobaient jusqu'ici à votre vue. On arrive, après avoir laissé à droite le Casino, au Jardin Darralde, que bordent les principaux hôtels.

EAUX-BONNES

Village de 812 habitants, à 748 mètres d'altitude, dans une situation des plus pittoresques, au confluent des deux torrents : le Valentin et la Sourde. — Station thermale très importante. Promenades et excursions nombreuses et charmantes. Etablissement thermal. Casino.

Moyens de transport. — On se rend de Paris aux Eaux-Bonnes en chemin de fer jusqu'à Laruns,

Les Eaux-Bonnes. — Vue générale.
(Phot. de Lafont, libraire, 63, Allée d'Etigny, à Luchon).

par Bordeaux, Dax et Pau (lignes d'Orléans et du Midi) et, de là, en omnibus ou en tramway jusqu'aux Eaux-Bonnes.

Distance, 860 kil. — Trajet en moins de 16 heures en rapide, 19 à 21 heures en train express et 21 à 23 heures en train direct.

Pendant la saison d'été il y a un service de voitures directes (lits-toilette et 1re classe) entre Paris et Laruns.

Pour l'itinéraire de Paris à Pau, v. p. 118.

Pour l'itinéraire de Pau à Laruns, v. p. 131.

Pour l'itinéraire de Laruns aux Eaux-Bonnes, v. ci-dessus.

Choix d'un hôtel. — Pour les renseignements sur les hôtels et maisons meublées. Voir *Agenda du voyageur*, papier bleu, fin du volume, lettre E.

Poste et télégraphe. — Place de la Poste, près du Jardin Darralde. — Arrivée du courrier de Paris vers 9 heures du matin et 3 heures de l'après-midi. Départ aux mêmes heures.

Voitures. — Il n'y a pas de tarif. On loue généralement un landau de 12 à 15 francs pour la demi-journée et 24 francs pour la journée. S'adresser au maître d'hôtel et faire toujours prix d'avance.

Omnibus. — Des omnibus font chaque jour (se renseigner pour les heures de départ) le trajet des Eaux-Bonnes à Laruns (1 fr. 50). Départ du Jardin Darralde.

Guides et chevaux. — Les guides, qui sont la plupart loueurs de chevaux, se payent d'après le tarif du C. A. F. Les chevaux ne sont pas tarifés. Il est donc utile de faire toujours prix d'avance.

Anes. — On trouve aussi, autour du Jardin Darralde, des petites voitures traînées par des ânes et des ânes de selle pour les promenades (prix à débattre).

EAUX-BONNES. — Le Casino.
(Phot. de Lafont, libraire, 63, Allée d'Etigny, à Luchon.)

Casino. — Élégante construction, édifiée sur une jolie terrasse, ornée d'un élégant kiosque pour la musique, à l'entrée de la *Promenade Horizontale*, en face le jardin Darralde, à droite en venant de Laruns. Il renferme une salle de théâtre, des salons de jeu et de lecture et un café. Il s'y donne, pendant la saison, de nombreuses fêtes et représentations théâtrales. — Artistes de choix. Excellent orchestre.

Deux mots sur les Eaux-Bonnes. — Les Eaux-Bonnes (*Aygues bonnes*) étaient déjà célèbres au XVIe siècle, mais elles ne prirent réellement d'importance qu'au XVIIIe siècle, grâce aux études scientifiques de Théophile Bordeu sur les eaux minérales des Pyrénées. Elles ne firent qu'augmenter encore leur renommée quand, un siècle plus tard, fut construite la nouvelle route de Laruns. Le Dr Darralde, alors inspecteur des Eaux, contribua énormément au développement de cette ravissante station thermale.

Placées au milieu d'une des plus jolies vallées des Pyrénées, les Eaux-Bonnes sont, tout à la fois, un centre d'excursions nombreuses et pittoresques et une station thermale très renommée que fréquentent aujourd'hui, chaque année, plus de 10.000 touristes ou malades.

Cependant les Eaux-Bonnes sont loin d'être à leur apogée ; la vogue si méritée, dont elles jouissent, ne tardera pas à grandir et à marcher de pair avec celles des stations thermales les plus réputées. Ce sera la juste récompense des patients et laborieux efforts d'une municipalité éclairée, qui a la bonne fortune de trouver autour d'elle, pour la soutenir et l'encourager dans cette voie, d'intelligentes initiatives.

Cachet local. — En arrivant aux Eaux-Bonnes, ayant à droite le *Casino* et l'entrée de la *promenade horizontale*, on débouche sur le *Jardin Darralde*, parc minuscule avec kiosque pour les concerts. Ce jardin que bordent les principaux hôtels est le rendez-vous des baigneurs. Au delà du jardin Darralde la rue monte, laissant à droite l'*hôtel de ville* (petit musée minéralogique) et plus haut, à gauche l'*établissement thermal* (v, p. 140). En face de vous, comme barrant la route, s'élève *l'église*. Contournant les Thermes on rencontre à gauche une petite *église protestante* et un grand bâtiment renfermant les

8.

L'Etablissement Thermal et l'Eglise.
(Phot. de Lafont, libraire, 63, Allée d'Etigny, à Luchon).

écoles et la *gendarmerie*. En face des écoles s'élève un petit pavillon contenant la buvette de la *Source froide* (12°).

La route qui continue à monter fait un grand coude, laissant à gauche la *butte du Trésor* (v. p. 141) se prolonge sous forme de promenade horizontale, appelée *Promenade du Gros-Hêtre* (v. p. 143).

En contrebas du village, au bord même du Valentin, où l'on se rend par la rue qui donne près de la Poste, il y a encore l'*établissement Orteig* (v. p. 143) et un établissement de bains ordinaires.

Les Eaux-Bonnes sont éclairées à l'*électricité*, y compris la *Promenade Horizontale*.

Eaux-Bonnes. — Le jardin Darralde.

Les Eaux. — Les eaux sont sulfurées, sodiques et calciques. Riches surtout en chlorure de sodium, elles sont excellentes dans le traitement des affections de la gorge et de la tuberculose pulmonaire, mais on doit les employer avec prudence.

D'une odeur sulfhydrique très prononcée, elles sont plus agréables à boire qu'à sentir. On les administre en bains et surtout en boisson.

Il y a sept sources alimentant les établissements, mais la plus importante est la *source Vieille* (32º) exploitée par le grand établissement.

Leur débit est de 750 hectolitres par jour.

L'Etablissement thermal très bien aménagé, comprend des cabinets de bains, avec baignoires en marbre, des salles de gargarismes, de douches pharyngiennes, d'irrigations nasales, des salons d'attente et de lecture, un promenoir couvert, une buvette alimentée par la source Vieille (32º) et un petit musée d'objets du pays.

Nota. — Il est délivré des cartes d'abonnement à la buvette, valables pour toute la saison. Pour les conditions d'abonnement et les prix des bains et douches, consulter le tarif de l'établissement.

L'Etablissement Orteig, situé au bord du Valentin, comprend quelques cabinets de bains, une salle de bains et une buvette alimentée par la source Orteig (22º).

Fontaine Froide. — Le pavillon de la Fontaine froide comporte une buvette (12º).

Environs des Eaux-Bonnes

Les Eaux-Bonnes sont un centre d'excursions et de promenades ravissantes, dont quelques-unes très faciles, peuvent être faites, à pied, par les malades.

Pour plus de clarté nous les divisons en deux parties :

1º *Promenades pouvant être faites à pied;*
2º *Excursions et ascensions.*

Nota. — Toutes les promenades et excursions peuvent être faites à *bicyclette* ou en *automobile*. Quant aux ascensions, elles peuvent être faites partie en voiture et partie à pied ou à cheval.

Promenades

Promenade horizontale. — (1 k. 700 de longueur). La plus belle et la plus facile des Eaux-Bonnes. Recommandée aux malades. Eclairée à l'électricité. Commençant au jardin Darralde (plaque indicatrice en marbre blanc, à l'entrée, mentionnant les noms des créateurs de cette promenade elle est bordée, d'un côté, par de petits magasins, jusqu'au Casino, dont elle longe la terrasse (belle vue en se retournant sur le pic de Ger); puis elle contourne la montagne du Gourzy en restant toujours horizontale. De petits kiosques avec bancs, placés de distance en distance, permettent de se reposer tout en jouissant d'une vue superbe sur la vallée de Laruns et la Montagne Verte. La promenade doit se prolonger jusqu'aux Eaux-Chaudes, mais il n'existe actuellement qu'un sentier très pittoresque allant rejoindre la route des Eaux-Chaudes, à 1 kilomètre du village.

Promenades Grammont et Jacqueminot. — La *promenade Grammont* commence derrière le Casino et monte en lacets au milieu d'une forêt de sapins, ainsi que la *promenade Jacqueminot* qui lui fait suite et qui aboutit au premier plateau du Gourzy d'où la vue s'étend sur la vallée d'Ossau. A la descente on tourne à droite à la première bifurcation pour suivre le sentier qui descend à la Fontaine Froide.

La butte du Trésor. — On appelle butte du Trésor, le tertre isolé entre l'établissement thermal et la chapelle protestante. C'est de cette butte

Les Eaux-Bonnes. — Vallée du Valentin.
(Phot. de Lafont, libraire, 63, Allée d'Etigny, à Luchon).

que sortent les eaux minérales qui font la richesse de la station thermale, d'où son nom de « butte du Trésor ». Elle est surmontée d'un petit kiosque auquel on monte par un sentier en lacets et d'où l'on découvre une belle vue sur les Eaux-Bonnes.

Promenade Eynard. — Part du promenoir de l'établissement thermal, passe devant le tir et vient rejoindre la promenade du Gros-Hêtre, au pied de la butte du Trésor.

Promenade du Gros-Hêtre ou de l'Impératrice (3 kil.). — Commence au pied de la butte du Trésor, en laissant à gauche la promenade Eynard et s'étend horizontalement le long des pentes boisées qui dominent la vallée du Valentin ; puis elle traverse le torrent sur un pont de 25 mètres de hauteur pour gagner, à droite, la cascade du Gros-Hêtre.

Promenade d'Orteig. — Se détache de la promenade Eynard en face du Tir et descend, après avoir traversé la route thermale d'Argelès, à l'établissement Orteig.

Tour des Cascades

Cascade du Gros-Hêtre. — Cascade du Serpent. — Cascade d'Iscoo et Cascade des Eaux-Bonnes.

Promenade recommandée.

Renseignements. — Charmante promenade, très facile, qui demande 2 heures à pied. — Aller par la promenade du Gros Hêtre et retour par la route thermale d'Argelès.

Itinéraire. — On suit la promenade du Gros-Hêtre (ci-dessus) et, après avoir traversé le pont du Valentin, on atteint la *cascade du Gros Hêtre* située à droite de la route (laiterie). Elle est formée par le Valentin qui tombe brusquement d'une hauteur de 25 mètres dans une étroite crevasse.

De la cascade revenir à la promenade, qui rejoint bientôt la route thermale d'Argelès, que l'on suit alors à gauche. De ce point on aperçoit très bien, à 800 mètres en face de soi, la *cascade du Serpent*, le long d'une paroi de rocher.

La route fait ensuite un coude à gauche et passe au-dessus de la *cascade d'Iscoo* que l'on peut admirer de face en descendant un petit sentier près du pont.

Du pont d'Iscoo on atteint en 20 minutes l'intersection de la route d'Argelès avec la promenade d'Orteig. A votre droite, en contrebas, coule le Valentin. Tournant alors à droite descendre la dite promenade qui aboutit à l'établissement du même nom, pour remonter la rue, à gauche, et redescendre ensuite, à droite, avant d'atteindre la place de la Poste, un sentier au bas duquel on peut admirer la belle *cascade des Eaux-Bonnes*, formée par le Valentin. A côté se trouve une usine d'électricité. De là, revenir, par la place de la Poste, au jardin Darralde.

EXCURSIONS ET ASCENSIONS

Excursion aux Eaux-Chaudes. — Cette excursion peut se faire de trois manières différentes :

1° *Par la route* (8 kil.). — Voiture particulière 10 fr.). — On descend la route de Laruns jusqu'à la bifurcation de la nouvelle route des Eaux-Chaudes par le défilé du Hourat (merveilleux). — Pour la description de la route v. p. 149.

2° *Par la promenade horizontale* (5 kil. à pied en 1 h. 30 env.). — On suit la promenade horizontale (v. p. 141) qui se prolonge par un sentier très pittoresque, tracé sur le flanc du Gourzy, d'où l'on jouit de beaux points de vue sur le défilé du Hourat et la vallée du Gave d'Ossau. On rejoint ensuite la route des Eaux-Chaudes à 1 kilom. environ avant ce village.

3º *Par le Gourzy* (3 h. 30 à pied ou à cheval ; guide nécessaire 4 à 5 fr.). — On suit la promenade Jacqueminot (v. p. 141) qui conduit au premier plateau de Gourzy (45 min.); puis, continuant à monter on atteint (40 min.) le second plateau. Laissant ensuite, à gauche, le sentier qui mène au pic de Ger et au col de Lurdé, on arrive (45 min.) au troisième plateau au sommet du *Gourzy* (1.830 mèt.) d'où l'on découvre un splendide panorama sur les montagnes. On peut admirer surtout le *pic du Ger* (2.612 mèt.) et le *pic du Midi d'Ossau* (2.885 mèt.), tous deux nettement détachés. Du sommet du Gourzy on descend, à travers une forêt de hêtres et de sapins, un sentier escarpé qui rejoint (1 h.) le chemin de la grotte des Eaux-Chaudes (v. p. 154). De ce point on gagne, en 25 min., les **Eaux-Chaudes**.

Les Eaux-Chaudes (v. p. 151).

Excursion à la plaine de Ley et à la Cascade de Larressec (7 kil.) par la route thermale d'Argelès (v. p. 147).

Excursion au col d'Aubisque (13 kil.) en voiture par la route thermale d'Argelès (v. p. 147) ou à pied (5 h. aller et retour) par la cascade du Serpent (guide nécessaire).

Excursion aux lacs d'Anglas et d'Uzious. — (Belle excursion, demandant une journée entière; — guide nécessaire (10 francs) — emporter des provisions). — On suit la route thermale d'Argelès (v. p. 147) jusqu'à *Gourette* (on peut s'y rendre à cheval). Là on remonte à Valentin, ayant à droite le *Pène Sarrière* (1.936 mètres); puis laissant à gauche le ruisseau qui descend du petit *lac de Louesque*, on traverse le gave d'Anglas pour atteindre le plateau (2.063 mètres) sur lequel se trouve le *lac d'Anglas*. En suivant les bords du lac et en montant à gauche on arrive au *lac d'Uzious* (2.120 mètres), d'où l'on peut gagner le col du même nom (2.232 mètres).

Ascension du Pic de Ger (2.612 mètres) par le Gourzy. — Ascension assez pénible, demandant six heures pour monter et quatre heures pour descendre; guide indispensable (20 francs); — emporter des provisions. — On monte jusqu'au 2ᵉ plateau du Gourzy par le sentier des Eaux-Chaudes (v. p. 145), et, là, on prend à gauche un sentier qui, après trois heures de marche, vous conduit sur le plateau d'Anouillas (cabanes) d'où l'on gagne (une heure) le plateau de Cardoux (cabane) et la crête du *Pambassibé* (2.381 mètres). L'ascension déjà très pénible devient de plus en plus difficile et il faut franchir une arête tranchante pour atteindre (une heure) le sommet du *pic du Ger*.

Le **Pic de Ger** (2.612 mètres) offre assurément un des plus beaux panoramas des Pyrénées. La vue s'étend sur tout un monde de vallées et de montagnes dont les principales sont : A l'E., la *Latte de Bazen* (2.471 mètres), le *pic de Gabizos* (2.639 mètres) et les *vallée d'Arrens* et de *Gaube* : — au S.-E. le *Vignemale* (3.298 mètres), le *Balaïtous* (3.146 mètres); au S. le *pic Amoulat* (2.595 mètres) qui fait partie du massif du Ger, le *pic de Palas* (2.976 mètres), le *pic d'Ariel* (2.825 mètres); — au S.-O. le *Pic du Midi d'Ossau* (2.885 mètres), le *pic d'Avous* (2.312 mètres) et la haute chaîne de la *vallée d'Aspe*.

Ascension du Gabizos. — Ascension très dure qui demande une journée entière; — guide nécessaire (25 francs); — emporter des provisions. — On suit la route thermale d'Argelès jusqu'à Gourette pour monter à gauche vers les rochers de *las Niéras* et gagner les pâturages de *Bourroux*. On gravit ensuite le massif des *Pènes Blanques* (2.553 mètres) et l'on suit l'arête culminante jusqu'au sommet du *Grand Gabizos*.

Le massif du **Gabizos** a deux cimes : le *Grand Gabizos* 2.684 mètres) ou pic des Taillades et le *Petit Gabizos* (2.639 mètres). Du grand pic on découvre un panorama superbe qui rappelle celui du pic de Ger (V. ci-dessus).

DES EAUX-BONNES A ARGELÈS

PAR LA ROUTE THERMALE

42 kilomètres.

Renseignements. — Magistrale excursion qui demande deux jours aller et retour, la route étant très dure. On couche alors à Argelès. Elle peut être faite de deux manières :

Soit en voiture ou à cheval par la route thermale (42 kil.).
Soit à pied par le col de Tortes et le col de Saucède (31 kil.).
En voiture, prix à débattre. On demande généralement, pendant la saison, de 70 à 80 francs pour les deux jours.
Route très curieuse.

Itinéraire. — En quittant les Eaux-Bonnes, la route laisse en contrebas le Valentin et la promenade de l'établissement Orteig, puis passe au-dessus de la *cascade d'Iscoo* (v. p. 144). Plus loin, à gauche, on aperçoit la *Cascade du Serpent* (v. p. 144). Après un tournant de la route on rejoint la *promenade du Gros-Hêtre* (v. p. 143), qu'on laisse à droite pour gagner la *plaine de Ley* par la gorge du Valentin.

Nota. — De la plaine de Ley on peut se rendre (30 minutes aller et retour), par le pont du Goua, à gauche, à la *Cascade de Larressec.*

La route décrit ensuite un grand lacet, en passant par la *plaine de Gourette* et laisse à droite le sentier du *col de Tortes* (1.799 mètres), que peuvent suivre les piétons et qui abrège le trajet de 11 kilomètres ; puis contournant les montagnes on gagne le *col d'Aubisque* (1.710 mètres), au milieu d'une contrée grandiose et sauvage.

Nota. — Du col d'Aubisque on peut faire (30 minutes l'ascension du *pic de Grum* (1.781 mètres).

Descendant une pente assez raide on contourne le *mont Laid* (1.892 mètres) et on passe au *col d'Arbaze*, au delà duquel le sentier du col de Tortes rejoint la route qui se profile vers l'Ouzon ; puis laissant à gauche la gorge de *Litor* on entre dans le département des Hautes-Pyrénées. Bientôt après on rencontre a droite le chemin du *col de Saucède* qui descend dans la vallée d'Azun ou d'Arrens et que peuvent suivre les piétons. On gravit ensuite une côte pour franchir le *col de Couret* ou de *Soulor* (1.450 mètres), et redescendre dans la jolie vallée d'Arrens avec ses nombreux villages et ses verdoyantes prairies, entre autres celles d'*Artigaux* devant lesquelles on passe pour atteindre *Arrens*.

Arrens (900 m. d'altitude). — Localité la plus importante de la vallée (713 habitants), dans une position charmante et d'où l'on peut faire quelques excursions de montagnes, notamment : au *pic Arrouy* (2.710 mètres), au *lac Miquelou* (2.267 mètres) et au pic *Cambalès* (2.965 mètres). On trouve des guides au village.

Après Arrens la route devient meilleure. On dépasse les villages de *Marsous*, *Aucun*, *Gaillagos*, *Arcizans-Dessus* et *Arros*, ce dernier dominé par les ruines du *château de Castelnau-d'Azun* ; puis on descend, par des pentes boisées, dans la belle vallée d'**Argelès**.

Nota. — Pour les renseignements sur **Argelès**, v. p. 185.

DE LARUNS AUX EAUX-CHAUDES

EN VOITURE.

6 kilomètres en 45 minutes environ.

Attention au *défilé du Hourat.*

Renseignements. — On trouve à la gare de Laruns à l'arrivée de chaque train un omnibus desservant les Eaux-Chaudes (1 fr. 50) et des voitures particulières (landaus : 8 francs pour 4 personnes).

Défilé du Hourat.

Itinéraire. — De Laruns on suit, jusqu'à la bifurcation des nouvelles routes des Eaux-Bonnes et des Eaux-Chaudes, la même route que pour aller aux Eaux-Bonnes (v. p. 132); puis tournant à droite, à cette bifurcation, on pénètre dans le **défilé du**

LES EAUX-CHAUDES. — Vue générale.
(Phot. Lafont, libraire, 63, allée d'Étigny, à Luchon).

Hourat. Là, vous attend le plus grandiose des spectacles. La route, taillée dans le roc, passe entre deux énormes murailles de granit, formant une haute et étroite crevasse au fond de laquelle roule, avec un bruit sourd, le torrent du gave d'Ossau. On traverse ensuite un pont jeté sur un abîme. Puis, peu à peu, la vallée s'élargit et la végétation renaît.

De l'autre côté du torrent, on aperçoit l'ancienne route qui descend rapidement des hauteurs du Hourat, que couronnent une statue de la Vierge et une petite chapelle, pour rejoindre la nouvelle, après avoir franchi le pont Crabé. On côtoie ainsi constamment le gave, jusqu'aux **Eaux-Chaudes** dont on aperçoit bientôt l'église.

EAUX-CHAUDES

Village de 713 hab., séparé des Eaux-Bonnes par la montagne du Gourzy, et situé à 675 mèt. d'alt., sur le gave d'Ossau, qui coule au fond d'une gorge sauvage. — Eaux minérales chaudes très réputées. Établissement Thermal et Casino. Magnifiques excursions aux environs.

Moyens de transport. — Comme les Eaux-Bonnes, en chemin de fer jusqu'à Laruns (v. p. 131). De Laruns aux Eaux-Chaudes, en omnibus (v. p. 149).

Choix d'un hôtel. — Pour les renseignements sur les hôtels, voir *Agenda du voyageur*, papier bleu, fin du volume, lettre E.

Poste et télégraphe. — Au centre du village près de la place Henri IV. — Arrivée du courrier de Paris vers 9 heures du matin et 3 heures du soir. — Départ aux mêmes heures.

Omnibus. — Des omnibus font chaque jour (se renseigner pour les heures de départ) le trajet des Eaux-Chaudes à Laruns (1 fr. 50).

Voitures et chevaux. — Faire prix d'avance.

Guides. — Tarif du C. A. F.

Deux mots sur les Eaux-Chaudes. — Les Eaux-Chaudes (*Aygues Caudes*) étaient déjà fréquentées au XVI° siècle par la cour de Navarre, malgré le peu de confortable de leurs habitations; car il n'y avait à cette époque que quelques maisonnettes et des cabanes servant aux baigneurs. Aussi vers le XVII° siècle, malgré l'efficacité des eaux, leur prospérité déclina rapidement et les bains restèrent dans un désordre complet jusqu'au jour où les Etats du Béarn contraignirent la commune de Laruns, propriétaire des eaux, à faire les travaux urgents, qui commencèrent en 1781. Mais la situation s'aggrava lors du décret de 1808, confisquant le revenu des sources au profit des hospices thermaux des Pyrénées. Enfin, en 1841, de nouveaux plans furent dressés et mis en adjudication. Les travaux de construction de l'établissement thermal se poursuivirent alors sans relâche et s'achevèrent en 1849, presque en même temps que la pittoresque route qui traverse le défilé du Hourat.

D'importantes améliorations vont être apportées à cette charmante station, par la nouvelle Société concessionnaire des Eaux et des Casinos des Eaux-Bonnes et des Eaux-Chaudes.

Les eaux. — Les eaux sont sulfurées, sodiques et, de même que celles des Eaux-Bonnes, dégagent une odeur sulfhydrique très prononcée. Elles sont administrées en boisson, douches et bains. — Les sources, à peu près analogues, comme composition, sont au nombre de sept, savoir : Le *Clot* (36°25), l'*Esquirette chaude* (35°), l'*Esquirette tempérée* (31°5), *le Rey* (33°50), *Baudot* (25°50), *Larressec* (24°35) et *Minvielle* (10°60).

Le débit en 24 heures des trois principales sources est : pour le *Clot* et l'*Esquirette*, 39.600 litres chacune et pour le *Rey*, 56.160 litres.

Les maladies traitées avec succès aux Eaux-Chaudes sont : les *maladies des femmes* (aménorrhée, leucorrhée, métrites, etc., et la stérilité), le *rhumatisme articulaire*, les *catarrhes broncho-*

pulmonaires, les *affections nerveuses*, l'*herpétisme*, la *dyspepsie*, le *lymphatisme* et la *scrofule*.

L'Etablissement thermal, bâti de 1841 à 1849, est une belle construction de forme carrée, dont quelques parties sont en marbre des Pyrénées. Son installation balnéaire, complètement restaurée en 1890, répond aux exigences les plus minutieuses du traitement. Il renferme les sources du *Rey*, du *Clot* et des deux *Esquirette*, qui alimentent 30 baignoires avec douche, un cabinet pour douches locales, un pour douches vaginales, un pour douches rectales, un pour bains de vapeur et une piscine avec appareil de grande douche.

Au 1er étage est installé le *Casino*, avec salon de danse et de conversation, salles de jeu et de lecture, et buvette. L'établissement comprend, en outre, des appartements meublés qu'on loue aux baigneurs et une pharmacie.

Les *buvettes Baudot* et *Larressec*, sur le bord du Gave, près de l'établissement, sont abritées par de petits pavillons, ainsi que la *buvette Minvielle*, située un peu plus haut, sur le chemin de la grotte des Eaux-Chaudes.

Promenades

De chaque côté du village s'étendent de gracieuses promenades très faciles et très agréables, dont les principales sont :

La **Promenade Henri IV**, du côté de la route de Gabas. Elle est très ombragée et garnie de bancs.

La **Promenade Minvielle**, qui passe près de la buvette Minvielle, à gauche de la route de Gabas.

La **promenade d'Argout**, reliée à l'établissement par un pont de bois, longe les flancs boisés de la montagne, sur la rive gauche du Gave. Ornée çà et là de pavillons rustiques elle rejoint la route de Gabas au *pont d'Enfer*, près de la jolie cascade du même nom.

La **promenade horizontale**, au-dessus de la précédente, conduit à un petit pavillon.

EXCURSIONS ET ASCENSIONS

Excursion à la Grotte des Eaux-Chaudes. (1 heure pour monter et 40 minutes pour descendre. on peut y aller à pied ou à cheval ; — guide 3 fr., visite de la grotte 1 fr. 50 par personne. — Faire avertir le gardien. — La grotte étant très froide et surtout très humide, il est utile de prendre avec soi un manteau ou pardessus).

Itinéraire. — Passant devant la *buvette Minvielle*, on suit à gauche un sentier caillouteux qui monte rapidement jusqu'à un petit plateau, à mi-côte (20 min.) d'où l'on découvre, à droite, la route de Gabas, le pont d'Enfer, et, au-dessus, le pittoresque village de *Goust*. On laisse ensuite à gauche le sentier du Gourzy pour s'élever, presque constamment sous bois, jusqu'à la *grotte*, 1.000 mètres, près de l'entrée de laquelle se trouve une buvette.
La grotte étant très fraîche, attendez quelques instants avant d'y pénétrer surtout si vous avez chaud.

La grotte des Eaux-Chaudes, qui a 450 mètres de profondeur, est traversée par un torrent qui jaillit d'une étroite fissure et forme au fond de la grotte une cascade bouillonnante que l'on atteint par de petits ponts en bois.
On remarque aussi quelques stalactites et stalagmites.

Excursion à Goust (30 minutes à pied ou à mulet). — Goust est ce village perché sur la montagne, au-dessus du pont d'Enfer, que l'on aperçoit en montant à la grotte des Eaux-Chaudes. Composé de quelques maisons, il n'est accessible que par un chemin muletier partant de la route de Gabas, et se trouve, en hiver, souvent bloqué par les neiges. Les habitants, tous un peu parents, forment une sorte de petite république que gouverne un conseil d'anciens.

Pour s'y rendre, suivre la route de Gabas et, après avoir dépassé le pont d'Enfer monter à droite, le sentier qui conduit en quelques minutes au village.

Excursion aux Eaux-Bonnes. — On peut se rendre aux Eaux-Bonnes soit à pied ou en voiture par la route, soit à pied, par un petit sentier qui s'ouvre sur la dr. à 1 kil. environ des Eaux-Chaudes, sur la route de Laruns et par lequel on rejoint la Promenade Horizontale des Eaux-Bonnes (2 h. de marche).

Excursion à Gabas et à Bious-Artigues (8 kil. jusqu'à Gabas, route de voitures). — De Gabas à Bious-Artigues, 1 h. 30 à pied (guide 3 francs). — La route de Gabas qui continue celle de Laruns vers la frontière d'Espagne, traverse le pont d'Enfer et suit la rive gauche du gave d'Ossau. Elle est dominée de chaque côté par de hautes montagnes aux flancs boisés et d'un aspect sauvage. Après un défilé, à 6 kil. environ des Eaux-Chaudes, on aperçoit le pic du Midi d'Ossau.

Gabas (1.125 mèt. d'alt.) est un maigre village, composé de quelques maisons, et le dernier poste douanier avant la frontière espagnole.

De Gabas on peut monter en 1 h. 30 au **plateau de Bious-Artigues** en suivant, à dr., le sentier du gave de Bious. De ce plateau vous apparaît, dans toute son imposante majesté, le *pic du Midi d'Ossau* (2.885 mèt.) qui se présente complètement isolé, dominant les épaisses forêts de sapins qui entourent sa base.

Excursion au lac d'Artouste (excursion d'une

Pic du Midi d'Ossau.
Phot. Lafont, libraire, 63, allée d'Etigny, à Luchon.)

journée ; guide 10 fr.) par Gabas et le col d'Arrius. On peut se rendre en voiture jusqu'au val d'Arrius, par la route de Gabas, et même monter, à cheval jusqu'au col d'Arrius (2.254 mèt.). On descend ensuite vers le lac (45 min.) que l'on aperçoit bientôt.

Le **Lac d'Artouste** (1.964 mèt.) placé dans un site sauvage et grandiose est une vaste nappe d'eau de 50 hect. de superficie, qu'entourent de hauts rochers.

Nota. — Du lac d'Artouste on peut faire (3 h. env.) l'ascension du *pic d'Arriel* (2.823 mèt.) par le col d'Arrius, le lac d'Arrius et le col de Sobe (guide nécessaire).

Ascension du pic du Midi d'Ossau. — Ascension difficile que nous nous bornerons seulement à signaler sans la recommander. Elle n'est d'ailleurs possible qu'aux alpinistes éprouvés et avec un très bon guide ; car il faut escalader en se hissant avec les mains, des rochers à pic environnés, de toutes parts, de précipices effrayants.

L'ascension, qui demande une journée entière, peut se faire de deux manières : soit par Gabas et Bious-Artigues, soit par Gabas, la case de Brousset et le col du même nom. — On peut se rendre en voiture jusqu'à la case de Brousset.

Le **pic du Midi d'Ossau** (2.885 mèt.) de forme toute particulière, avec ses deux dents gigantesques, est complètement isolé. Entouré d'abimes béants, il semble, pour ainsi dire, inaccessible. — Du sommet on découvre un panorama très étendu : au N. toute la vallée d'Ossau jusqu'à Pau ; à l'E. le Vignemale et le Mont-Perdu, les géants des Pyrénées ; au S. les montagnes du versant espagnol et les plaines de l'Aragon ; à l'O. le pic d'Anie, etc.

Ascension du Balaïtous ou *Bat Laétouse* (3.146 mèt.) par le lac d'Artouste et le col d'Arrémoulit. — Ascension pénible et dangereuse qui demande 2 j. et n'est pas à recommander. — On passe une nuit dans la montagne ; soit dans les cabanes qui environnent le lac d'Artouste, soit au col d'Arrémoulit. — Vue grandiose.

Excursion aux Bains de Panticosa (Espagne). — Excursion de 3 j. aller et retour, à cheval par Gabas, le col du Pourtalet, Sallent et Panticosa, village dont dépendent les **bains de Panticosa** qui sont situés au milieu des montagnes (1.700 mètres) au bord d'un lac. — Eaux sulfureuses.

Nota. — Cette excursion peut être faite maintenant complètement en voiture, par suite de l'achèvement de la route de Gabas. On gagnera facilement un jour (Prix à débattre).

DE PAU A OLORON
35 kil. en 1 h. à 1 h. 20.

Itinéraire. — Jusqu'à *Buzy* on suit la ligne de Laruns, v. p. 129.

En quittant Buzy, laissant à g. la ligne de Laruns-Eaux-Bonnes, on dépasse les stations d'*Ogeu* (bains fréquentés par les habitants du pays) et d'*Escou*, pour entrer, après avoir traversé le gave sur un joli pont qui sert aussi aux piétons, en gare d'**Oloron**.

OLORON

Ville de 8.758 hab., dans un site pittoresque, au confluent des gaves d'Ossau et d'Aspe. Elle est divisée, par le gave d'Aspe, en deux parties : *Oloron*, proprement dit, sur la rive dr., avec sa vieille ville située sur la hauteur et le bourg de *Sainte-Marie*, sur la rive g. de la vallée. — Grand commerce de lainages et de sandales.

Moyens de transport. — Comme Pau, v. p. 118.

Arrivée à Oloron. — On trouve à la sortie de la gare les omnibus de la ville et des hôtels et les voitures publiques (correspondance du chemin de fer) pour *Bédous*, *Urdos*, **Saint-Christau**, *Tardets*, etc.

Voitures particulières : prix à débattre.

Poste et télégraphe, rue de Chanzy, 34.

Choix d'un hôtel. Voir *Agenda du voyageur*, page bleu, fin du volume, lettre O.

Deux mots d'histoire. — L'ancienne *Iluro*, jadis siège d'évêché, supprimé en 1790, fut ravagée aux vIII⁰ et IX⁰ s. par les Sarrazins et les Normands. Catulle IV de Béarn la releva de ses ruines, en 1080, et y fit construire les églises Sainte-Croix et Sainte-Marie qui existent encore. Oloron prit alors un grand développement et plus tard, au XVII⁰ s., entretint un commerce très important avec l'Espagne.

Itinéraire dans la ville

En sortant de la gare, suivre, en face, une avenue qui conduit à un beau pont en fer, d'une seule arche (50 mètres) jeté sur le gave d'Aspe. Après avoir traversé ledit pont, laissant à gauche le *Palais de Justice*, suivre en face de soi et franchir un second pont, sur le gave d'Ossau, pour atteindre la **place Gambetta**, où s'élève, à dr., la nouvelle *église Notre-Dame*.

A g., en retrait, sur la **place des Halles**, se trouvent la *Mairie* et le *Marché*.

De la place Gambetta revenir sur ses pas jusqu'au Palais de Justice et prendre, à g., une rue montante, **rue de la Justice**, conduisant à l'*église Sainte-Croix*. On jouit, à dr., d'une belle vue sur la vallée et les montagnes.

L'église Sainte-Croix, construite par Catulle IV, au XI⁰ s., a été en grande partie restaurée. On remarque surtout, à l'extérieur, du côté g., un portail mutilé, et, à l'intérieur, un autel en bois doré, dédié à sainte Croix.

Redescendre de nouveau jusqu'au Palais de Justice et prendre, à g., la longue **rue Chanzy** qui conduit, en franchissant le pont du gave d'Aspe, à Sainte-Marie. Traverser la **place Thiers** et monter en face la **rue Révol** pour suivre, à son extrémité, à dr., la **rue de la Cathédrale**, conduisant à la *Cathédrale Sainte-Marie*.

La cathédrale Sainte-Marie, bâtie au xie siècle et agrandie au xive, possède un *porche* fort curieux que surmonte une tour carrée.

Les sculptures du portail, surtout, sont très remarquables. Elles représentent, en bas-relief, à côté de statues d'hommes d'armes : Jésus-Christ sur la Croix, les 24 vieillards de l'Apocalypse présidés par l'Agneau et, au-dessous, les travaux des saisons. La colonne de marbre qui divise la porte est surmontée d'une corbeille de palmes ; à la base est un groupe de cariatides représentant des captifs enchaînés dos à dos. En outre, les colonnes qui supportent les arcades ogivales du porche sont décorées de singes accroupis.

De l'église Sainte-Marie redescendre à la place Thiers d'où vous pourrez : soit revenir à Oloron par le pont et la rue Chanzy, soit vous rendre à la gare en suivant à gauche la rue et l'avenue qui y conduisent directement.

Excursion à Saint-Christau et à la Vallée d'Aspe

C'est d'Oloron qu'on se rend à la charmante station thermale de **Saint-Christau**, qui n'en est distante que de 8 kil. (Omnibus à la gare ou voitures particulières), et d'où se fait la magistrale excursion de la **vallée d'Aspe** (53 kil. d'Oloron, 45 kil. de Saint-Christau) jusqu'au **port d'Urdos** ou **Somport**, par **Bédous** et **Urdos**.

Cette excursion, pour être faite complètement, demande deux journées.

La *première journée* : aller déjeuner à **Saint-Christau** et coucher à **Urdos** ; la *deuxième journée*, visite à **Peillou** et au **Somport** et retour à Oloron.

Les personnes pressées ne devront pas quitter Oloron sans aller visiter **Saint-Christau**. *C'est une promenade ravissante et peu longue. — Route excellente pour les bicyclettes et voitures automobiles, par la* **vallée de Lurbe** *(16 kil. all. et ret.).*

D'Oloron à Saint-Christau, v. ci-dessous et **d'Oloron à Urdos**, p. 171.

D'OLORON A SAINT-CHRISTAU

8 kil. en 1 h. 30 à pied ; 30 m. environ en voiture, à bicyclette ou en automobile.

Nota. — Deux routes conduisent à Saint-Christau, l'une par *Soeix* et *Eysus*, sur la rive dr. du gave ; l'autre, par *la vallée*, sur la rive g. à travers les villages de *Bidos*, *Gurmençon*, *Arros*, *Asasp* et *Lurbe*.

Moyens de transport. — On trouve à la gare d'Oloron l'omnibus de l'Etablissement thermal. (Pour le prix et l'horaire du service v. *Agenda du voyageur*, papier bleu, fin du volume, lettre S).

Il existe, en outre, à Oloron, des loueurs de voitures pour toutes les excursions à faire de cette ville. (Prix à débattre.)

Itinéraire — *Première route* : En sortant de la gare, on tourne à dr. puis, 400 m. plus loin, à g. et l'on suit tout droit. On laisse bientôt à g. le pont sur le gave, qui relie Oloron à Sainte-Marie, et à dr. la rue montante de Sainte-Marie ; on passe devant le collège, à dr. et on ne tarde pas à sortir de Sainte-Marie. On suit pendant 1 kil. environ la route d'Espagne et, à hauteur de la petite église neuve de *Bidos*, on tourne à g. dans le chemin de Saint-Christau, qui contourne l'église et franchit le gave sur un pont de pierre, très curieux, mais très étroit, qui doit être prochainement remplacé par un autre pont plus large. A la sortie du pont, on laisse à g. un chemin qui ramène à Oloron et, par une série de montées et de descentes, au milieu d'un paysage ravissant, après avoir dépassé successivement les villages de *Soeix* (3 kil.) et *d'Eysus* (6 kil.), après lequel on laisse a dr. un chemin conduisant à *Lurbe*, on débouche dans le joli parc de **Saint-Christau**, où s'élèvent les hôtels, pavillons et établissements de bains.

Deuxième route : On suit le précédent itinéraire jusqu'à *Bidos* et, laissant a g. le chemin de Saint-Christau, on continue par la grande route d'Espagne, tracée en pleine vallée, presque en droite ligne. On atteint **Gurmençon** (3 kil. 5),

Vue générale des Bains de Saint-Christau.

à l'entrée duquel on voit à dr. une route qui conduit à Sainte-Marie, en longeant la route d'Espagne, qu'elle domine. On tourne légèrement à dr. dans le village et, sans la moindre courbe, on atteint le village d'**Arros** (5 kil. env.) puis le village d'**Asasp** (7 k. 5). *(Descente rapide)*. Là, on prend le premier chemin à g., on traverse le gave et laissant à dr. le village de **Lurbe** et à g. un chemin, qui va rejoindre, en deçà d'Eysus, le chemin de Saint-Christau, on continue de monter, pour arriver par une descente peu rapide à **Saint-Christau**, dont on longe à g. le magnifique potager (9 kil.).

Nota. — En voiture particulière, nous recommandons la première route, à l'aller ; retour à Oloron par la seconde.

SAINT-CHRISTAU

Véritable propriété seigneuriale, dans une situation ravissante, au fond de la vallée de Lurbe, et à l'entrée de la belle vallée d'Aspe. Avec son parc magnifique, adossé aux pentes boisées du mont Binet, premier contrefort des Pyrénées, parsemé d'hôtels confortables et de riantes villas, avec ses établissements thermaux bien aménagés et pourvus des appareils les plus perfectionnés, ses eaux ferro-cuivreuses, si précieuses dans le traitement des maladies de la langue, de la bouche et de la peau, son bureau de poste, télégraphe et téléphone, sa chapelle patriarcale, son lac gracieux et son élégant casino, ses approvisionnements de toute nature, qui rendent la vie peu coûteuse, cette station thermale, d'un cachet unique, où l'on a, partout, installé l'électricité, offre aux baigneurs, avec le calme réparateur de la vraie campagne, tout le confort et tous les avantages d'une station thermale de premier ordre. *Pêche* et *chasse* à discrétion.

Voir, pour plus amples renseignements, notre *Agenda du voyageur*, papier bleu, fin du volume, lettre S.

Moyens de transport. — Par **Pau** et **Oloron**; en chemin de fer. Omnibus d'Oloron à l'Etablissement. A 16 h. de **Paris** et 24 h. de **Londres**, par rapide. A 1 h. 30 de **Pau** et 2 h. de **Lourdes**.

Climat. — Par le voisinage immédiat de la montagne et par son altitude médiocre (320 m.), Saint-Christau présente, réunis, les avantages qui caractérisent les climats de plaine et les climats de montagne. A l'abri des températures excessives, c'est un climat tempéré, à la fois sédatif et tonique, dont les effets bienfaisants, combinés avec la pureté de l'air toujours chargé d'émanations végétales, procurent en peu de temps un surprenant bien-être à toutes les personnes débilitées par le surmenage, la fatigue ou la surexcitation du système nerveux. Il convient à tous les convalescents.

Saint-Christau. — La Rotonde.

Etablissements thermaux. — Saint-Christau possède deux établissements thermaux, l'un de première classe, *la Rotonde*, sis à la partie E. du parc et l'autre, de deuxième classe, les *Bains vieux*, à la partie O.

La Rotonde comprend une façade élégante, de style mauresque, composée d'une tour carrée, centrale, flanquée de deux ailes rectangulaires; le tout couvert en terrasse. L'entrée principale se trouve dans la tour centrale, dont les étages supérieurs sont occupés par les réservoirs d'hydrothérapie. L'aile gauche renferme les appareils de chauffage et la lingerie; l'aile droite, les salles d'hydrothérapie et de pulvérisations spéciales. Derrière cette façade, un pourtour circulaire, desservi par un couloir de même forme, contournant un vaste salon central, est occupé par onze cabinets de bains, munis de baignoires de marbre blanc, d'appareils de petites douches, de prises d'eau pour les douches pulvérisées et de tables de pulvérisation. Au fond est la grande salle de pulvérisation, revêtue de marbre des Pyrénées et garnie des appareils les plus perfectionnés.

Les *Bains vieux*, plus modestes, mais très bien entretenus, comprennent, au rez-de-chaussée, des cabinets de bains avec appareils à douches et une petite salle de pulvérisation et, aux étages supérieurs, des logements destinés aux malades peu aisés.

Les eaux. — Les eaux de Saint-Christau sont : 1° *ferro-cuivreuses* et 2° *sulfureuses*. Les eaux ferro-cuivreuses sont fournies par les quatre sources des **Arceaux**, du **Chemin**, **Bazin** et **Tillot**. La plus importante, de beaucoup, est la source des *Arceaux* qui alimente les deux établissements. Son débit dépasse 1.000 m. c. par 24 h. Elle est captée à la sortie du roc, derrière les Bains vieux, et amenée à la Rotonde par une canalisation en verre ; sa température est de 14°. La source du *Chemin* a la même origine.

Ces sources *Bazin* et *Tillot* sortent, à moins d'un mètre l'une de l'autre, dans le sous-sol de la Rotonde ; leur température varie de 12°2 à 12°8.

Saint-Christau. — La source sulfureuse.

La source *sulfureuse* du Pêcheur, naît à 100 m. au N. de cet établissement ; sa température est de 13°6.

Ces sources sont toutes utilisées pour la boisson. Les sources Bazin et Tillot ont leur buvette à leur point d'émergence, dans la Rotonde. La buvette du Pêcheur est installée près de son griffon, dans un chalet rustique.

Quand aux eaux de la source des Arceaux on les boit dans l'élégant pavillon construit auprès du griffon et dont l'aménagement est un modèle de bon goût et de confortable.

A côté de ce pavillon, un *réservoir* d'une contenance de 3.000 hect. emmagasine l'eau des Arceaux pour assurer le traitement, quand de violents orages troublent l'eau de la source.

Nota. — Bien que la boisson tienne une place importante

dans la cure thermale, c'est le *traitement externe* qui occupe, dans cette station, le rôle prépondérant.

Il se fait *exclusivement* avec l'eau des Arceaux qui est employée en *bains, fomentations, lotions, irrigations, douches et pulvérisations*.

C'est à Saint-Christau que s'administrent les **douches filiformes**, à haute pression (18 à 20 atmosphères), qui donnent de si complets résultats dans le traitement des *Rhumatismes subaigus* et des *névralgies sciatiques*.

Les eaux de Saint-Christau s'exportent en grandes quantités et ne perdent rien de leurs qualités.

Promenades, Excursions et Ascensions

Sans sortir du domaine, les baigneurs peuvent faire les jolies promenades suivantes dont ils régleront, à leur gré, l'étendue et la durée.

Labyrinthe du Turon Vespis. — Entrée près du chemin conduisant au jardin potager, au S.-O. du parc. Des sentiers, tracés au milieu d'une véritable forêt de buis et garnis de bancs, mènent au sommet où s'élève un joli kiosque. Vue splendide. A mi-chemin, grotte intéressante. Repères, de place en place.

Saint-Christau. — Chalet de Pesdaricq.

Allée des Carlistes. — Entrée en face du *pont de Kœhl*, au N.-O. de la propriété. Cette allée longe le bois qui borde la route et conduit au sommet de la petite colline de *Pesdaricq*, d'où l'on découvre la vallée de Lurbe. Elle se bifurque, près de l'entrée, en deux sentiers, l'un montant en pente douce, l'autre suivant la lisière du bois.

Turon de Serre Viot. — Derrière la Rotonde, au N.-E. du parc. On chemine presque constamment à l'ombre, jusqu'au sommet, couvert de fougères, d'où l'on jouit d'une vue très étendue sur la *vallée de Lurbe* et *Oloron-Sainte-Marie*, au N. et à l'O. et sur la *vallée du Bager* et le mont *Binet*, au S.-E. et au S.

SAINT-CHRISTAU. — L'allée des Platanes.

Sentier de la Fourche. — Entrée dans le bois, au S., en face de la sortie du Parc, entre le *Chàlet Rose* et le *Chàlet Marguerite*. — Délicieuse promenade. Sentier pittoresque. Belles échappées de vue, au N.

Ce sentier conduit en 1 h. 1/2 au premier plateau du mont Binet, d'où l'on découvre un joli panorama. C'est une ascension très modeste, à la portée des jarrets les moins entraînés. Les baigneurs s'y donnent rendez-vous pour de joyeux déjeuners sur l'herbe.

Excursions de l'après-midi

Citons au nombre des excursions qui demandent de 3 à 6 heures et qui, presque toutes, peuvent être faites à pied, en voiture, à bicyclette ou en automobile.

Le tour d'Escot, par *Lurbe*, *Escot*, avec retour par *Asasp*.

Les Sources du Lourtau, par la vallée du *Bager*, partie en voiture et partie à pied. En voiture, jusqu'à *Berguery*

(4 kil. env.); de ce point, par un sentier, à dr., 1 h. de marche.

Le pèlerinage de Sarrance, par la route de la vallée d'Aspe (v. p. 172).

Camp de César, (à faire à pied) par *Lurbe* et *Asasp*, dans lequel on tourne à dr. pour prendre, ensuite, la première rue à g. continuée par un sentier qui conduit en 1 h. env. à l'ancien *Camp de César*, d'où la vue s'étend sur toute la vallée.

Oloron (v. p.158), avec retour par **Sainte-Marie** (v.p. 158).

Le tour de Bidos, par *Eysus*, (v. p. 161). *Soeix* (v. p. 161) et le *pont de Bidos* (v. p. 161); avec retour par *Gurmençon, Arros, Asasp* et *Lurbe*.

SAINT-CHRISTAU. — La route du Bager. — Les Châlets.

Arudy, par le *Bager*, avec retour par *Oloron et Sainte-Marie*. La route de Saint-Christau à Arudy, par la jolie vallée du Bager, est une des plus pittoresques de la région. On peut faire le tour complet en voiture ou par tout autre mode de locomotion.

D'Arudy, on peut aller visiter soit *Eaux-Bonnes* soit *Eaux-Chaudes*, en prenant le train jusqu'à *Laruns*. On peut encore, à bicyclette, gagner Arudy (18 kil. env.) et de là prendre le train jusqu'à Oloron et rentrer à Saint-Christau, par l'une ou l'autre route.

Gorges de Lourdios, par *Asasp* et la route d'*Arette* v. p. 169) jusqu'à *Issor*. A 500 m. d'Issor, on tourne à g.

(Calvaire). Promenade très intéressante. Route accidentée. Le village de *Lourdios-Ischère* (532 h.) est le point terminus de la route. De hautes montagnes lui forment de tous côtés une ceinture presque infranchissable.

Le tour d'Arette, par *Asasp* et *Issor* avec retour par *Aramits*, *Ance*, *Féas* et *Sainte-Marie* (40 kil. env.). Route accidentée jusqu'à *Arette*. En arrivant à **Asasp**, on tourne à g. pour prendre bientôt à dr. (poteau indicateur) le chemin d'Arette. On longe jusqu'à **Issor** (7 kil.) la rive g. du *Gave de Lourdios*, on laisse ensuite à g. le chemin de Lourdios (vue splendide sur la gorge et les montagnes); la route décrit des lacets très prononcés jusqu'au village d'**Arette**, qu'on découvre, tout d'un coup, droit devant soi, au fond de la vallée, dans un site merveilleux et auquel on arrive, par une descente assez rapide qu'ombragent de magnifiques châtaigniers. On tourne à dr. devant la mairie, puis à g., pour longer le curieux cimetière, pavé de pierres funéraires, au milieu duquel s'élève la *vieille Église* (1693) que nous vous engageons à visiter. A côté de l'église, l'ancien château, habité bourgeoisement. On laisse à g., au bout du cimetière, la route de *Mauléon* et du *pays Basque* et l'on suit tout droit. On atteint le gai village d'**Aramits** (à 3 kil. 5 env.), dont on voit à dr. la nouvelle église et, tournant bientôt à dr. on arrive à la grande route d'Oloron à Mauléon, qui se déroule, au milieu d'un paysage ravissant, en pleine vallée. On franchit le *Gave Vert*, on laisse à g. le *Château d'Anglade*, avant d'arriver au petit village d'**Ance**, que l'on traverse (Calvaire à dr. b^{au} de tabac) pour atteindre bientôt, après avoir dépassé, à g., le *château Galand*, le riant village de **Féas**. (Descente rapide à la sortie). Après Féas, on remarque à dr. le *Château de Dones*, édifié sur une verte terrasse; la route traverse une magnifique chênaie, à la sortie de laquelle on jouit d'une vue splendide sur la chaîne des Pyrénées, et, dépassant le hameau de *Léris*, on entre dans **Sainte-Marie** (v. p. 161). Après l'église, très curieuse, on laisse à g. la route de Tarbes et on tourne à dr. pour, ensuite, continuer droit devant soi, en laissant à g. la rue qui descend à la gare d'Oloron et à Oloron. On rejoint la grande route de la vallée d'Aspe, un peu en deçà de *Gurmençon* v. p. 161).

Excursions d'un jour et plus

Au nombre des grandes excursions qui se peuvent faire de Saint-Christau, il convient de citer :

Eaux-Bonnes et **Eaux-Chaudes**, par *Arudy* et *Laruns* v. p. 133 et p. 151). (1 journée par excursion.)

*Les personnes désireuses [de faire l'ascension du **Pic du Midi d'Ossau** devront aller coucher la veille à **Eaux-Chaudes**.*

La grotte d'Iseste, par *Arudy* et le village d'*Iseste*, qui n'en est distant que de 1 kil. 5 env., au S.

Les autres excursions sont toutes comprises dans la magistrale excursion de la **vallée d'Aspe** (*Pèlerinage de Sarrance*, *Bédous*, *Accous*, *Cascade de Lescun*, *Urdos* et son *fort*, *les Forges d'Abel*, le *Somport*, etc.), et peuvent faire chacune l'objet d'une promenade séparée.

SAINT-CHRISTAU. — Pont de la Ferme.

La Vallée d'Aspe

De toutes les vallées pyrénéennes qui se recommandent à l'attention du voyageur, la vallée d'Aspe est peut-être celle qui, par son étendue (53 kil.) et l'infinie variété des spectacles qu'elle offre, d'une extrémité à l'autre, mérite le plus qu'on la visite dans tous ses détails. Une route magnifique la traverse et, dans un avenir peu éloigné, elle verra passer les grands express de Paris à Madrid, lorsque seront exécutées les lignes projetées, de Sauveterre-de-Béarn à Oloron et d'Oloron à Jaca. La vallée d'Aspe qui commence à *Oloron* se termine au *Somport* ou *Port d'Urdos*, à la frontière espagnole.

Nota. — Qu'on parte d'Oloron ou de St-Christau, cette excursion demande *deux jours*. Toutefois, de St-Christau, en partant de bon matin (5 h.) on peut la faire complète en une journée et rentrer pour dîner, vers 7 h.

Première journée. — Aller déjeuner à **Urdos**, visiter, l'après-midi, les **forges d'Abel** et revenir dîner et coucher à Urdos, ou dîner à l'*auberge de Peillou* et coucher à Urdos.

Deuxième journée. — Visite du **Fort d'Urdos**, déjeuner à **Bédous**, visite à la **Cascade de Lescun** et dîner à St-Christau ou à Oloron.

Moyens de transport. — Il existe une voiture publique, faisant le service du courrier entre Oloron et Urdos (prix 1 fr. 60, jusqu'à Bédous, trajet en 3 h.; jusqu'à Urdos, 3 fr. 20, trajet en 5 h.) mais nous conseillons la voiture particulière (prix variant : dép. d'Oloron, de 40 à 50 fr. ; dép. de St-Christau, de 20 à 30 fr.).

La route de la vallée et la route de St-Christau se rejoignent au *Pont d'Escot*.

D'OLORON AU PONT D'ESCOT
par *Asasp*

15 kil. Route magnifique pour bicyclettes et automobiles.

Itinéraire. — D'Oloron à **Asasp** (v. p. 161). A la sortie d'Asasp, on laisse à dr. la route d'*Arette* (v. p. 169) on traverse le *gave de Lourdios*, puis la route se poursuit entre le gave d'Aspe, qui coule à g., le pied du *mont Bisarce* et les jolis bois de *Serrelongue* et de *Fontanes*, à dr. jusqu'au **pont d'Escot**, sur lequel on traverse le gave, en face de l'immense muraille qui termine à l'O. la chaîne des *monts d'Escot*, qui se prolonge à l'E. jusqu'à la belle *vallée de Laruns* et qui comprend le *pic Roumendares*, le col et le *pic d'Andurte* et le *col de Serrisse*. A g. vient aboutir la route de St-Christau.

D'OLORON AU PONT D'ESCOT
par *Saint-Christau*

15 kil. par une route très pittoresque.

Itinéraire. — D'Oloron à **Saint-Christau**, par *Soeix* et *Eysus* (v. p. 161). A la sortie du parc de St-Christau, on tourne à dr. pour gagner **Lurbe**, dans lequel on tourne à g.

Saint-Christau. — Le Lac.

On longe la rive dr. du gave que l'on domine ainsi que la route d'Espagne et, après avoir traversé le village d'**Escot**, dans lequel on laisse à g. le chemin de *Bielle* et de la *vallée de Laruns*, par le *col de Marie-Blanque*, on voit à g. une petite chapelle et on rejoint la route d'Espagne au **pont d'Escot**.

DU PONT D'ESCOT A URDOS

26 kil. par une très jolie route.

A cet endroit la vallée se resserre subitement pour faire place à un étroit défilé ne laissant place qu'à la route et au gave. 2 kil. plus loin, on laisse à dr. les **Bains d'Escot**, fréquentés par les gens du pays, puis une ancienne usine et, franchissant le gave, sur un beau pont de deux arches, on entre dans le curieux village de **Sarrance** (vieille église et cloître, dans rue montante à dr.), célèbre par son pèlerinage. La route longe le gave; on voit à g. un vieux pont et une petite chapelle, près et au-dessus de la fontaine de Sarrance, qui se trouve sur la rive dr. et dans laquelle les pèlerins jettent des épingles en guise d'ex-voto ; on traverse un beau pont de quatre arches après lequel on entre dans un défilé

Vallée d'Aspe. — Le Pont d'Escot.

très pittoresque, on remarque à dr., après un coude du gave, une jolie cascade, puis on dépasse un petit village. On franchit à nouveau le gave et on longe à g. les parois à pic de l'*Ourdinse*. Des buis géants, des acacias et des vernis du Japon bordent la route. On voit à g. une plaque commémorative et, sortant du défilé, on a tout à coup, sous les yeux le spectacle merveilleux de la jolie *vallée de Bédous*, parsemée de villages et de monticules boisés, entourée de hautes montagnes et baignée de soleil. Une montée et une descente et l'on arrive à **Bédous** (24 kil. d'Oloron).

Bédous. — Village de 970 h., à l'entrée de la vallée, dépendant du canton d'*Accous*, sis à 4 kil. plus au S. dans la même vallée. — Commissionnaires en transit et en marchandises pour l'Espagne. — Eaux minérales naturelles. — Situation ravissante.

Dans le village, on laisse à g. un chemin qui mène à *Laruns*, par le *col d'Arriontort*, et à dr. la route qui traverse le gave et dessert les villages d'**Osse**, et de **Lées-Athas**, qu'on aperçoit sur la dr. quand on sort de Bédous. La route suit le milieu de la vallée, on laisse à g. les petits *bains de Suberlaché* (Poteau à l'entrée du chemin y conduisant) puis le chemin menant à **Accous**, ch.-l. de c. qu'on voit à g. et qui doit être prochainement relié à Oloron par une voie ferrée. On atteint le fond de la vallée, dont la traversée a plus de 4 kil. et l'on pénètre dans un défilé grandiose, à l'entrée duquel on laisse à dr. le pont sur lequel passe le chemin de *Lées-Athas*, qui ne rejoint la route qu'à cent mètres de là. A dr. et à g. se dressent des murailles gigantesques, on passe au hameau de l'**Estanquet**, (bonne auberge à dr. de la route où l'on peut laisser sa *bicyclette* quand on va à la *Cascade de Lescun* — on y mange bien ; prévenir par le courrier d'Urdos) et on arrive au *pont de Lescun*, qu'on voit à dr. et d'où part le chemin conduisant à la Cascade de Lescun et au village du même nom (6 kil. de Bédous).

Cascade de Lescun. — *1 h. all. et ret. à pied. — On traverse le pont et on suit la route jusqu'à un pont en bois qu'on trouve à g. avant d'arriver à un petit moulin. On prend ce pont et on tourne de suite à dr. pour longer le ruisseau. Le sentier est très pittoresque et conduit en 35 à 40 min. au sommet de la magnifique cascade de Lescun, dont les eaux sortent en bouillonnant d'une gorge très resserrée et se précipitent avec un fracas assourdissant d'une hauteur considérable, au bas de laquelle elles arrivent sous forme d'innombrables gouttelettes d'une incroyable ténuité. — Du sommet de la Cascade au village de Lescun, 1 kil. 5 env. — On peut aller directement au village en suivant tout droit la route au lieu de prendre le pont de la Cascade (4 kil.), et revenir par la Cascade. Le village de Lescun est un véritable nid d'aigles perché à plus de 900 m. d'altitude. — On s'y rend pour faire l'ascension du* **pic d'Anie** *(2504^m), une des plus intéressantes de cette région. (On trouve des guides à Lescun.) Il faut aller coucher la veille à ce village.*

LA VALLÉE D'ASPE

Après le pont de Lescun, on rencontre à g. le village de **Cette-Eygun**, sur la hauteur, on laisse à dr. un petit pont sur le gave, puis on remarque à g. sortant du roc une jolie cascade en forme de fourche, la route est taillée dans le roc qui la surplombe ; à dr., un pont, que traverse le chemin qui mène au curieux village de **Borce**, dont on voit à dr., les maisons rangées le long d'une terrasse élevée, au pied de laquelle roule le gave. On traverse un peu plus loin, le village d'**Essaut**, après lequel on franchit le gave sur un pont de pierre garni de verdure ; à dr. un chemin conduit à *Borce*, la montée s'accentue et on aperçoit devant soi, accolé aux flancs du rocher, le beau **Fort du Portalet** ou d'*Urdos*. On laisse à g. le pont qui donne accès aux escaliers conduisant au Fort. (*On ne peut visiter qu'avec l'autorisation de l'officier commandant le fort.*) On remarque à g. percées dans le roc, les meurtrières et embrasures correspondant aux galeries intérieures, puis on tourne brusquement à g. pour traverser le gave et, sortant de l'étroit défilé dans lequel on chemine depuis la sortie de la vallée de Bédous, on aperçoit devant soi le vill. d'**Urdos**, dont on laisse à dr. le vieux chemin. 40 kil. d'Oloron et 33 kil. de St-Christau, on atteint **Urdos**.

Urdos, dernier village sur la route d'Espagne, avant la frontière. Magnifique panorama de montagnes, au S. (Hôtel, chevaux, voitures et guides). Courrier espagnol d'Urdos à Jaca.

D'URDOS AU SOMPORT OU PORT D'URDOS
Peillou — Forges d'Abel — Lac d'Estaens

D'Urdos au Somport. — Route de voitures 12 kil. — On passe la frontière au *Somport* ou port d'Urdos et on peut aller visiter le village de *Canfranc* (24 kil. d'Urdos) et gagner *Jaca*, en Espagne, (43 kil. d'Urdos).

A 4 kil. d'Urdos, à dr., auberge de *Peillou*, où l'on peut aller coucher quand on fait l'ascension du *lac d'Estaens* (guide). 1 kil. plus loin, on laisse la route d'Espagne pour prendre à dr. un chemin qui conduit aux *Forges d'Abel* (2 kil. de Peillou), que l'on peut visiter.

C'est ce chemin que l'on prend pour monter au **Lac d'Estaens**, situé en Espagne, à une altitude de 1745 m. — on passe devant les *Forges*, puis franchissant le gave on monte jusqu'à la *Cabane d'Anglas*, et l'on suit le sentier de droite qui, par des lacets très prononcés atteint le *Port de Bernère* et, après une cabane, le **Lac**.

De Peillou : 3 h. de marche à l'aller et 2 h. au retour.

Ascensions

En dehors des ascensions indiquées au cours des précédentes excursions, citons encore :

Le Mail Arrouy (950 m.), départ par le petit chemin qu'on trouve à g. en allant à *Lurbe*, à l'angle d'une étable. — Montée 2 h. 30, descente 1 h. — Beau point de vue sur les vallées environnantes et le *Col de Marie-Blanque*.

Le Pic de L'Escuret (1.441 m.), par le Bager, et les bois du Pag de Laqueul et d'Hengacère — On monte, à dr., à travers bois, à 2 kil. de Saint-Christau, hameau de *Mirande*. — Montée 4 h., descente 1 h. 30 a 2 h. — Belle vue sur la vallée de Laruns, le Bager, le val d'Escot, le col de Marie Blanque, etc...

Pic de Las Mines (1239 m.), par *Bédous* et le chemin du *Col d'Arriontort* ou par *Accous* et la *Chapelle de Saint-Christau*.

Pont de Bétharram.

DE PAU A LOURDES

39 kil. en 45 minutes et 1 heure.

Itinéraire. — Remontant la rive droite du gave, on traverse *Bizanos*, puis les stations de *Assat*,

Bézing, Baudreix, Coarraze-Nay (c'est à **Coarraze** qu'Henri IV passa son enfance ; on voit encore la porte d'entrée et la tour du château qu'il habitait), *Dufau et Montant-Bétharram*.

Bétharram (1 kil. omnibus à la gare). Pèlerinage célèbre que l'on atteint après avoir traversé le gave sur un pont très pittoresque. On remarque *l'église* du xvii⁰ siècle dont l'intérieur est décoré à profusion, le *séminaire*, et à côté, le *calvaire*, dont les stations sont formées par de petites chapelles de style roman.

Le village de *Lestelle* dont dépend Bétharram est un peu plus loin. On peut aussi visiter à 3 kilomètres de Bétharram (voiture particulière) une belle *grotte* avec stalactites et stalagmites.

Dépassant ensuite la petite station de *Saint-Pé*, on atteint **Lourdes** dont on aperçoit, de l'autre côté du Gave, la basilique et le vieux Château-Fort.

LOURDES

Ville de 6.976 hab. située sur la rive droite du gave de Pau, à l'entrée d'une des plus jolies vallées des Pyrénées. — Pèlerinage célèbre. — Basilique et vieux Château-Fort remarquables. — Funiculaire du Grand-Ger. — Sanatorium.

Arrivée à Lourdes. — On trouve à la gare les omnibus des hôtels et les omnibus de ville (30 à 50 c.) ainsi que des voitures particulières.

(On demande en général 1 fr. de la gare à la grotte, dans les excursions aux environs 3 et 4 fr. l'heure.)

Choix d'un hôtel. — Pour les renseignements sur les hôtels voir *Agenda du Voyageur*, papier bleu, lettre L, fin du volume.

LOURDES. — Vue générale.
(Phot. Lafont, libraire, 63, allée d'Étigny, à Luchon).

Poste et télégraphe, rue St-Pierre près de l'église paroissiale.

Deux mots sur Lourdes. — Lourdes, qui n'était autrefois qu'une simple bourgade dont toute l'histoire se résume dans les annales du château, est devenue aujourd'hui une cité miraculeuse qui a pris naissance, en 1858, à la suite des déclarations de la petite paysanne *Bernadette Soubirous*, alors âgée de 14 ans, à qui, plusieurs fois, dans la grotte de Massabielle, la Sainte Vierge était apparue, lui ordonnant de boire à la fontaine de la grotte et lui conférant la mission de faire élever une chapelle à l'endroit même de l'apparition.

De plus, l'eau de la fontaine coulant des rochers de la grotte ayant opéré quantité de guérisons, bientôt les pèlerins y affluèrent de tous les points de la France et de l'étranger.

Alors à côté de la vieille ville, surgit la ville ecclésiastique avec ses églises, ses couvents et ses hôtels.

Depuis, chaque année, des caravanes de pèlerins viennent : soit y faire leurs dévotions, soit y chercher une guérison que la science est impuissante à leur donner.

« Etrange ville! de bourg perdu, triste asile de misérables paysans, où, jadis, on pendait les Sarrazins, les Anglais et les Espagnols larronneurs, elle est devenue le refuge de tous les désespoirs, l'arche de salut des damnés de ce monde dont l'âme chrétienne surnage lumineuse et confite de dévotion, d'un flot de pestilences, de cancers, d'ulcères et des sept plaies de l'Egypte; la grande Mecque, enfin, du monde catholique, qui, comme la barque de Pierre, ne chavirera jamais, tant qu'il y aura le soleil sur nos têtes, l'espérance dans notre âme, et une pauvre croix de bois devant nos yeux troublés. »

Visite de la ville

De la gare à la Basilique, 1.500 mètres environ.

En sortant de la gare suivre à dr. *l'avenue de la Gare* et, plus loin, (poteau indicateur) descendre à g. le *boulevard de la Grotte* qui traverse la ville et conduit directement en face de la Basilique.

Nota. — Remarquer en descendant le boulevard (100 mèt. environ après le poteau indicateur) à droite, près d'un escalier de quelques marches, une *urne* massive reposant sur un piédestal en pierre grise. Cette urne, sur laquelle on lit l'inscription suivante : « *Aux mânes des défenseurs de la patrie* » est une ancienne *marianne* devant laquelle on se mariait sans l'assistance du prêtre.

Le boulevard de la Grotte, que vous suivez, est bordé d'hôtels et de magasins d'objets de piété laissant à g. le *Château fort* perché sur un rocher isolé.

A l'extrémité du boulevard traverser le pont en pierres jeté sur le gave, puis le square qui lui fait suite.

Nota. — Le grand bâtiment qui se trouve à votre droite près de la rivière est le réfectoire des pèlerins.

Devant vous se dresse *l'église du Rosaire*, de style byzantin et au-dessus la *Basilique* à laquelle conduit un escalier en hémicycle rappelant celui de St-Pierre de Rome.

Avant de visiter ces églises rendez-vous directement à la *grotte* en contournant à dr. l'église du Rosaire, du côté du gave.

La Grotte. — La *Grotte de Massabielle*, où la Vierge apparut, en 1858, à Bernadette Soubirous, (v. p. 179) est une excavation en forme de demi-cercle ayant environ 5 mètres de profondeur et fermée par une grille. Dans une sorte de niche ovale formée par les rochers, à 3 mètres au-dessus du sol, a été placée la *statue de la Vierge*, sculptée par Fabisch ; elle occupe l'endroit même où la sainte Vierge se montra à Bernadette. Des milliers de béquilles et autres appareils tapissent les parois de la grotte, dont le centre forme chapelle et où brûlent nuit et jour de nombreux cierges.

A gauche de la grotte se trouve la **fontaine miraculeuse** avec cette inscription :

*Allez boire à la fontaine
et vous y laver*
25 février 1858

Puis, à côté de la fontaine, les *piscines* où se baignent les pèlerins.

La grotte miraculeuse.

De la grotte revenir sur vos pas pour visiter *l'église du Rosaire* et revenir ensuite, par l'escalier en hémicycle, à la *Basilique*.

L'Eglise du Rosaire, consacrée en 1889, est construite en forme de rotonde, dans le style byzantin, et sert de préface, pour ainsi dire, à la basilique qui s'élève à 20 mètres au-dessus. L'intérieur comprend quinze chapelles rayonnant autour du dôme.

De chaque côté un large escalier circulaire permet de gravir la rampe qui aboutit à la terrasse précédant la basilique.

La Basilique, bâtie sur le rocher au pied duquel se trouve la *grotte*, est un édifice grandiose dans le style gothique du XIIIe siècle. Construite sur les plans d'Hippolyte Durand,

LOURDES. — La Basilique.
(*Phot. Lafont, libraire, 63, allée d'Étigny, à Luchon.*)

elle fut consacrée en 1876 en présence d'un grand nombre de prélats et de pèlerins.

Elle comprend une *crypte* ou *église inférieure* qui s'étend sous toute la longueur de l'édifice, et dont les bas côtés conduisent sous le chœur de l'église haute. Cinq chapelles rayonnent à l'entour.

L'église haute, dont la façade est surmontée d'un joli clocher à flèche de pierre, n'a qu'une seule nef avec chapelles latérales tapissées de nombreux *ex-voto* et de bannières.

Nota.— Si vous voulez jouir d'une belle vue sur Lourdes et la vallée, gravissez, à droite en sortant de la Basilique la *promenade du Calvaire* (chemin de croix des pèlerins).

Le dos tourné à la Basilique, suivre à droite, près de la Promenade du Calvaire, le chemin qui descend vers la ville, et après avoir passé devant une longue suite de magasins d'objets de piété, prendre la première rue à droite, d'où l'on aperçoit à l'entrée au fond d'une petite rue, à droite, le panorama de Lourdes (1 fr.).

Continuant à suivre cette rue qui traverse le gave et prend plus loin le nom de *rue de la Grotte*, vous arrivez, après avoir laissé à droite le *diorama de l'apparition de la Vierge* (50 c.), près du *château*.

Nota — Si vous voulez visiter le château (0 fr.25, billets à la mairie), prenez à gauche la rue du Château qui vous conduit devant l'entrée.

Le Château, qui n'est plus aujourd'hui qu'une prison militaire, sans intérêt pour le touriste, fut jadis une forteresse considérable et joua un rôle important au moyen âge, dans les guerres avec l'Angleterre. Plus tard, sous Louis XIV et jusqu'au premier empire, le château fut transformé en prison d'Etat. Des terrasses du château on jouit d'une vue magnifique sur la vallée de Lourdes.

La rue de la Grotte vous conduit sur la **place du Marcadal**. Là, détournant à gauche, vous arrivez sur la **place du Porche**, où se trouvent la *mairie* et *l'église paroissiale*, sans intérêt.

De la place du Porche, passant devant le portail de l'église, descendre enfin la **rue Basse** qui vous ramène au **boulevard de la Grotte** et de là, en tournant à droite, à la gare.

Environs de Lourdes

Aux environs de Lourdes, les touristes pourront visiter le *Lac de Lourdes*, les *Grottes des Spélugues* et *du Loup*, le *Grand Ger*, avec son funiculaire et son hôtel Sanatorium et, s'ils disposent de plusieurs journées, les *Vallées d'Argelès*, de *Cauterets*, de *Luz-St-Sauveur*, *Barèges* et *Gavarnie*, décrites ci-après :

Le Grand Ger. — Un *funiculaire*, récemment construit, permet l'accès du Grand Ger, au sommet duquel s'élève un élégant hôtel *Sanatorium*. On y accède par la halte de *Soum* à l'E. de Lourdes. L'altitude est d'environ 900 m.

Lac de Lourdes (4 kilomètres ; 1 h. 30 aller et retour en voiture). — On suit la route de Pau qui passe devant plusieurs couvents et orphelinats et le beau domaine de Visens ; puis on la quitte à hauteur de l'église de Poueyferré, pour prendre à gauche le chemin du lac.

Le Lac, qui a 4 kil. de circonférence, s'étend sur une longueur de 1.800 mètres, et une largeur de 400 mètres. Sa profondeur varie de 8 à 20 mètres. Il est très poissonneux : on y pêche des brochets et des anguilles énormes. On peut s'y promener en bateau (s'adresser au garde-pêche).

Grottes des Spélugues et du Loup (1 heure aller et retour ; situées dans le flanc de la montagne, derrière la Basilique. En 10 minutes, on a atteint la première *grotte* dite des *Spélugues* (trois grottes attenantes, mais n'en formant pour ainsi dire qu'une seule où l'on a découvert des ossements fossiles de l'âge du renne.

Un peu plus loin (15 minutes) se trouve une autre grotte plus profonde et plus haute appelée *grotte du Loup*, dans laquelle on a trouvé aussi quelques débris de l'âge du renne. Cette grotte très étroite et très obscure se termine par un puits précipice. **Faire attention**.

Argelès, par le chemin de fer (voir ci-dessous).

DE LOURDES A ARGELÈS

Itinéraire. — Le chemin de fer contournant la ville de Lourdes laisse à gauche la ligne de Tarbes pour longer bientôt la rive droite du gave de Pau et pénétrer dans la belle vallée du Lavedan. On dépasse les haltes ou stations de *Soum*, *Lugagnan* et *Bôo-Silhen* pour franchir le gave ; puis, laissant à droite un vieux donjon, on traverse la plaine très fertile d'Argelès au milieu de laquelle se trouve la station d'**Argelès-Gazost**.

ARGELÈS-GAZOST

Ville de 1.733 habitants, sous-préfecture des Hautes-Pyrénées, agréablement située à l'entrée de la vallée d'Azun, et au centre des sept vallées de Castelloubaou, de Batsurguère, d'Estrem-de-Salles, de Davantaygues, d'Arrens, de Saint-Savin et de Barèges, à 466 mètres d'altitude. Station thermale d'été et d'hiver, — Parc — Casino — Théâtre.

Moyens de transport. — On se rend de Paris à Argelès-Gazost par les lignes d'Orléans et du Midi :

Soit par *Bordeaux, Morcenx, Tarbes* et *Lourdes*; 867 kil., trajet en 15 à 18 heures environ en express, et 20 à 22 heures en train-omnibus.

Soit par *Bordeaux, Dax, Puyôo* et *Lourdes*; 872 kil., trajet en 15 heures en train express et 20 à 21 heures en omnibus.

Soit par *Toulouse* et *Lourdes*; 940 kil., trajet en 18 à 19 heures en express et 20 à 25 heures environ en train-omnibus.

L'itinéraire par *Bordeaux, Dax, Puyôo* et *Lourdes* étant le plus pratique, nous vous le recommandons. C'est par cet itinéraire d'ailleurs qu'est organisé pendant l'été un service de voitures directes (lits-toilette et 1re cl.) entre Paris et Pierrefitte.

Arrivée à Argelès-Gazost. — On trouve à la sortie de la gare les omnibus des principaux hôtels. — Les touristes, sans bagages, qui voudront se rendre, à pied, au centre d'Argelès (10 min.) n'auront qu'à suivre, à droite, la route bordée d'arbres. En face de la gare s'ouvre une allée qui conduit au Parc et au Casino.

Choix d'un hôtel. — Pour les renseignements sur les hôtels voir *Agenda du Voyageur*, papier bleu, fin du volme, lettre *A*.

Poste et Télégraphe, place de la Mairie. Distribution du courrier de Paris vers 2 heures.

Voitures. — On trouve à Argelès des voitures particulières pour les excursions. S'adresser à l'hôtel et faire toujours prix d'avance.

Deux mots sur Argelès. — Argelès situé au pied de verdoyantes montagnes, dans un paysage ravissant, est une agréable station thermale jouissant d'un climat très doux.

En contrebas de la ville, aux maisons à pignons et à galeries, s'élève un quartier nouveau, composé de villas et d'hôtels, qu'avoisinent les Thermes et le Casino.

L'Etablissement thermal, construit en 1885, exploite les eaux sulfureuses qui descendent du petit village de Gazost (800 mèt. d'alt.) situé à 15 kil. de là. Ces eaux, débitées par deux sources : la grande source et la source Noire, sont froides. On les emploie dans les maladies des voies respiratoires, le lymphatisme, la scrofule, la chlorose, l'anémie, les maladies de la peau et les maladies nerveuses. Elles sont administrées en boisson, bains et douches.

Près des Thermes s'étend un joli parc dans l'enceinte duquel se trouvent le *Casino* (cercle et théâtre) et le kiosque pour la musique.

Argelès et sa vallée.

Mais ce qui constitue surtout l'attrait d'Argelès, c'est son admirable situation et la beauté du paysage qui l'entoure.

Promenades et Excursions

On peut varier à l'infini les promenades et excursions aux environs d'Argelès; citons, au nombre des plus intéressantes : le *Balandrau*, les tours et donjons à signaux de *Vidalos*, de *Salles* et de *Vieuzac*, le vieux château-fort et le donjon d'*Arras*, les ruines curieuses du château du *Prince noir* à *Arcizans-Avant, Saint-Savin, Cauterets, Luz-Saint-Sauveur, Gavarnie, Barèges* et les innombrables excursions que l'on peut faire de ces différents endroits (v. les chapitres suivants).

Le Balandrau. — Petite colline de 527 m. d'alt. à 1 kil. N. d'Argelès. Vue splendide sur la vallée d'Argelès, les montagnes de Cauterets, de Luz St-Sauveur, de Gavarnie, les pics d'Aube, de Yéons et le Som Leviste. A voir : *la Roche des Fées*, pierre énorme n'ayant pour point d'appui qu'une surface très réduite, au flanc de la colline et tout près de là, les *grottes d'Ouzous*, cavernes préhistoriques, au fond desquelles se réfugièrent, en 1793, les prêtres de la région. Il se produit dans cette région une curieuse résonnance du sous-sol, à chaque pas que fait le touriste. Ce phénomène s'observe très fréquemment dans les Cévennes.

Saint-Savin. — Village de 505 h., à 3 kil. environ au S. d'Argelès, célèbre par les ruines de la fameuse abbaye du même nom.

Itinéraire. — On suit la route de Lourdes à Pierrefitte, jusqu'au vill. de *Lau-Balagnas* (1 kil. ; là on prend, à dr. un chemin ombragé (jolie vue sur la vallée d'Argelès) qui conduit directement au village de *Saint-Savin*.

Abbaye de Saint-Savin. — Un des monuments les plus curieux du style roman, édifié, dit-on, sur les ruines du *Palatiud Æmmilianum*; renferme le tombeau de saint Savin, frère de Hentilius, comte de Poitiers et cousin de Charlemagne, premier apôtre de Bigorre. A voir, en dehors du clocher octogonal et des merveilles architecturales de l'édifice : le *tombeau de saint Savin*, surmonté d'une élégante pyramide en bois du XIVe s., *deux grands tableaux* contenant, dans leur dessin primitif et leur coloris byzantin, *dix-huit scènes miraculeuses de la vie du Saint*; une *vierge gothique* en bois doré, un bénitier nain, dit « *des cagots* », des *fresques curieuses*, que l'on distingue encore, en dépit du badigeon malencontreux dont on les a recouvertes, puis les *orgues* à mascarons bizarres remontant à Charlemagne, le *maître autel* en fort joli marbre des Pyrénées et la *salle capitulaire* des moines de Saint-Benoit, datant du xii° s.

Eglise de Saint-Savin

A signaler également, l'intéressante excursion aux ruines imposantes et pittoresques de l'antique château fort de *Beaucens*, dont certaines parties, le petit donjon, notamment, datent du xii° s. — 6 kil. du S.-E. d'Argelès, sur la rive dr. du gave de Pau, par la route qui traverse la voie ferrée, en deçà de la gare et franchir le gave pour en longer, ensuite, jusqu'à Beaucens, la rive droite. — On peut rentrer par le train qu'on prend à la gare de *Nestalas-Pierrefitte*, distante de 4 kil. env. ou compléter la promenade par Pierrefitte, et rentrer à Argelès par Saint-Savin (14 à 15 kil. en tout).

Nota. — *Beaucens* possède un petit *établissement thermal* assez fréquenté et dont l'eau sulfatée est employée avec succès dans le traitement de la *sciatique*.

D'ARGELÈS-GAZOST A PIERREFITTE

(6 *kil. en* 10 *min.*)

Itinéraire. — La ligne suit la vallée du gave de Pau, qui roule à gauche, franchit le gave d'Auzun qui va se jeter à 500 m. à gauche, dans le gave de Pau, laisse à droite le village de *Balagnas* traverse de jolies prairies plantées d'arbres et se rapproche de la route de Lourdes dont on voit à droite la double rangée d'arbres. La vallée se resserre, on distingue, à gauche, sur un monticule les ruines d'un ancien château et on arrive (21 kil.) en gare de **Pierrefitte-Nestalas**.

Nota. — On trouve, en sortant de la gare, les **tramways électriques** pour **Cauterets** V. ci-après.

Pierrefitte-Nestalas

Village de 722 hab., admirablement situé sur la rive g. du gave de Pau, au fond de la vallée d'Argelès et à l'entrée des merveilleuses vallées de Cauterets et de Luz.

Pierrefitte sera bientôt relié à Luz-Saint-Sauveur par une voie ferrée desservie par la Compagnie des chemins de fer électriques qui exploite, depuis 1898, la ligne de Cauterets.

Arrivée à Pierrefitte. — Le bureau des voitures publiques pour Luz-Saint-Sauveur et Barèges se trouve dans la gare même, à la sortie à droite.

Choix d'un hôtel. — Pour les renseignements sur les hôtels v. *Agenda du voyageur*, papier bleu, lettre *P*.

Poste et télégraphe. — A 10 minutes de la gare, à pied. v. page 191.

DE PIERREFITTE A CAUTERETS

*10 kil. 2 h. à pied ; 1 h. 1/4 à 1 h. 1/2), en voiture.
45 min. par le chemin de fer électrique.*

Renseignements. — On peut se rendre de la gare de Pierrefitte à Cauterets à pied, en voiture ou par le **chemin de fer électrique**. Nous recommandons tout particulièrement ce mode de transport qui, en dehors du plus grand confortable, de la rapidité et de l'économie qu'il représente, a surtout le grand avantage de permettre au voyageur de jouir, d'un bout à l'autre du trajet, sur la belle gorge de Cauterets, d'une vue incomparable, bien supérieure à celle qu'on découvre de la route, que la ligne domine constamment.

Voitures. — 10 à 15 fr. prix à débattre très sérieusement.

Itinéraire. — En voiture. — En sortant de la gare on monte une belle avenue de platanes au haut de laquelle se trouve, à g., le bureau de **Poste et Télégraphe**; laissant à dr. la route de Lourdes on tourne à g. dans le village de *Pierrefitte*, et, arrivé à l'hôtel de la Poste on laisse à g. la route de Luz-Saint-Sauveur, pour prendre, à dr. la route de Cauterets. A 100 mètres de là on rencontre à g. l'ancienne route, praticable, seulement, pour les piétons et les chevaux et qui permet de gagner un bon kilomètre, la route carrossable tourne à dr. et gravit par de jolis lacets les derniers contreforts du *Cabaliros*. A l'extrémité du premier lacet on laisse à dr. le mauvais chemin qui mène au village d'Uz et on tourne brusquement à gauche. La route taillée dans le roc s'élève par une rampe très accentuée; on voit à g. le vieux chemin et le gave de Cauterets et l'on arrive à l'entrée du magnifique défilé qui donne accès à la vallée de Cauterets.

Le spectacle est saisissant et rappelle, dans sa grandiose majesté, l'entrée du désert de la grande Chartreuse. La route longe le gave qu'elle domine de près de 50 mètres; à dr. se dresse la haute muraille du *Cabaliros* tandis que de l'autre côté du torrent, à g., une armée innombrable de hêtres monte à l'assaut du *pic* de *Soulom* dont le sommet ressemble à une gigantesque molaire. En face de soi, sur la droite, presque au sommet de la montagne, on aperçoit les bâtiments de la société qui exploite une mine de plomb argentifère, puis on traverse sur un pont de pierre le torrent du *Seissou* qui descend du Cabaliros.

Remarquer à dr. le vieux pont de la *Hoze*. On laisse à dr. la vieille route de Cauterets et on franchit le gave sur le pont du *Cacou*. La vallée s'élargit, on distingue dans le fond les pics de *Hourmigas* et de *Péguère*, à dr. une cascade; on passe sous le magnifique viaduc en fer de *Meyabat*, on rejoint l'ancienne route et on arrive à la *butte du limaçon*, encombrée de blocs de marbre au milieu desquels serpente la route.

Remarquer avant *le limaçon*, à dr., au bord du Gave, l'usine pour l'électricité.

On arrive au plateau de *Cancé* dont les vertes prairies se déroulent des deux côtés de la route, on laisse à g. la petite auberge de *Calypso* qui n'est qu'à 4 kil. de Cauterets.

On voit à dr. la nouvelle route de Secours et le chemin qui passe sur le pont de *Fanlou* et conduit au *Mamelon vert*. On remarque à gauche les vestiges de la terrible avalanche de 1895, puis la route longe à gauche la *promenade du parc*, laisse à dr. l'**avenue de la gare**, puis prend le nom de **rue Richelieu**. On débouche sur la place **Saint-Martin**, d'où, à droite, on arrive **place de l'Hôtel-de-Ville**.

Par le chemin de fer électrique. — Durée du trajet, 45 min., à l'aller comme au retour; — *Prix des places* : Premières, all. 2 fr. 25, all. et ret. 3 fr. 40; secondes, all. 1 fr. 70, all. et ret. 2 fr. 70.

En quittant la gare de Pierrefitte, la ligne gagne par un détour à g. l'avenue qui aboutit à la route de Lourdes de l'autre côté de laquelle est la halte de **Nestalas**. En quittant la halte, la ligne décrit une courbe sur la dr. puis revient à g. dominant la route de 20 m. environ et pénètre dans un tunnel creusé en plein roc, pour ressortir dans le défilé. On voit à g. la route et le gave qui roule ses eaux à une profondeur parfois considérable, la ligne la franchit sur le magnifique **viaduc de Meyabat** dont le tablier métallique repose sur une pile en maçonnerie assise au fond du lit du gave, la route et le gave sont maintenant à dr., on passe sous les tuyaux d'adduction des eaux servant à la production de l'électricité dans l'usine qu'on voit à dr. au bas du **Limaçon**, puis le train-manœuvre 2 m., pour gagner une différence de niveau de plusieurs mètres et continue à suivre la route qu'il traverse après la *halte de Calypso*, à l'entrée de Cauterets, pour aller s'arrêter sur la rive dr. du Gave, à la gare du chemin de fer électrique, construite toute en bois et du plus gracieux effet.

Nous recommandons surtout le **retour** à Pierrefitte, la vue que l'on découvre à la sortie de la gorge de Cauterets est tout simplement féerique.

On se rend de la gare en ville en suivant, à la sortie de la gare, l'avenue de la gare et en tournant à dr. dans la **rue Richelieu**.

CAUTERETS. — Vue générale.
(Phot. Lafont, libraire, 63, allée d'Etigny, à Luchon).

CAUTERETS

Ville de 1.800 habitants, sise à 932 mètres d'alt. Simple commune de l'arrondissement d'Argelès (Hautes Pyrénées) mais station thermale de 1er ordre; universellement connue par l'abondance et les qualités curatives de ses eaux. — Neuf établissements thermaux. — Casinos, éclairage à l'électricité.

Moyens de transport. — On se rend de Paris à Cauterets : par les lignes d'Orléans et du Midi.

Soit par Bordeaux, Pau, Lourdes et Pierrefitte, 878 kil., trajet en 15 h. 1/4 env. en *express*, et 19 à 21 h. en *omnibus*.

Soit par Bordeaux, Morcenx, Tarbes, Lourdes et Pierrefitte, 873 kil., trajet en 16 à 19 h. env. en *express*, et 20 à 22 h. en *omnibus*.

Pour l'itinéraire, (v. à la table).

De Pierrefitte à Cauterets, par le *Chemin de fer électrique*. Les Compagnies d'Orléans, du Midi, de l'Etat et de P.-L.-M. délivrent des billets directs pour Cauterets. Les bagages sont enregistrés également jusqu'à Cauterets.

Choix d'un hôtel. — Pour les renseignements sur les hôtels de Cauterets, V. *Agenda du Voyageur* papier bleu, fin du volume, lettre C.

Tramway Electrique de la Raillère, desservant les Thermes de la Raillère, gare de départ, *Esplanade des Œufs*, à g. et au dessus de l'établissement.

Pour les heures du départ et les prix, consulter les horaires, dans tous les hôtels, cafés, etc.

Poste et télégraphe. — Au rez-de-chaussée de l'Hôtel de Ville, à droite.

Guides, chevaux et mulets. — S'adresser au commissariat de police situé dans l'Hôtel de Ville, entrée à droite, dans la petite rue. Liste et tarif.

Maisons meublées. Appartements. — Presque toutes les maisons de Cauterets sont disposées pour recevoir les étrangers. Le prix d'une chambre varie de 1 fr. 50 à 3 francs par jour en juin et septembre et de 4 à 8 francs en juillet et août. Service en plus, environ 50 centimes par jour et par lit occupé. On trouve tout ce qui est nécessaire pour faire la cuisine chez soi. Chaque maison possède une cuisinière avec laquelle on traite à forfait pour la préparation et la fourniture des repas (environ 4 francs pour les deux repas).

Marché. — Derrière l'Hôtel de Ville, très bien approvisionné.

Deux mots d'histoire. — Cauterets, comme les peuples heureux, n'a pour ainsi dire pas d'histoire. Ses eaux lui valurent de tous temps les visites intéressées et le souvenir reconnaissant des innombrables malades qu'elles guérirent. Romains, Celtibères et Visigoths y firent de successives apparitions, César, lui-même, peut-être aussi l'empereur Auguste s'y vinrent reposer de leurs dures fatigues et goûter un bien-être dont le faste des cours ne possède pas le secret. Dès 945, Raymond Ier, comte de Bigorre, avait enjoint, par charte aux Bénédictins de construire une église à Cauterets et d'entretenir avec soin des logements pour les malades qui venaient y prendre les bains. Plus tard ces prescriptions continuèrent d'être observées et les quelques cabanes du début, édifiées autour des sources de l'ause Vieux et de César firent place à la ville actuelle, dont l'emplacement fut désigné par l'abbé de Saint-Savin en 1316 après consultation des habitants de la vallée.

C'est à Cauterets que la reine Marguerite, sœur de François Ier, écrivit, en grande partie, son Heptaméron. Rabelais y vint vers la même époque, faire ample provision de bonne santé et de joyeuse humeur.

Situation. Climat. — La vallée de Cauterets est relativement très étroite et enserrée de tous côtés par de hautes montagnes aux flancs richement boisés et aux cimes curieusement découpées. C'est tout au sud de la vallée, à une altitude de 932 mètres, dans un site merveilleux, à l'abri des masses énormes du Péguère, du pic d'Aulian et des sources de Peyraoute, de Liar et de Lisey que la petite ville s'est frileusement blottie. C'est là qu'elle se développe chaque jour et s'efforce avec une intelligence et une ténacité qui seront récompensées, de mettre les attractions de son séjour à la hauteur de la réputation de ses eaux. La température, même à l'époque des plus fortes chaleurs, est très supportable et l'air qu'on respire, léger et parfumé par les puissantes émanations de la flore pyrénéenne, procure à tout l'organisme un sentiment de repos et de bien-être extraordinaire ; le système nerveux s'y dépouille rapidement de son excitabilité et les insomnies de la veille ne tardent pas à faire place à un sommeil paisible et réparateur.

Curiosités. — En dehors de ses établissements thermaux, de son Hôtel de Ville et de ses nouvelles écoles, Cauterets ne renferme pas, à proprement parler, de curiosités. Il résume en son ensemble, tout ce que le touriste ou le baigneur peut lui demander d'intéressant et de curieux. Aussi bien l'abondance et la richesse de ses eaux constituent-elles pour lui le plus précieux trésor, qui le dispense de rien envier aux stations thermales les plus réputées.

Les Eaux

Les eaux de Cauterets sont sulfurées sodiques à base de monosulfure de sodium. Elles sont limpides, incolores, d'une saveur agréable et sont fournies par 24 sources bien distinctes donnant ensemble un débit quotidien de 2.000.000 de litres. Captées pour la plupart et, les principales, sous l'établissement qui les utilise, elles conservent dans tous leurs modes d'emploi l'intégralité de leurs vertus curatives.

Elles sont employées en boisson, en gargarismes, en bains de baignoire et de piscine, en bains de natation, en grandes et petites douches à toute température ; en bains de jambes, à eau courante, de 43° à 48° c., en inhalations, pulvérisations et douches locales, de la gorge, du nez, des oreilles, des yeux, etc.

ÉTABLISSEMENTS THERMAUX
Sources — Buvettes — Traitement

Le traitement est assuré à Cauterets par neuf établissements thermaux, très bien aménagés,

CAUTERETS. — L'Etablissement des OEufs et le Casino.
(Phot. Lafont, libraire, 63, allée d'Etigny, à Luchon).

exploités par deux Sociétés : « *La Société fermière des Thermes et sources de la Vallée de Saint-Savin* » et « *La Société des Néo-Thermes* ».

Société des Thermes de la Vallée de Saint-Savin. — Cette Société exploite les six établissements suivants : *Thermes de César et des Espagnols*, communément appelés *Thermes*, *Th. des Œufs* (renfermant un casino), *Th. de la Raillère*, *Th. du Pré*, *Th. du Bois* (de Hourmigas) et *Th. de Pauze-Vieux*. — Bureaux de la Sé aux Th. des Œufs.

Thermes de César et des Espagnols, ou Thermes.
— Sis place *Ségur d'Aguesseau*, a laquelle on accède, de la *place Saint-Martin*, par la *rue des Thermes*, qui part de cette dernière place, en haut et à gauche de la *rue Richelieu*. Construit en 1844, cet établissement doit subir une transformation radicale. Outre les sources de *César* et des *Espagnols* il utilisera encore les deux tiers de la source de *Pauze-Vieux*. L'eau de ces différentes sources est souveraine dans le traitement des catarrhes pulmonaires chroniques, surtout chez les personnes âgées, de l'asthme humide, de certaines formes de rhumatisme et des maladies de la peau, chez les personnes nerveuses, des affections scrofuleuses arthritiques, des accidents secondaires et tertiaires de la syphilis, des maladies chirurgicales et des paralysies diphtériques.

Ces eaux s'administrent en bains, en douches et en boisson. L'*eau de César* se conserve admirablement et ne perd aucune de ses qualités à l'exportation.

Thermes des Œufs. — Sis au S.-O, de l'*Esplanade des Œufs*, presque en face de la *gare du tramway électrique de la Raillère*. Belle construction, édifiée de 1867 à 1869 et mesurant 47 mètres de façade sur 45 mètres de profondeur. Le rez-de-chaussée est entièrement consacré à l'installation balnéaire, on y accède par un élégant perron, orné de quatre colonnes de marbre, supportant la terrasse-balcon du *Casino*. A l'intérieur, une vaste galerie de 35 m. de long sur 7 m. de large règne tout le long de la façade; au centre, face à l'entrée, l'escalier monumental conduisant à l'étage supérieur occupé par le casino ; a chaque extrémité une galerie latérale, large de 7 m., aboutissant aux cabinets de bains et de douches, tous précédés d'un cabinet de toilette, et aux piscines dont la plus grande, de 20 m. sur 8, possède des appareils de gymnastique à fleur d'eau et

CAUTERETS. — Th. de la Raillère et du Petit St-Sauveur.
(Phot. Lafont, libraire, 63, allée d'Etigny, à Luchon).

peut être utilisée par les enfants comme par les grandes personnes, grâce à l'inclinaison de son fond.

Un ingénieux système permet la réfrigération, à l'abri de l'air, sans mélange d'eau froide, de l'eau sulfureuse, qui conserve, ainsi, toutes ses qualités. Ces Th. sont alimentés par les eaux de dix sources, dites « *des Œufs* », qui jaillissent à 2 kil. de Cauterets et furent captées par MM. François et Balagna.

Ces eaux sont administrées en bains, douches et boisson Elles sont employées avec succès dans le traitement des affections chirurgicales, des plaies atoniques, des catarrhes utérins anciens, des rhumatismes, des affections scrofuleuses, sans réaction et de certaines maladies de la peau.

A la partie N. de l'Etablissement est adossé un charmant *Café-Restaurant*, avec petit théâtre, où sont installés les *petits-chevaux*. C'est le refuge des baigneurs aux heures de grande chaleur. Le kiosque de la musique est en face.

Casino. — Le Casino occupe tout le premier étage de l'Etablissement des Œufs. On y accède par l'escalier, à double rampe, en marbre des Pyrénées, qui fait face à l'entrée des Thermes, dans la grande galerie. Il comprend une jolie salle de spectacle, des salons de lecture et des salles de jeu, le tout aménagé avec confort et bon goût.

Remarquer, dans le grand escalier, quatre des plus jolies vues des environs de Cauterets, magistralement traitées par le peintre Baudoin.

Thermes de la Raillère. — Sis à 1.600 m. S. de Cauterets, sur la rive g. du gave de Cauterets, à 1.110 m. d'alt. — Les plus fréquentés de la station. — Rendez-vous favori des baigneurs de Cauterets. — Vue splendide, de la terrasse qui précède l'établissement.

Moyens de transport. — On se rend de Cauterets à la Raillère, par le tramway-électrique, en voiture ou à pied.

Tramway électrique. — Trajet en 5 min. — Fréquents départs.

La gare de départ est située au fond de l'Esplanade des Œufs, au bord du gave et en face des Th. des Œufs. La gare d'arrivée est installée sur la terrasse de la Raillère.

En voiture. — Trajet en 8 min. On sort de Cauterets par la rue de la Raillère, on laisse à g., avant d'arriver au joli pont de la Raillère, sur lequel on traverse le gave, la route de voitures qui conduit aux Th. de Pauze-Vieux et après deux lacets on débouche sur la terrasse de la Raillère.

A pied. — Trajet en 15 min. — 1° Suivre la route des voitures, jusqu'après le pont de la Raillère, à la sortie duquel on prend à g. un chemin qui traverse un minuscule vallon et vient aboutir à des escaliers en pierre par lesquels on gagne la terrasse. 2° Suivre le chemin qui commence au S. de l'Esplanade des Œufs, à dr. de la gare du Tramway et qui vient rejoindre la première route à dr. du pont de la Raillère.

Les Thermes. — Magnifique construction adossée aux escarpements du Péguère, sur une magnifique terrasse bordée d'une élégante colonnade et dominant le gave et la vallée. Les Thermes de la Raillère datent de 1819, ils ont été reconstruits, en grande partie, pendant l'hiver de 1887-88, sur les plans de M. Jules Gavillon et complétés par l'adjonction, à la partie N., regardant Cauterets, des nouveaux Thermes du Bois. Les Thermes de la Raillère sont édifiés sur le Griffon naturel de la fameuse source « *Reine des Pyrénées* », dont la buvette, une des plus fréquentées de l'Europe, communique avec le bouillonnement de la source principale. Un perron de quelques marches donne accès à un splendide hall, précédant les deux salles de gargarisoirs, qui peuvent recevoir simultanément deux cents personnes. Deux galeries latérales, comprenant trente-quatre cabinets de bains, dont quatre à deux baignoires et six à douches ascendantes, complètent cette installation remarquable.

L'eau de la Raillère est souveraine dans le traitement de toutes les maladies des voies respiratoires et combat de la façon la plus efficace l'appauvrissement du sang. On l'utilise également, avec beaucoup de succès, pour la guérison des chevaux poussifs.

Une écurie, spécialement aménagée, reçoit, chaque automne, les étalons poussifs envoyés en traitement par les haras du Midi.

Thermes du Pré. — Sis à 1.075 m. d'altitude à 5 min. des Thermes de la Raillère et au S.-O., sur la rive droite du gave de Gerret, au-dessus du pavillon des buvettes de Mahourat et des Œufs et des Th. du Petit-Saint-Sauveur. Ils sont alimentés par des eaux sulfureuses très chaudes et très abondantes, dont l'action énergique donne d'excellents résultats dans le traitement des vieux rhumatismes musculaires, des névralgies avec atonie générale des affections strumeuses, etc...

Les Espagnols y viennent, chaque année, en grand nombre, faire ce qu'ils appellent « *une neuvaine de bains* ».

Thermes du Bois *(de Hourmigas)*. — De la Raillère, 15 min. à pied et 10 min. en voiture. *Itinéraire.* — *En voiture*. — Après avoir dépassé la terrasse de la Raillère, on suit la route d'Espagne, qui franchit le gave de Gerrets, sur un pont de pierre à balustrades en fer, à quelques mètres de la jonction de ce gave avec le gave de Lutour qu'on voit à g. ; on laisse à dr. le pavillon des Buvettes de Mauhourat et des Œufs et les Th. du Petit-Saint-Sauveur et du Pré, puis le chemin muletier que doivent suivre les piétons et on ne tarde pas à atteindre les vieux Thermes du Bois, que précède une belle terrasse d'où la vue s'étend sur la Raillère, Cauterets, sa vallée et les montagnes des environs.

A pied. — Même chemin que ci-dessus, jusqu'au chemin muletier qu'on trouve à dr. après avoir franchi le pont de Benquès et dépassé le pavillon des Buvettes. Suivre ce chemin muletier, qui passe derrière les Th. du Petit-Saint-Sauveur et devant les Th. du Pré ; on laisse à g. la *grotte de Mauhourat*, précédée d'un abri (bancs), puis, quelques pas plus loin, à g., le petit bassin en pierre qui reçoit l'eau de la *Source des yeux*, et on débouche sur la route des voitures, un peu au delà des Thermes du Bois.

Les Thermes. — Restaurés en 1888, ils présentent au N., du côté de la vallée, leur façade composée d'une galerie à cinq grandes arcades. Le traitement est assuré par 2 petites piscines à 2 douches, 4 cabinets de bains, dont 3 avec douche en jet et 2 cabinets de grandes douches.

C'est le but de pèlerinage des névropathes, qui pardonnent volontiers à la source du Bois, son éloignement, en considération du soulagement qu'elle leur procure.

Thermes de Pauze-Vieux. — Sis à l'E. de Cauterets, au-dessus des Th. de César, à 1.055 mètres d'alt. ; 20 min. à pied ou en voiture. — *En voiture :* par la rue de la Raillère et la route qui monte à g. avant d'arriver au pont de la Raillère. *A pied :* par la même route ou par le chemin de Pauze-Vieux qui se détache à g. dans la rue de Pauze, qui s'ouvre à dr. des Th. de César, à l'angle S.-E. de la place Ségur d'Aguesseau. La terrasse en corniche qui précède l'établissement est un but de promenade très fréquenté, grâce à la vue très étendue qu'on y découvre et aussi, au calme dont on y jouit. Ces Th. sont alimentés par deux sources sulfureuses, *Pauze-Vieux* et *Sulfureuse nouvelle*, dont les eaux sont employées avec le plus grand succès dans le traitement des maladies de la peau.

CAUTERETS. — **Etablissement des Néo-Thermes.**
(Phot. Lafont, libraire, 63, allée d'Etigny, à Luchon).

Buvettes. — Indépendamment des buvettes installées dans ces divers établissements, la société possède les buvettes de *Mauhourat* et des *Œufs*, dans le *pavillon des Buvettes*, au pont de Benqués, la *grotte de Mauhourat*, où jaillit la source de ce nom, le petit bassin qui reçoit la *source des yeux*, à côté de la précédente et la *buvette du Pavillon*, près des Th. de Pauze-Vieux.

Société des Néo-Thermes.
— Cette Société exploite les 3 établissements thermaux suivants : *Néo-Thermes* (Rocher, Rieumiset et Pauze-Nouveau ou César), *Petit-Saint-Sauveur* et *Pauze-Nouveau*. — Bureaux de la Société aux Néo-Thermes.

Néo-Thermes. — Sis à 200 m. au N. des Th. de César, à l'entrée du parc. Construits en 1863, ces Th. ont été considérablement agrandis en 1879 et possèdent une installation très confortable et très complète. Trois sources les alimentent ; ce sont celles du *Rocher*, de *Rieumiset* et de *Pauze-Nouveau*. La plus importante est celle du *Rocher*, dont les eaux sont employées avec succès dans le traitement des névroses, des dartres sécrétantes, des affections utérines, des blépharites et ophtalmies scrofuleuses, de la bronchite chronique et de l'asthme humide. Prises à haute dose, elles constituent un purgatif énergique. On les administre en bains, douches et boisson.

Thermes du Petit-St-Sauveur. — Sis au S. de la Raillère, entre le pavillon des Buvettes et le Th. du Pré. Construits en 1870, ces Th. sont alimentés par les eaux de la source vieille et de la source nouvelle. Ces eaux, sulfureuses, très douces, à la fois toniques et tempérantes, conviennent, surtout, aux personnes délicates, qui redoutent l'action trop énergique des bains stimulants de la Raillère.

Th. de Pauze-Nouveau. — Les plus anciens des Th. de Cauterets; ils sont actuellement fermés. Sis à peu de distance les Th. de Pauze-Vieux, ils sont alimentés par un filet détaché de la source de César. Une buvette et une salle d'inhalation sont installées, sur l'emplacement de l'antique « *Piscine des Pères*, » à quelques m. au-dessus de l'Etablissement.

Nota. — La ville de Cauterets, soucieuse de donner satisfaction à sa clientèle d'élite, a projeté toute une série de transformations et d'améliorations, dont la réalisation est imminente et qui auront pour résultat d'assurer le traitement thermal, dans des conditions de bien-être et de confortable en rapport avec les exigences les plus raffinées de la thérapeutique moderne.

Itinéraire dans la Ville

A faire, de préférence, le matin. — 1 h. env. à pied.

Partir de la **Place de l'Hôtel-de-Ville**, centre de Cauterets, sous laquelle passe le gave; remarquer, à la partie N. l'*Hôtel de Ville*.

L'Hôtel de Ville. — Jolie construction, à laquelle on accède par un perron et renfermant, au rez-de chaussée, à dr., le *bureau de poste et télégraphe* et, au premier étage les services de la *mairie* et une salle contenant un *magnifique plan en relief des Pyrénées* dû au célèbre pyrénéiste Wallon. Le *commissariat de police* est installé au rez-de-chaussée.

Nota. — On doit construire prochainement de l'autre côté de la place, un bâtiment destiné à faire pendant à l'Hôtel de Ville et dans lequel seront installés un musée pyrénéen et le plan relief Wallon.

Laissant l'Hôtel de Ville à droite, descendre la place, on arrive à g. à l'*Esplanade des Œufs*.

L'Esplanade des Œufs. — Magnifique promenade, inclinée du S. au N., rendez-vous favori des baigneurs de Cauterets, qui viennent, aux heures de grand soleil, s'y reposer à l'ombre des arbres, tout en écoutant d'excellente musique. A droite : *Établissement des Œufs*, avec son nouveau Café-Restaurant où sont les petits chevaux. Au fond, *chemin de la Raillère* et *gare du Tramway électrique* ; à g., gracieuse galerie à arcades mauresques, sous laquelle sont installés des éventaires de marchands chez lesquels on trouve de fort jolis bibelots et des produits des industries pyrénéennes.

De l'*Esplanade des Œufs*, prendre à dr. de la *gare du Tramway*, le petit **chemin de la Raillère**, qui s'élève en pente douce sur les flancs du Péguère et côtoie, après quelques lacets, la rive g. du gave que suit la ligne de la Raillère. On arrive au **pont de la Raillère**, qu'on traverse, laissant à droite la *route de la Raillère*. Après le pont, on laisse à dr. la route montante, qui conduit à *Pauze-Vieux*, *Pauze-Nouveau*, la *Grange de la reine Hortense* (but de promenade, très fréquenté des amateurs de beaux sites et de joyeuses agapes) et *Luz-Saint-Sauveur*, par le *col de Riou*, et on suit la **route de la Raillère**, qui longe la rive du gave. On ne tarde pas à rentrer dans Cauterets par la **rue de la Raillère**, qui fait suite à la route de ce nom; on laisse à dr. le *temple protestant* et la rue de ce nom et on prend, plus bas, à dr., la **rue de l'Eglise**, qui contourne cet édifice, à dr. et aboutit à la **rue de Pauze**, qu'on suit à g., pour arriver, ayant laissé, à dr., un chemin qui conduit à *Pauze*, et à g. la *rue de la Fontaine*, qui va rejoindre la *rue de la Raillère* à la *place Ségur-d'Aguesseau* ou *place des Thermes*, où l'on voit à dr. les *Thermes de César* et à g. la *rue des Thermes*, qui conduit à la *place Saint-Martin*. Longeant les Thermes de César, on laisse à g. la *rue Rocher*, qui mène à l'entrée du *Parc* et on atteint les *Néo-Thermes*, que précède un petit jardin anglais; tournant à g. on rejoint, en face des Néo-Thermes, la *rue Rocher* et l'entrée du parc, dans lequel on pénètre, laissant à dr. le *chemin de Cancéru*, qui borde ce parc et conduit au *Stand*, au *hameau de Cancéru* et à l'*auberge de Calypso* (route de Pierrefitte (v. p. 192).

Le Parc. — Ravissante promenade, trop délaissée où, pendant un kilomètre, on chemine à l'ombre, sur un riant tapis de verdure émaillé des fleurs de la montagne.

Une nouvelle avenue, prenant en face de l'*avenue de la Gare*, conduit directement aux Néo-Thermes, par le bas du parc.

Arrivé environ à la moitié du Parc, descendre, à g., la surface inclinée, où doit être installé un kiosque et qui aboutit à la **route de Pierrefitte** et suivre cette route, à dr., jusqu'au premier chemin, à g., que l'on prend. On franchit le gave sur le *pont de Fanlou* et on contourne la petite éminence, connue sous le nom de **Mamelon Vert**. Laissant à dr., un chemin qui mène au *pic de Cabaliros*, puis, plus loin, un autre, qui conduit au *Monné*, on rentre dans Cauterets, par le **Boulevard du Mamelon Vert**, que bordent de jolies villas et de beaux hôtels ; on remarque à dr. les gracieux *Châlets Galitzine* et, laissant à dr. l'*Esplanade des Œufs*, on suit à g. le **Boulevard Latapie-Flurin** qui constitue, avec ses splendides hôtels, le quartier vraiment aristocratique de Cauterets. A signaler, à dr. dans ce bd, le **Casino Club**, qui possède une élégante et spacieuse salle de spectacle et des salons de lecture et de jeu, décorés avec goût ; pendant la saison : représentations d'opérettes, de comédies et d'opéras comiques, par de bonnes troupes et soirées chantantes, dans le *Café Divan*, sis au rez-de-chaussée du Casino.

A l'extrémité de ce bd, on prend, à dr., la **rue de Belfort** qui ramène à la Place de l'Hôtel-de-Ville ; à g. se détache la rue de l'*Usine à Gaz*, qu'il est question de mettre en communication avec la nouvelle gare par un pont ou une passerelle au-dessus du Gave.

Promenades

Les promenades que l'on peut faire dans Cauterets et dans les environs immédiats sont nombreuses et intéressantes, ne demandent pas beaucoup de temps et ne nécessitent pas de grandes dépenses.

Dans Cauterets même, nous signalerons la *Promenade des Œufs*, qu'on pourra faire suivre de la *Promenade des Lacets*; la promenade du *Mamelon Vert*, que l'on fera, de préférence quand le soleil n'est pas trop chaud ; le *Parc*, trop délaissé aujourd'hui, mais qui ne manque pas d'un véritable attrait ; l'*Avenue de Cancéru* sur la route de Pierrefitte et le *Chemin de Cancéru*, très ombragé, qui passe devant les Néo-Thermes et le Parc.

En dehors de la ville, mais dans un rayon peu étendu, citons les jolies excursions aux différents établissements thermaux, de la *Raillère*, *du Petit Pré*, du *Petit St-Sauveur*, du *Vieux-Bois*, à la *buvette de Mauhourat*, à la *Source des yeux*, aux *Thermes de Pauze-Vieux et de Pauze-Nouveau*, dont nous avons indiqué les itinéraires dans notre chapitre des Eaux.

Il convient d'ajouter à ces excursions, celles que l'on fait à la *Grange* où s'abrita, par un soir d'orage, la *reine Hortense* et que l'on gagne par le chemin de *Pauze-Vieux*. On jouit à cet endroit, d'un point de vue magnifique (30 min.) Chacune de ces excursions demande de une à deux heures.

EXCURSIONS ET ASCENSIONS

En dehors des promenades ou courtes excursions que nous venons d'indiquer, les grandes excursions et ascensions que l'on fait, le plus communément, de Cauterets, sont les suivantes : *Cascade de Cerisey*, *Pont d'Espagne*, *lac de Gaube*, *lac d'Estom*, *lac d'Iléou* ou *lac Bleu*, *le Péguère*, *le Monné*, *le Cabaliros*, *le pic d'Ardiden*, (*par Peyraoute*), *Luz St-Sauveur*, (par le *Col de Riou*), le *Val* et le *Port de Marcadaou*, et *Gavarnie* (par le *lac de Gaube*, et le *pied du Vignemale*).

Cascade de Cerisey, Pont-d'Espagne et Lac de Gaube

5 h. all. et ret. à pied ou à cheval et 4 h. partie à bicyclette ou en voiture et partie à pied.

Observation. — Cette excursion peut se faire en voiture et à bicyclette jusqu'au Pont d'Espagne. Du Pont d'Espagne au lac, environ une heure de marche.

Itinéraire. — On gagne les *Thermes de Vieux Bois, de Hourmigas* (v. p. 203), en passant par *la Raillère*. On suivra la route carrossable qui domine le gave de Gerret dont on longe la rive droite et de l'autre côté duquel se dresse la masse imposante et ravinée du Péguère et, à 25 m. des th. du vieux Bois on arrive à un tournant brusque que la route décrit à g. En face de soi la *Cascade de Cerisey*.

Cascade de Cerisey.

Le gave de Gerret, grossi des eaux du lac de Gaube, se précipite avec un fracas étourdissant, d'une hauteur de 15 mètres environ, au milieu de blocs énormes de rochers qui divisent la masse de ses eaux. Un léger pont de bois appuyé sur un de ces monolithes géants, dont la face, qui regarde la route, est en forme d'éperon, permettait de franchir le torrent. Cette passerelle, actuellement disparue et qu'on ferait bien de rétablir, dépendait de la petite *auberge de la Cascade*, que l'on aperçoit dans les sapins, à quelques pas devant soi (1.235 m. d'alt).

Après avoir dépassé l'auberge, on laisse à dr. un joli chemin forestier (poteau indicateur) qui franchit le gave sur un solide pont de bois et par lequel on peut gagner les hauteurs du Péguère et

Pont d'Espagne.

une heure après avoir quitté la grande Cascade de Cerisey, on arrive au *pont d'Espagne*, sur lequel on franchit le gave de Gerret un peu en deçà du point où le gave de Marcadaou et le gave de Gaube

Le Lac de Gaube.
(Phot. Lafont, libraire, 63, allée d'Etigny, à Luchon).

se réunissent pour prendre le nom de gave de Gerret.

Avant le pont, à g., se détache le chemin du lac de Gaube et plus loin, après avoir franchi le gave de Gaube, toujours à g., on arrive à l'Hôtellerie (1.500 m. alt.) construite au confluent des deux gaves. L'endroit où se réunissent les eaux des gaves de Gaube et de Marcadaou et que domine le pont d'Espagne, porte le nom de *Gouffre de Gaube*. Par un petit pont de bois, jeté sur le gave de Marcadaou, derrière l'hôtellerie, on peut aller jusqu'au pied de cette chute merveilleuse.

Nota. — Les voitures s'arrêtent en cet endroit. Les cavaliers payent un droit de passage pour leurs montures. Ajoutons qu'avant peu de temps on pourra se rendre en voiture, jusqu'au lac de Gaube.

Observation. — En continuant tout droit, on remonte le val de Marcadaou, on franchit la frontière au port du même nom et l'on peut aller visiter, en Espagne, les *Bains de Panticosa*.

Pour se rendre du *Pont d'Espagne* au *Lac de Gaube*, on suit le chemin qui se détache à g. de la route, en aval du pont et qui longe la rive dr. du gave de Gaube. On laisse à dr. le petit lac de Huats, renommé pour ses truites, et (3/4 d'h. à 1 h. du pont d'Espagne) on atteint le *Lac de Gaube*.

Lac de Gaube (alt. 1.726 m.). — D'une superficie de 16 hectares 12 ares, ce lac mesure 720 m. de long, sur 300 m. de large. La couleur de ses eaux est plutôt verte que bleue; on y pêche des truites exquises. Une hôtellerie bien installée permet de s'arrêter en cet endroit aussi longtemps qu'on le juge nécessaire et même d'y coucher, lorsqu'on veut continuer son excursion jusqu'à Gavarnie ou, seulement, faire l'ascension du Vignemale et des pics environnants. C'est un rendez-vous de pêche et de chasse, peu banal, un site remarquable, entouré de hautes montagnes telles que le pic de Labasse et le pic de Meya (2.494 m.) à l'est;

le pic de Gaube et les crêtes de Gouillière, à l'ouest ; le Vignemale, avec le glacier des Oulettes, au sud ; le pic d'Araillé (2.763 m.) au sud-ouest et la crête de Chabarrou au sud-est. On distingue vers le sud dans la direction du Vignemale, la cascade d'Esplumous. On peut varier les distractions par une promenade en barque sur le lac. Remarquer devant l'hôtellerie sur une roche au bord du lac, un petit monument funéraire élevé à la mémoire de M. et Mme Pattison, deux jeunes Anglais qui mirent tristement fin, par une noyade accidentelle, à leur voyage de noces, le 20 septembre 1832.

Nota. — Pour visiter le glacier des Oulettes, on devra coucher à l'hôtellerie. Déj. 4 fr. Dîn. 5 fr. Ch. 3 à 5 fr.

Retour à Cauterets par le même chemin (2 h.), ou par la *Hourquette d'Araillé* et le *lac d'Estom*.

Lac d'Estom
(A pied ou à cheval — 6 h. aller et retour)

Itinéraire. — Après avoir dépassé l'établissement de la Raillère et franchi le gave de Gerret sur le pont de Benquès, on laisse à dr., la route du Pont d'Espagne et on a devant soi la jolie cascade formée par le gave de Lutour avant sa jonction avec le gave de Gerret, pour, de là, mêler leurs eaux sous le nom de gave de Cauterets. Au bord du gave, sur la rive dr., s'élève une scierie devant laquelle passe un chemin qui traverse le torrent sur un joli pont rustique.

A cheval. — Traverser le pont et suivre le sentier qui s'élève par un seul détour à la hauteur de la naissance de la cascade et se continue sur la rive droite.

A pied. — Prendre à dr. avant de traverser le torrent, un raidillon qui grimpe presque à pic à travers les sapins. En 10 min. on atteint le niveau de la Cascade et par un sentier charmant, délicieusement ombragé, on suit la rive g. du gave jusqu'à la première terrasse du val de Lutour où l'on trouve à g. le petit pont d'Arrioutort (1.350 m.), à la hauteur des cabanes de ce nom, qui permet de rejoindre la route cavalière par laquelle on atteint *la Fruitière*, établissement où se fabriquent des fromages, du beurre et du petit-lait. On continue à longer la rive dr.; on remarque à dr., les magnifiques sapins qui couvrent les flancs du Hourmigas, puis, à g., le pic d'Ardiden (2.988 m.) le pic de Culaous et le sommet de Cestrède (2.920 m.) dont la cime ressemble à un gigantesque fer de lance. On laisse à g. un sentier qui monte par la *Cabane de Culaous*, au pic d'Ardiden et par lequel on peut gagner Gèdre et Gavarnie, par le *col de Culaous* et la *montagne de Caoubarolle*, on traverse le torrent de *Lanusse*, qui descend du massif de Culaous et on franchit le gave de Lutour, sur le petit *pont de Pouey-Caou* (1.535 m.) à la hauteur des cabanes de ce nom. Désormais on suit la rive gauche et on ne tarde pas à atteindre le pied du dernier escarpement derrière lequel s'étend le *lac d'Estom*.

Lac d'Estom (alt. 1.782 m.). — Moins grand que son voisin, le *lac de Gaube*, le lac d'Estom l'emporte sur lui par l'aspect merveilleusement grandiose du paysage qui lui sert de cadre. Ses eaux, d'un beau bleu, forment un gigantesque miroir dans lequel viennent se refléter les cimes neigeuses de la Sède (2.981 m.) et de Labasse (2.950 m.), pendant qu'à l'est et au sud se dessinent les capricieuses silhouettes d'*Aspé* et du *Pouy-Mourou* (2.852 m.) et que de l'échancrure où passe le sentier du *col d'Estom-Soubiran*, le torrent, formé par les eaux des deux lacs du même nom, bondit tumultueusement et coupe d'un large trait argenté la sombre muraille du *Tuc des Monges* (2.675 m.) qui se dresse droit au sud.

Nota. — On trouve au bord du lac, une hôtellerie bien tenue où l'on peut manger et coucher. Promenades en bateau sur le lac.

Observation. — Du lac d'Estom, on peut revenir à Cauterets par le lac de Gaube, en continuant de suivre le col de Lutour et en prenant à dr. le sentier de *la Hourquette d'Araillé*, qui contourne la face S. du pic de ce nom et débouche dans le *val de Gaube* au-dessous du glacier des Oulettes de Vignemale. Dans ce cas une journée est nécessaire (guide).

On peut également gagner Gavarnie par le col d'Estom-Soubiran et le val d'Ossoue (2 jours et guides sérieux).

Retour en 2 h. 1/2 par le même chemin.

Lac d'Iléou ou Lac Bleu

(*Alt*. 1986 m. — *A pied all. et ret.* 5 h. 30 ; *à cheval* 4 h.)

Itinéraire. — *A cheval* : On suit l'*avenue du Mamelon vert* et après avoir dépassé le dernier chalet Galitzin, ou « *des Ecuries* », on prend à g. un petit chemin continué par un sentier en lacets qui rejoint le chemin muletier de Cambasque que l'on suit jusqu'au pont du même nom, en ayant soin de laisser à dr. le sentier conduisant au *Monné*, que l'on rencontre à 20 min. environ de Cauterets (30 min.).

A pied. — On s'engage dans la *Promenade des Lacets*, interdite aux cavaliers, on rejoint le chemin muletier de Cambasque, qui se détache, à dr., de la route de la Raillère, après avoir passé le pont de ce nom, et on suit à dr., jusqu'au hameau de Cambasque et au petit pont du même nom (40 m.).

On remonte la rive dr. du torrent de la Placette, on dépasse quelques cabanes que l'on rencontre à l'endroit où le ruisseau du Lis, qui arrose la vallée de ce nom, vient se jeter dans la Placette et suivant toujours la rive dr. du torrent, au milieu des éboulis de la montagne de *Laytugouse*, qui se dresse à gauche et continue vers le sentier la masse du Péguère, on ne tarde pas à apercevoir la cascade d'Iléou qui tombe d'une grande hauteur. On laisse à dr. le petit lac aux eaux sombres, appelé *lac noir*, on gravit un escarpement gazonné puis une digue et on atteint le *lac d'Iléou* (3 h. 30 à 4 h.).

Lac d'Iléou. — D'une belle couleur bleue, ce lac ne mesure pas moins de 12 hectares de superficie. Les montagnes qui l'entourent et au nombre desquelles nous citerons le *pic de Nets*, (2.446 m.) à l'est, le pic de *Couronalas* (2.586 m.) au sud, le *mont Herrats* (2.754 m.) au sud-ouest, le Grand Barbat (2.812 m.) à l'ouest et le *pic d'Iléou* au nord, sont d'un aspect sauvage et presque triste. Le col d'Iléou qui s'ouvre au nord de la montagne de ce nom est la route suivie pour aller au lac d'Estaing et à Arrens.

On peut rentrer à Cauterets par le pont d'Espagne mais il est indispensable d'être accompagné par un excellent guide (5 h.).

Le Péguère

(*Alt.* 2.137 *m.* — *All. et rct.* 6 *h.* — *Guide nécessaire*).

Itinéraire. — On prend la route du pont d'Espagne, et du lac de Gaube et, après voir dépassé la *Cascade de Cerisey*, on s'engage à dr. dans un joli chemin forestier, dont l'entrée est indiquée par un poteau placé à gauche d'un pont de bois sur lequel on franchit le gave de Gerret. Après une demi-heure de montée par une série de lacets tracés sur la face méridionale du Péguère on arrive à une petite fontaine dont l'eau est exquise et qui est la dernière que l'on rencontrera (1.340 m.); on continue l'ascension, passant sur des corniches qui surplombent de véritables précipices, que feront bien de ne pas trop contempler les personnes sujettes au vertige, et on arrive à une bifurcation

(1.600 m.). On suit le chemin forestier dont les lacets se font plus courts et l'on pénètre dans le couloir bizarre de la *Laonne*, où l'administration des forêts a exécuté de magnifiques travaux de soutènement ; puis on franchit le ravin de la glacière sur une étroite corniche où l'on a établi un petit chemin de fer et d'où la vue plonge à une profondeur inquiétante sur la ville de Cauterets. Les sentiers s'arrêtent à une altitude de 1.980 m. c'est-à-dire à 1.050 m. au-dessus de Cauterets. Le reste de l'ascension est assez pénible et ne doit pas être tenté sans guide. Il est même préférable de s'arrêter au col.

Nous conseillons le retour par le même chemin tout en signalant le retour par la vallée de Cambasque, que l'on aperçoit du sommet du col où s'arrête le sentier.

La vue qu'on découvre du Péguère est assez étendue, mais souffre forcément de la proximité des hauts sommets qui l'avoisinent. On découvre très nettement le *lac d'Iléou*, dont les eaux jettent une note gaie au milieu de ce paysage par trop morose.

Le Monné

(Alt. 2.724 m. — *A pied, 7 h. all. et ret.* — *A cheval ou à âne, 6 h. Guide nécessaire*).

Observation. — L'ascension du Monné, une des plus en faveur parmi les touristes qui visitent Cauterets, peut se faire soit à pied, soit partie à cheval ou à âne, et partie à pied (1 h. d'escalade environ).

Itinéraire. — On gagne l'entrée du val de Cambasque et on franchit sur le pont de ce nom (v. page 216) le gave de Placette qui reçoit les eaux du lac d'Iléou, puis on se dirige vers le nord-ouest, par les lacets Tournaro, au milieu de vertes prairies continuées par les beaux pâturages qui garnissent les pentes méridionales du *pic de Peyrenègre*. On suit à l'ouest, on traverse le ruisseau du Monné au delà duquel la montée s'accentue, on dépasse successivement sur le *plateau des Cinquets*, deux cabanes, sises respectivement aux altitudes de 1.745 m. et de 1.890 m. et, après avoir gravi une rampe très rapide, on atteint la terrasse d'où la vue est magnifique ; (2.370 m.). Nous engageons les simples promeneurs peu familiarisés avec les surprises des rudes escalades à borner là leur ascension.

Il faut une heure d'une marche pénible par des sentiers à peine tracés et même à plein roc, pour gagner la première cime du Monné (2.719 m.). Quant à la seconde cime, qui se dresse un peu plus à l'ouest, à 2.724 m. d'altitude, mieux vaut la contempler de loin. On y découvre un panorama un peu plus étendu que sur la première cime, mais on s'expose, pour l'atteindre, à de sérieux dangers.

Le Monné. — C'est le baromètre de Cauterets que consultent anxieusement, chaque jour, baigneurs et touristes ; on est joyeux quand il découpe nettement dans le ciel bleu la curieuse silhouette de sa cime rougeâtre ; on est triste, par contre, lorsqu'il se cache derrière d'épaisses vapeurs.

C'est un merveilleux belvédère du haut duquel les regards se promènent avec ravissement sur un tableau immense où tous les tons de la palette s'harmonisent dans un merveilleux ensemble. Au sud c'est la masse imposante du Vignemale, avec ses glaciers éblouissants et les hauts sommets qui lui forment cortège, puis, en avant, le val de Gaube, avec son lac et la cascade d'Esplumous, puis au sud-ouest les glaciers du *Balaïtous*, le pic de la *Grande Fache* (3.006 m.), *le Cambalès* (2.965 m.) et, par delà le *port Marcadaou*, le *pic d'Aratille* (2.904 m.) et la pyramide du *Chabarrou* (2.911 m.). Plus près de soi, dans la même direction, c'est le lac d'Iléou avec sa ceinture de montagnes aux cimes bizarrement dentelées; à l'ouest se dresse dans les airs la fine aiguille du *pic du Midi d'Arrens*, puis ce sont les vallées de Bun et d'Azun et les montagnes des vallées d'Ossau, d'Aspe et de la Navarre parmi lesquelles on distingue le *pic du Midi d'Ossau* (2.885 m.) et, tout au fond, le *cône d'Anie* (2.504 m.).

Au nord, la vue s'étend sur des plaines immenses, on découvre par temps clair, la ville de Pau et, si l'on se tourne vers le nord-est et l'est, on contemple successivement le *massif d'Ardiden*, le *joli val de Lutour*, les montagnes de *Barèges* et de *Bigorre* et, tout en bas, au fond du précipice, la petite ville de Cauterets, paisiblement assise aux pieds de ces géants de pierre qui semblent moins la protéger que la menacer, à tout instant, d'un formidable écrasement.

Retour. — *A cheval* : par le même chemin. *A pied* : On peut, avec un guide, regagner Cauterets par la *Gorge du Lion* et le *val de Catarrabe* (2 h. 30 env.). On rentre en ville par l'avenue du Mamelon-Vert ou par le pont de *Fanlou* et la route de Pierrefitte.

Le Cabaliros

(*Alt.* 2.333 *m*. — *A pied ou à cheval*, 6 *h. all. et ret. Guide nécessaire*).

Itinéraire. — On suit l'avenue du Mamelon-Vert pendant 1 kil. environ et, arrivé à une carrière de schistes, on prend à g. un sentier pierreux qui gravit les flancs du Peyrenègre. En une heure on atteint le *Plateau d'Esponne* (rafraîchissements), couvert de prairies où s'élèvent çà et là quelques granges, on traverse un ruisseau qui descend du pic du Lion, on suit les contreforts septentrionaux du Monné, on franchit un second ruisseau et après avoir gravi quelques escarpements on arrive à une vaste terrasse (2 h.) que l'on traverse pour se diriger au nord vers le *col de Coutente* (2.119 m.) qu'on atteint au bout d'une heure. On longe alors la croupe de la montagne et on arrive à l'*Hôtellerie*.

Nota. — Les chevaux s'arrêtent généralement à l'hôtellerie, mais on peut les utiliser, quoi qu'en disent les guides, jusqu'au sommet. Déj. 4.50. Dîn. 5.50 et chambres. Magnifique point de vue.

De l'hôtellerie, une heure suffit pour gagner le sommet de la montagne, on se dirige vers le nord-est en suivant la croupe et on atteint sans fatigue la magnifique terrasse qui couronne le *Cabaliros* et sur laquelle on a élevé une tour de triangulation.

La vue qu'on découvre du *Cabaliros* dépasse en étendue celle dont on jouit du sommet du Monné, surtout si l'on porte ses regards vers le nord et le nord-est où l'on découvre avec une infinité de détails la belle vallée d'Argelès et les plaines au milieu desquelles s'élève la ville de Tarbes, dont on distingue parfaitement, à 37 kil. de distance, les casernes et les principaux monuments. Ajoutons qu'au nord-ouest on voit très nettement les tours du château de Pau, éloignées de 46 kil. Vue du pic du Midi de Bigorre, à l'est.

Retour par le même chemin.

Le Pic d'Ardiden

par Peyraoute.

(*Alt.* 2.988 *m.* — *All. et ret.* 8 *h. Guide nécessaire.*)

Observation. — On peut aller à cheval jusqu'à la *cabane de Peyraoute* (2 h.); il reste environ 3 heures de marche pour atteindre le sommet du pic.

Itinéraire. — On gagne les bains de *Pauze-Vieux* puis la grange de la Reine-Hortense, et, continuant à suivre la route du col de Riou, on arrive à une bergerie où l'on tourne à dr. pour prendre un sentier tracé dans le joli vallon de Lisey, par lequel on atteint en 2 h. la *Cabane de Peyraoute*, où s'arrêtent les chevaux. Franchissant la crête on suit à dr. au milieu de blocs éboulés, on traverse un col assez sauvage et on se dirige droit au sud vers le *Col d'Ardiden*, facilement reconnaissable aux obélisques de granit qui en gardent l'entrée ; de l'autre côté du col on chemine à grand'peine au milieu d'un véritable chaos garnissant l'amphithéâtre où l'on trouve les trois lacs d'Ardiden, dont le plus grand est à 2.370 m. d'altitude. La cime du pic se dresse au sud mais pour y arriver il faut marcher sur la neige et escalader des amas de rochers plus ou moins stables, où l'on risque à chaque pas de se rompre le col ou de se briser une jambe.

Très jolie vue.

Retour. — On peut revenir par le même chemin ou gagner Cauterets par le *plateau d'Agudes*, la *Cabane de Calaous* et le val de Lutour (3 h. 30). L'ascension se fait également de ce côté ; dans ce cas on couche au lac d'Estom.

Les personnes qui voudraient gagner Luz devraient descendre par le lac *Grand d'Ardiden* et suivre la rive gauche du torrent de *Bernazaou* qui sort du *lac Cautet* qu'on rencontre à droite et au nord du *Lac Grand* (4 h. 30 env.).

Luz-Saint-Sauveur
par le col de Riou

Observation.—L'excursion du *Col de Riou* est très intéressante et peu pénible. On peut la faire soit à pied, soit à cheval ou à âne; elle ne demande guère que 4 h. aller et retour.

L'excursion à Luz-Saint-Sauveur, que l'on peut faire également à pied ou à cheval, demande 6 h. à l'aller et 7 h. au retour, et nécessite l'emploi de deux journées.

Itinéraire. — On gagne la *Grange de la Reine Hortense* on traverse par des sentiers en lacets la jolie forêt de *Lisey*, on laisse à dr. le sentier de la *Cabane de Peyraoute* et du *Pic d'Ardiden*, puis à travers de vertes prairies on atteint le gai *plateau de Riou* (1.595 m.) d'où l'on gagne le col en 3/4 d'h. (1.927 m.). *Hôtellerie* à g. très bien tenue.

Nota. — Avec la longue-vue de l'hôtellerie on distingue très bien les touristes qui font l'ascension du Pic du Midi.
Vue splendide sur les vallées de Luz-Saint-Sauveur, Barèges et de Cauterets.
Les personnes qui voudront jouir d'un panorama plus étendu, devront, par le sentier qui s'ouvre au sud, gagner le plateau de *Pène-Nère* (2.050 m.) que l'on voit à dr. en arrivant au col (40 m.).

Du col à Saint-Sauveur, le sentier bien tracé et suffisamment entretenu, se dirige vers l'est, puis aux *Granges de Cureilles*, prend la direction du sud-est, on découvre Luz, les ruines du Château Sainte-Marie, on traverse les villages de *Grust* et de *Sazos* et l'on arrive à *Saint-Sauveur*, d'où l'on gagne Luz en prenant à g. la belle avenue plantée de peupliers qui franchit le gave de Pau sur un pont de pierre à 300 m. de la bifurcation.

Nota. — Pour plus amples détails sur *Saint-Sauveur* et *Luz*, v. p. 215 et 224.
De Luz-Saint-Sauveur on peut aller visiter le cirque de Gavarnie (v. p. 227).

Val et Port de Marcadaou

(*Une journée. — Guide nécessaire*).

Observation. — On peut aller en voiture jusqu'au *pont d'Espagne* et à cheval jusqu'à *l'escalier de la Pourtère* et même jusqu'à la *cabane de Marcadaou*. On peut déjeuner à l'*hôtellerie du Pont d'Espagne*.

Itinéraire. — On se rend à l'*hôtellerie du Pont d'Espagne* (v. p. 213) puis on s'avance dans la vallée de Marcadaou par un sentier bien tracé, ayant à g. le torrent. On gravit un escarpement rocheux, on passe entre le *Cot d'Hom* à g. et le *pic de Laylugouse*, à dr., on traverse un petit plateau et on entre dans le bassin de *Cayan* (1.602 m.). Les forêts que l'on voit de chaque côté du sentier sont peuplées d'ours et de coqs de bruyère. On se dirige vers le sud et après avoir franchi le *gave de Marcadaou* on gravit l'*escalier de la Pourtère*, pour de là passer sur la rive gauche du gave par un autre pont au delà duquel une délicieuse fontaine, qui jaillit du rocher, offre au voyageur altéré son eau fraîche et limpide. On traverse alors le vert plateau d'*Estalouqué*, on s'élève au milieu de pins gigantesques et l'on atteint par les pâturages du *Pla de la Gole*, où les Espagnols ont un droit de passage, la *Cabane de Marcadaou* (1.807 m.).

La Cabane de Marcadaou. — Cette cabane qui a été construite au confluent des gaves de Marcadaou et d'Aratille, sur la rive droite de ce dernier, peut contenir six personnes. On y accède par un sapin formant pont. Ce n'est ni luxueux, ni confortable, mais c'est encore préférable au plein air et les touristes qui visitent le *pic d'Enfer*, le *Cambalès*, la région lacustre de *Bramatuero* et la *Grande Fache*, ne dédaignent pas d'y passer la nuit.

On franchit le pont qui se trouve en face la cabane, puis un autre pont qui ramène sur la rive g., on remarque la fameuse pierre de *Loubossou*, dans la prairie de ce nom, sur la rive dr. du gave où elle semble prête à rouler, on gravit une barrière rocheuse et l'on atteint la source de la *Hount-Frie* (2.286 m.) puis se dirigeant au sud sur des pente de neige, l'on gagne le *Port de Marcadaou* (2.556 m.) que domine à l'est le pic de *Péterneile* (2.769 m.).

Belle vue. Frontière d'Espagne.

Nota. — On peut de ce point gagner en 3 heures les *bains de Panticosa*, en Espagne. Guide indispensable.

Gavarnie
par le lac de Gaube et le pied du Vignemale.

(*2 journées all. et ret. Guide indispensable*).

Observation. — Cette excursion est longue, pénible et présente de grandes difficultés; aussi ne la recommandons-nous qu'aux touristes éprouvés, aux alpinistes endurcis pour lesquels montagnes et glaciers n'ont plus de secrets. Ne pas hésiter à se faire accompagner, si l'on est seul, de deux guides solides et expérimentés.

Itinéraire. — On gagne le *lac de Gaube*, dont on contourne la rive occidentale ou qu'on traverse en bateau (1 fr. par personne, les guides ne payent pas), on suit la rive gauche du torrent, on franchit successivement cinq ressauts qui sont prétexte à autant de cascades, parmi lesquelles on remarque celle d'*Esplumous*, qui est la plus importante, on laisse à dr. une cabane, on passe le torrent et après une montée assez abrupte on arrive aux *Oulettes du Vignemale* (2.130 m.) d'où l'on jouit d'une vue magnifique sur les glaciers et que domine la formidable muraille du Vignemale qui se dresse à 1.100 m. au-dessus des Oulettes. A dr. s'ouvre le *Col des Mulets* par lequel on passe en Espagne. On a le choix, pour atteindre la *Hourquette d'Ossoue*, d'où se fait l'ascension du Vignemale, entre deux chemins, l'un au sud qui passe par la base du glacier, sur la neige et l'autre au sud-est, qui s'élève par une série innombrable de lacets sur les contreforts du *pic d'Araillé*. C'est ce dernier qu'il faut suivre.

On laisse à g. le sentier de la *Hourquette d'Araillé*, par lequel on peut en 1 h. gagner le lac d'Estom et on se dirige sur une place presque horizontale, vers le sud où on s'engage dans une cheminée resserrée qui aboutit au *col de Vignemale*, à la *Hourquette d'Ossoue* (2.738 m.) entre le pic de *Labassaou de la Sède*, au nord à g. et le *Petit Vignemale*, au sud à dr.

Nota. — C'est de cet endroit que se font les ascensions du Petit Vignemale (1 h. 30) et de la *Pique-Longue* par le rocher de Montferrat.

Laissant à dr. le grand glacier d'Ossoue, on franchit sur un pont de neige, le torrent d'Ossoue, on suit la rive dr. par un sentier qui serpente d'abord sur des pentes gazonnées puis se transforme en escalier pour franchir un ressaut rocheux. On remarque à g. de l'autre côté du torrent, la cabane des Oulettes d'Ossoue puis la belle cascade du même nom. On traverse le *bassin des Oulettes* et le *Plan de Millas* et l'on arrive aux *Cabanes de Saussé* (1.670 m.) d'où l'on découvre admirablement le Vignemale. Le sentier devient praticable pour les chevaux, on chemine sous les hêtres du bois de *Saint-Savin*, puis on passe sur la rive g. du gave d'Ossoue par un petit pont de bois et en 25 m. on arrive à *Gavarnie*, dont on a contemplé, à la descente, le cirque grandiose (1.350 m.).

Nota. — Pour Gavarnie et le Cirque, v. p. 247.

On peut revenir à Cauterets par le *col de Malle-Rouge* et le *val de Lutour*, ou bien par *Gèdre*, *Saint-Sauveur* et le *col de Riou*, ou encore, par *Gèdre*, *Saint-Sauveur* et *Pierrefitte*.

Pour mémoire. — Citons encore au nombre des ascensions véritablement intéressantes à faire de Cauterets, celles du *Pébignaou* (2.961 m.), du *pic de Cestrède* (2.947 m.), des *pics de Culaous* (2.812 m.), du *Balaïtous* (3.146 m.), de la *Grande Fache* (3.006 m.), du *Viscos* (2.141 m.), du *Vignemale* (3.298 m.), du *pic d'Enfer* (3.080 m.), du *Chabarrou* (29.11 m.) et du *pic d'Araillé* (2.763 m.). Toutes ces ascensions méritent d'être faites et nous regrettons que les dimensions de ce volume ne nous permettent pas d'en donner la description, mais les excursionnistes trouveront chez les guides expérimentés, qu'ils sont *obligés* de prendre, tous les renseignements utiles et de nature à satisfaire leur curiosité.

Les alpinistes peuvent venir hardiment à Cauterets ; pendant deux mois et plus, ils y trouveront ample matière à exercer leurs jarrets et, par-dessus tout, ils rapporteront, des innombrables merveilles entrevues, d'impérissables souvenirs.

DE PIERREFITTE A LUZ-SAINT-SAUVEUR

13 kil. — Route de voitures.

Moyens de transport. — Omnibus à tous les trains pendant la saison (3 fr.). Bureau à dr. dans la gare, à la sortie. — Voitures particulières (15 à 20 fr.).

Pierrefitte sera prochainement relié à Luz-Saint-Sauveur par une voie ferrée desservie par des trains électriques comme celle de Cauterets.

Nota. — On peut, dans une journée, aller de Pierrefitte au cirque de Gavarnie et visiter Luz et St-Sauveur. — S'entendre avec les loueurs de voitures (Prix 25 à 40 fr. selon saison). On rentre le soir à Pierrefitte. On déjeune à Gavarnie (village ou auberge de la Cascade) et on dîne soit à Luz, soit à St-Sauveur, soit à Pierrefitte.

Itinéraire. — On suit l'avenue de peupliers qui s'ouvre en face de la gare, on laisse à dr. la route de Lourdes et on tourne à g. dans Pierrefitte. On laisse à dr., à hauteur de l'hôtel de la Poste, la route de Cauterets, on franchit le *gave de Cauterets* et on laisse à dr. (1 kil.), dans le petit village de *Soulom*, l'église, au clocher garni de machicoulis et le cimetière ; on traverse sur un joli pont de pierre (1 kil. 5), le *gave de Pau*, on laisse à g. un chemin conduisant à *Villelongue*, d'où l'on peut gagner Bagnères-de-Bigorre par le hameau de *Saint-Orens*, les cabanes de *la Loubère*, du *Chiroulet* et la vallée de Lesponne et la route se continue entre la rive droite du gave de Pau et les rochers qui forment à gauche une véritable muraille. La vallée se resserre (2 kil.) et l'on pénètre dans la magnifique *Gorge de Luz* dont la traversée est de 8 kil. On laisse à dr. (4 kil.) le vieux pont de *l'Echelle* puis (4 kil. 5) le pont d'*Arsimpe*, sur lesquels l'ancienne route franchissait le gave ; on remarque à g. une grotte bizarre s'ouvrant dans le roc, au niveau de la route ; le paysage change d'aspect à chaque tour de roue, le gave roule à dr. très encaissé et la route, taillée dans le roc, décrit de nombreuses sinuosités ; on franchit sur un pont élevé le ruisseau *du Pla*, on laisse à g. le chemin du village de *Chèze*, puis on passe sur la rive gauche du gave par le *pont de la Hiladère* dont le parapet de gauche soutient une pyramide portant cette inscription : « La ville de Barèges à la reine Hortense, 1807. » On remarque à dr. la gracieuse cascade de Viscos et l'on s'avance au milieu de splendides vallons d'une étonnante fraîcheur, ayant en face de soi, dans le fond, à g. le pic *Montéyut* et à dr. le pic de *Bergons* au pied duquel se trouve Luz. On laisse à g., sur la hauteur, le village de *Chèze*, on suit une belle avenue de peupliers bordée de riantes prairies et l'on découvre, perché sur un verdoyant monticule à g., le village de *Saligos*, dont la vieille église édifiée sur un roc, semble une vigilante sentinelle préposée à la garde de la vallée.

Nota. — *Saligos* possède une source ferrugineuse froide utilisée à *St-Sauveur*.

On voit à dr. le village de *Sazos*, par où passe la route du *Col de Riou* qui mène à Cauterets et, laissant à dr. la belle route bordée de peupliers qui conduit à *Saint-Sauveur*, on franchit le gave sur un pont d'une arche, on aperçoit à dr. le village de *Sassis*, on traverse le hameau de *Sère* (12 kil.) dont on voit à g. l'église, puis on laisse à g. le village d'*Esquièze* que domine le pic dénudé de *Néré*, on remarque toujours à gauche sur un monticule dominant au S.-E. le village d'*Esquièze*, les ruines curieuses du *château Sainte-Marie* et, laissant à g. le chemin d'*Esquièze*, on tourne brusquement à dr., on franchit le gave de *Bastan* sur un pont de marbre et on entre dans Luz (13 kil.).

Nota. — Les voitures publiques s'arrêtent à l'hôtel de l'Univers, à g. après le pont.

LUZ

Chef-lieu de canton de 1.507 habitants, formé du bourg de *Luz*, du hameau de *Sia* et du village de *Saint-Sauveur*, arr. d'Argelès (Hautes-Pyrénées).

Le bourg de Luz est admirablement situé, à 739 mètres d'altitude, sur les bords du Bastan, à la sortie de la vallée de *Barèges*, au milieu d'un paysage des plus riants et d'une étonnante fertilité.

Poste et télégraphe. — Dans la rue de Barèges, à dr. en montant.

Choix d'un hôtel. — Pour les renseignements sur les hôtels V. *Agenda du Voyageur*, papier bleu, fin du volume, lettre *L*.

Deux mots d'histoire. — Luz fut autrefois la capitale de la vallée de Barèges, qui dépendait du comté de Bigorre, dont les habitants durent a leur courage de jouir jusqu'à la fin du siècle dernier d'une complète indépendance. La vallée de Luz fut habitée autrefois par les *Prousons*, géants de 6 à 8 pieds de haut dont le dernier, du nom de *Barrique*, mourut en 1771 à l'âge de 110 ans. Aujourd'hui Luz est une modeste bourgade, bien tranquille, qui ne retrouve un peu d'animation que pendant les mois de juillet, août et septembre et qui n'est pas appréciée à sa juste valeur. On tend de plus en plus à n'en faire qu'un simple lieu de passage vers Barèges, Gavarnie ou

Luz. — Vue générale.
(Phot. Lafont, libraire, 63, allée d'Etigny, à Luchon).

St-Sauveur, alors que par sa merveilleuse situation, son climat exceptionnel et les vertus de ses eaux, elle résume tous les avantages, qui, d'ordinaire, font la vogue des stations thermales. Espérons que la ligne de chemin de fer qui doit la relier à Pierrefitte et dont la construction sera bientôt achevée, la réveillera de sa torpeur et lui donnera un nouvel et durable essor.

Curiosités. — On visitera avec intérêt, dans Luz même, la vieille *Eglise des Templiers*, et, aux abords du bourg, les ruines *du château Sainte-Marie* à l'est et la *chapelle Solférino* (à l'O.).

Église des Templiers. — On y arrive, en suivant tout droit, après avoir passé le pont du Bastan et en laissant, à g., la route de Barèges et à dr. la magnifique avenue qui conduit à Saint-Sauveur. Arrivé au haut de la rue, on tourne à g. et on arrive sur une petite place où s'élève à dr. la vieille église. Avec son mur d'enceinte crénelé et percé de meurtrières et sa tour également crénelée, cette construction, qui date des XIIe, XVe et XVIe siècles et fut fortifiée à l'époque des guerres de religion a toutes les allures d'une machine guerrière et tranche d'une façon saisissante sur l'aspect accoutumé de ces temples faits pour le calme et la prière. On entre, pour visiter, par la porte de la tour carrée que l'on voit à g. d'une petite croix en fer érigée sur la place, devant le mur d'enceinte. A peine sous la voûte on remarque différentes peintures allégoriques, à g. une grille donne accès dans l'ancien cimetière, en face de soi, une porte à gauche de laquelle on voit dans une niche un petit tombeau en marbre et à dr. un tableau relatant les curiosités qu'on peut visiter dans la tour.

Nota.— « On peut voir moyennant une aumône de 0 fr. 50 par personne au profit de l'Eglise. Chaque visiteur est prié de verser cette aumône, de sa main, dans le tronc de la Tour. » (Petite gratification au sacristain qui fait visiter.)

On tourne à dr. et on gravit à dr. le petit escalier de pierre, appuyé au mur d'enceinte, qui couduit au musée de la tour. Après avoir versé son aumône dans le tronc installé dans une vieille porte faisant face à l'escalier, on entre à g. dans la tour. Là, dans un réduit mal éclairé et d'un aspect peu folâtre, sont renfermés différents objets au nombre desquels nous citerons : un vieil autel en bois, un christ remontant à la plus haute antiquité, des statues de vierge, dont une en albâtre, très anciennes, une statuette de templier, également en albâtre, des arquebuses, une urne romaine, des mors de bride, un glaive et des fers de prisonnier, trouvés

L'Église des Templiers, à Luz.

dans les oubliettes de la prison du moyen âge, de Luz, démolie en 1851, les armes de la vallée de Barèges, le dernier tabernacle de la chapelle de Saint-Justin et un beau morceau de sculpture sur bois.

A la sortie de la tour, on pénètre dans l'église par le portail principal dont les deux côtés sont absolument dissemblables. A droite de l'autel on passe dans une petite sacristie où se trouve une descente de croix et qui donne accès dans la chapelle des pestiférés, construite à la suite d'un vœu, lors d'une épidémie de peste qui décima le pays.

A dr. l'autel, au-dessus duquel on remarque un tableau représentant saint Roch, guérissant les pestiférés, à g. une porte, près de laquelle on voit un bénitier creusé dans la pierre, à l'usage des cagots ou lépreux ; dans le fond, une tribune réservée aux hommes et à dr. avant de sortir, un bénitier octogonal en granit sur les faces duquel on a gravé : 1589 et on sort par une porte précédée d'un petit escalier en pierre, avec rampe en fer.

Château Sainte-Marie. — Cette promenade ne demande pas plus d'une demi-heure, aller et retour. On repasse le pont de Bastan et, laissant à g. la route de Pierrefitte, on suit le chemin qui mène au village d'Esquièze. Arrivé à une petite place au milieu de laquelle se dresse un magnifique saule pleureur, on laisse à dr. une fontaine avec croix et on suit à dr. un petit chemin qui conduit au sommet du monticule sur lequel se dressent les ruines du château Sainte-Marie. — Petite statue de la Vierge dans une niche. Jolie vue sur les vallées de Luz et de Barèges. Le soir les ruines sont éclairées à l'électricité. Avec peu de dépense on aurait vite fait de ce charmant endroit un but de promenade très fréquenté.

Chapelle Solférino (30 m.). — On gagne la place de l'église, et contournant cette dernière à g. on s'engage à g. dans un petit chemin bordé de maisons, jusqu'à un pont en bois qu'on traverse, puis on suit à dr. ; on ne tarde pas à atteindre le cimetière qu'on longe sur la dr. et on arrive au sommet de la colline où sont érigés une chapelle (rien de curieux à l'intérieur) et un monument en forme de pyramide, surmonté d'une croix. Sur le soubassement on lit : « Erigé par les ordres de Sa Majesté Napoléon III en 1861 » puis, plus bas : « Sous cette pierre reposent les restes vénérables du P. Ambroise de Lombez, capucin. » — Jolie vue sur les vallées de Luz et de Barèges et sur les montagnes qui les environnent. A g. Saint-Sauveur, à dr. Luz, dans le fond, devant soi, la gorge de Luz.

Un café-restaurant serait bien à sa place sur ce gracieux belvédère.

Nota. — On peut revenir à Luz par le même chemin ou prendre à g. en descendant, un autre chemin accessible aux petites voitures et qui va rejoindre la route de Luz à Gavarnie, un peu en deçà du *pont Napoléon*.

LES EAUX

L'Établissement thermal. — Les Thermes de Luz sont installés dans un élégant pavillon en briques et bois, dont la façade se dresse à cent mètres de Luz, à g. de la magnifique avenue qui conduit à St-Sauveur. Ils renferment 12 baignoires en marbre avec douches, une salle de pulvérisation, des salles d'inhalation, deux buvettes et deux pavillons de gargarisme. Les cabines de bains sont précédées de deux cabinets de toilette avec lit de repos.

Les Thermes de Luz sont alimentés par les eaux de la source de Barguy, qui jaillit à 500 mètres en aval de Barèges, au bord du Bastan et qui sont amenées jusqu'à Luz dans des tuyaux qui suivent la route de Barèges. Cette eau, dont la température est de 29°6, est très limpide, sulfurée, sodique, très gazeuse, supportant très bien le transport. On l'emploie avec succès dans le traitement des affections nerveuses.

DE LUZ A SAINT-SAUVEUR

1.500 *m.*

Itinéraire. — Partant de l'hôtel de l'Univers où se trouve le bureau des voitures publiques, on laisse à g. la route de Barèges, la rue conduisant à l'église et on s'engage dans une splendide avenue éclairée à l'électricité et bordée, de chaque côté, de peupliers géants. On remarque à g. l'établissement thermal, puis plus loin, après avoir franchi un ruisseau, on voit à g. la colline de Solférino, on laisse à g. la route de Gavarnie et l'on arrive à la tête du beau pont en marbre de Pescadère. A dr. sur un tertre gazonné, une croix; à g. un petit talus avec banc de pierre et poteau indicateur : « Gèdre, 12 kil.; Gavarnie, 19 kil. ». On traverse le pont sous lequel le gave roule ses eaux bleues et, laissant à g., une rue montante qui va rejoindre la grande rue de St-Sauveur on suit tout droit jusqu'à la route de Pierrefitte, qu'on laisse à dr. pour tourner à g. dans St-Sauveur.

SAINT-SAUVEUR

Saint-Sauveur, qui dépend de Luz, est une toute petite ville, dont les maisons, très proprettes, alignent leurs façades le long de l'unique rue formée par la route de Pierrefitte à Gavarnie, sur une longueur de 1.500 m. environ. Elle s'étend du pont de Pescadère au pont Napoléon et ne se développera vraisemblablement pas de longtemps hors de ces limites; quant à la place que lui laissent la montagne, à l'ouest, et le gave, à l'est, elle lui est mesurée pour une longue suite d'années, même de siècles. Mais, telle qu'elle est, cette minuscule station thermale n'en constitue pas moins, par le pittoresque de sa situation, un des centres d'attraction les plus curieux des Pyrénées. Elle offre au visiteur le spectacle saisissant de ses

Saint-Sauveur. — Vue générale.
(Phot. Lafont, libraire, 63, allée d'Etigny, à Luchon).

gorges merveilleuses, au fond desquelles mugit le gave et dont elle a transformé les gigantesques parois en d'admirables promenades resplendissantes de verdure ; elle tire grand profit de la proximité de Gavarnie et des innombrables buts d'excursion qui sollicitent le touriste dans cette région privilegiée et se console facilement d'être petite, étant remarquablement belle.

Promenade dans St-Sauveur. — Après avoir, en venant de Luz, laissé à dr. la route de Pierrefitte, tourné à g., on laisse à dr. le chemin conduisant à Cauterets par les villages de *Sassis*, *Sazos*, *Erust*, et le *col de Riou* (v. p. 222) puis on aperçoit devant soi, à un coude que fait la route à dr., sur un roc surplombant le gave, une colonne en marbre entourée d'une grille, à dr. dans le roc, une petite statue de la Vierge, puis, plus loin, toujours à dr. une petite cascade. A g. la route est bordée de parapets. Jolie vue sur la promenade et sur le gave. En continuant on laisse à dr. le chemin allant aux *Thermes de la Hontalade* (200 m., écriteau), on passe devant une petite place à g., et on arrive devant les *Thermes* dont on voit à g. la façade ornée de quatre belles colonnes en marbre (v. p. 240); plus loin, à gauche on remarque la colonne en marbre entourée d'une grille, élevée en l'honneur de la duchesse de Berri, la rue monte et on aperçoit à g. dans le parc, une autre colonne élevée en l'honneur de la duchesse d'Angoulême ; une charmante terrasse, ornée de parapets, précède le parc dans lequel deux escaliers, à double révolution, donnent accès ; à dr., adossé à la montagne, le modeste *Salon des Etrangers*, l'unique casino de St-Sauveur, puis à g., un chemin conduisant au parc, la nouvelle église de *St-Sauveur*, l'église *St-Joseph*, de style gothique et dont le clocher dresse son élégante silhouette du côté des gorges et du *pont Napoléon*. Après avoir dépassé l'Eglise on voit à dr. de jolies prairies et une petite cascade, et on arrive à l'entrée du *pont Napoléon*. A g. s'ouvre l'allée qui permet de descendre au fond du précipice. En 5 minutes on atteint le gave et on passe sous le pont (vue magnifique). A dr. au sommet d'un petit labyrinthe, petite fontaine avec bassin, banc. Asseyez-vous et admirez. *Prendre garde aux refroidissements.*

Saint-Sauveur. — Le pont Napoléon.

Le pont Napoléon. — Construit en 1860, ce pont magnifique, dont l'arche unique ne mesure pas moins de 47 m. d'ouverture et dont la clef de voûte se dresse à 65 m au dessus du torrent, constitue par le pittoresque de sa situation, l'ampleur harmonieuse de ses proportions et la troublante hardiesse de son exécution, une œuvre d'art merveilleuse et digne d'être considérée comme le modèle du genre. La clef de voûte porte un écusson sur lequel se détache l'N impérial.

Si l'on traverse le pont, long de 67 m. et orné d'une élégante balustrade, on remarque à dr., à la sortie, une colonne en marbre, surmontée de l'aigle aux ailes déployées et dédiée « à Leurs Majestés Impériales Napoléon III et l'Impératrice Eugénie, par les habitants de Luz-St-Sauveur, reconnaissants, 1860. »

A droite, la route mène à Gavarnie, à g., on regagne le **pont de Pescadère** et l'avenue de peupliers qui conduit à Luz.

Si l'on prend cette dernière direction, on trouve de suite à gauche, un sentier, qui descend sous l'arche du pont et se termine à une plate-forme qui fait saillie sur le torrent et de laquelle on jouit d'un joli coup d'œil sur la gorge, le village de Saint-Sauveur et ses curieuses promenades.

LES EAUX

Saint-Sauveur renferme deux établissements thermaux : 1° les *thermes des Dames*, sis dans le village même et 2° les *thermes de la Hontalade* qui n'en sont éloignés que de 200 mètres et qui constituent pour les baigneurs et pour les touristes une délicieuse et peu fatigante promenade.

Thermes des Dames. — A gauche en venant de Pierrefitte ou de Luz. Cet édifice, de forme rectangulaire possède une façade ornée de quatre colonnes de marbre du plus gracieux effet et une cour intérieure couverte en verre qui sert de promenoir et d'où l'on découvre un merveilleux panorama. Il comprend en outre une salle de lecture, des salles de douches et d'hydrothérapie, 26 baignoires et des buvettes. Il est alimenté par la *source des Dames*, dont le point d'émergence est à 50 mètres au-dessus des *thermes de la Hontalade* et dont l'eau sulfurée, sodique, possède une température de 34°. Cette eau est employée avec beaucoup de succès dans les affections nerveuses, contre l'anémie et les maladies des femmes ; elle est très diurétique, tonique et antispasmodique et son usage dans le traitement de la phtisie a donné d'excellents résultats.

Thermes de la Hontalade. — Sis à 250 mètres au-dessus de Saint-Sauveur, au nord-ouest. On y accède par un joli chemin en pente douce qui s'ouvre presque en face des *thermes des Dames*, un peu au nord vers Pierrefitte. L'établissement comprend 8 baignoires, 2 douches et une buvette au griffon de la source. L'eau sort à la température de 21°, elle est sulfurée sodique, mais contient plus de sulfate de soude que l'eau de la *source des Dames* dont elle possède les mêmes qualités thérapeutiques. Toutefois on l'emploie de préférence dans les maladies des voies respiratoires.

Promenades

En dehors du jardin anglais et du plateau de la Hontalade, les promenades les plus usitées sont celles du *chemin de Sassis* par lequel on peut gagner *Sazos*, le *col de Riou* et *Cauterets* (v. p. 222), la *chapelle de Solférino* (v. p. 233), *Luz*, le *château Sainte-Marie* (v. p. 233), et la route de Gavarnie et de Gèdre.

EXCURSIONS

Les principales excursions à faire de Luz-Saint-Sauveur sont celles de *Cauterets*, par le *col de Riou* (v. p. 222), Barèges (v. p. 253), et le **Cirque de Gavarnie**, de beaucoup la plus importante.

Excursion du Cirque de Gavarnie

DE LUZ AU CIRQUE DE GAVARNIE

Renseignements. — Cette excursion demande une journée, aller et retour. En partant à 4 heures du matin on a le temps de visiter le cirque et de faire l'intéressante ascension du Piméné (5 heures, aller et retour, de Gavarnie).

Moyens de transport. — A pied, à cheval ou en voiture jusqu'au village de Gavarnie (19 kil.) ; à pied ou à cheval, du village jusqu'au cirque (1 heure aller ; 2 heures aller et retour).

Nota. — On trouve à Luz et à Saint-Sauveur voitures, chevaux et ânes pour cette excursion. (Prix à débattre selon la saison). Cette excursion peut être faite à *bicyclette*.

Les personnes qui feront cette excursion en voiture, ou à bicyclette, trouveront, à Gavarnie, chevaux et ânes pour aller jusqu'au Cirque, (chevaux 3 francs ; ânes 2 francs.)

DE LUZ A GAVARNIE
19 *kil.*

Itinéraire. — On descend la belle avenue de peupliers qui mène à Saint-Sauveur, et arrivé au **pont de Pescadère**, on tourne à g. et on longe la rive droite du gave qui roule au fond d'une gorge profonde, tapissée de verdure, et de l'autre côté de laquelle on aperçoit le village de Saint-Sauveur. On laisse à g. le chemin conduisant à la *chapelle de Solférino*, puis à dr., le *pont Napoléon* et la colonne érigée en l'honneur de Napoléon III et de l'Impératrice Eugénie, et l'on pénètre dans la *gorge de Saint-Sauveur*. La route longe à g. le magnifique *bois d'Abie de Sia*, qui tapisse les flancs occidentaux du *Bergons* et borde à dr., le précipice dont le torrent baigne les parois à pic, puis on franchit une brèche taillée en plein roc et (1 kil. du pont Napoléon), on voit à g. une pierre encastrée dans le rocher et sur laquelle on a gravé l'inscription suivante :

« Hommage rendu à MM. les officiers municipaux
« de la vallée de Barèges, par M. de Saint-Amant
« et M. Dusaulx de l'Académie des inscriptions et
« belles-lettres de Paris, le 11 juillet 1788.

« Contemple ici
du haut de ces monts sourcilleux

jusqu'au fond de l'abîme
les prodiges de l'art
et ceux de la forte nature.
Adouci par l'industrie humaine
le fier génie de ces montagnes
défend
d'y trembler désormais.

« Brisée en 1793, cette pierre a été restituée en 1852, aux frais de quelques habitants de Luz, partisans de la conservation des monuments historiques, à quelque ordre d'idées qu'ils appartiennent. »

La route décrit de nombreuses sinuosités, on remarque de place en place des abris creusés dans le roc, et tournant à dr. on franchit le gave (5 kil.), sur le joli *pont de Sia*, d'où l'on aperçoit à g. la gracieuse cascade du même nom formée par les eaux du torrent, on remonte maintenant la rive gauche; un ruisseau coule le long de la route et sert à l'arroser aux jours de chaleur et de trop grande poussière, à dr., un rocher affecte la forme d'un gigantesque champignon, à g. des blocs énormes venus de la montagne, entravent le cours du gave, que l'on franchit bientôt sur le *pont Desdouroucat* (7 kil.), pour entrer dans le bassin de *Praguères* qu'enserrent à dr., le *roc de Rhodes* et à g. le *pène de Barada*; puis on traverse le village de *Praguères*, dont les maisons sont éparpillées à gauche de la route, on franchit sur un pont de pierre le *torrent de Barada* qui descend à g. de la montagne du même nom, on voit à dr. les flancs boisés du *Caoubarolle* et en face de soi, le *Piméné* dont les glaciers scintillent au soleil.

Le paysage devient plus riant sans cesser d'être grandiose, des enfants courent après les voitures pour offrir aux visiteurs des fragments de minerai d'antimoine ramassés dans les environs et qu'ils cèdent pour quelques sous; à dr. le gave coule paisible au milieu d'un frais vallon parsemé d'humbles maisonnettes, on laisse à g. une croix plantée à l'entrée d'un petit chemin desservant les hameaux échelonnés sur les flancs de la montagne *d'Abeilla* et l'on entre dans le village de **Gèdres** (12 kil.). La route se transforme en une rue très étroite, on voit à dr. le bureau de la poste et du télégraphe et les écoles et, si l'on regarde devant soi, l'on distingue très nettement à dr. la *brèche de Roland* et les *glaciers du Taillon*, plus à dr. la *fausse brèche*. On tourne brusquement à g. et l'on arrive aux deux ponts jetés sur le *gave de Héas* qui va se jeter à quelques mètres de là dans le gave de Pau.

Vallée de Gèdres.

Nota. — On remarque à gauche *l'hôtel de la Grotte*, où on fait visiter la gorge sauvage au fond de laquelle mugit le torrent de Héas (0.50 c.). Si vous êtes pressé, contentez-vous de jeter un coup d'œil en passant par-dessus le parapet du deuxième pont.

On laisse bientôt à dr. les ruines d'une vieille église puis, à g., l'église moderne, toute simple et la route décrit trois lacets très accentués (jolie vue sur la vallée et le village de Gèdres) que les cavaliers et piétons peuvent éviter en prenant à dr., en sortant du village, un petit chemin dont l'entrée est indiquée par une croix.

. A g. se détache le chemin conduisant à la *Vallée de Héas* et au *Cirque de Troumouse* (poteau indicateur) 6 à 8 h. aller et retour jusqu'au cirque.

Nota. — A l'entrée du chemin, des femmes tiennent à la disposition des voyageurs des chevaux pour l'excursion de la vallée et du cirque. (Prix 3 a 5 fr.; plus élevé pendant la saison.)

A dr. de l'autre côté du gave, on aperçoit la gracieuse cascade de *Saussa*, puis à g. une autre cascade, un petit pont et à dr. la belle cascade d'*Arrodes*, se subdivisant elle-même en une série de cascatelles, bondissant au milieu de la verdure et faisant mouvoir deux moulins minuscules. La route se faufile au milieu d'un éboulis considérable, on remarque à g. trois silhouettes bizarres de rocs dénudés qu'on appelle les *trois Sœurs du Chaos* et l'on pénètre dans le *Grand Chaos*, formé par des blocs énormes de rocher descendus de la montagne *Coumély*, qui se dresse à g. et dont l'enchevêtrement fantastique produit sur l'esprit du spectateur une indéfinissable impression.

Descendre de voiture avant d'arriver au bloc de rocher qui borde la route à dr. et qui supporte le fil télégraphique. En regardant au fond du gave vous apercevez sur un fragment de roc, formée par la mousse, l'image d'un jeune ours endormi, c'est *l'Ours du Chaos;* un peu plus loin, toujours à dr. presque au sommet de la muraille qui se dresse en face on distingue une niche naturelle dans laquelle on croit voir un moine lisant son bréviaire, c'est le *Moine du Chaos;* puis à dr. encore, près de la route, le *pont du Chaos*, formé par un rocher en reliant deux autres formant culées. En face de vous se dresse le *Casque du Marboré*, à g., sur les flancs du Coumély, une jolie forêt de frênes

(4 kil. de Gèdres). Gavarnie n'est plus qu'à 3 kil. 700, on tourne à dr. et, à l'endroit où cesse le parapet de la route, sur une pierre en bordure regardez les empreintes laissées par les fers de la mule du paladin Roland, dans le bond vertigineux qu'elle fit depuis la brèche jusqu'à cet endroit. C'est le *Pas de Roland;* sur la dr. on voit un petit pont jeté sur le torrent et sur lequel il n'est pas prudent de s'aventurer.

On entre dans la vallée de Gavarnie, verdoyante et plantée d'arbres (alt. 1.209 m.); à g. la *cascade de Coumély*, très forte au printemps et le *Piméné*, à dr. un petit pont de bois conduisant au vieux chemin de *Gèdres* et au hameau de *Bareilles* dont on aperçoit les maisons de l'autre côté du torrent; à dr. se dressent les trois pics dénudés de la montagne de *Secugnac*, bien connue des chasseurs d'izards; à g., au bord de la route, pe-

14.

Le Cirque de Gavarnie.
(Phot. Lafont, libraire, 63, allée d'Etigny, à Luchon).

tite cascade et, tout en haut, la jolie silhouette du *Pain de Sucre*, roc nu, et, plus loin, *Pène Blanque* (2.035 m.), puis à g. une croix, le hameau de *Ramounoudou* et un petit chemin ; à dr. *Soum de Culaous de Saugué*, maisonnettes échelonnées sur tout le flanc de la montagne, on se rapproche du gave et l'on voit à dr. la gorge au fond de laquelle roule le gave d'Ossoue, fermée à l'ouest par la masse imposante du Vignemale.

Nota. — C'est la route que l'on suit quand on vient de Cauterets à Gavarnie, par le lac de Gaube et le Vignemale (v. p. 225).

On découvre en face de soi le *Cirque de Gavarnie*, qui paraît tout proche et l'on entre (19 k.) dans **Gavarnie** (alt. 1.350 m.). A g. bureau télégraphique, on franchit, à dr., le gave sur un magnifique pont de marbre, on voit à dr. le chemin du Val d'Ossoue et l'*hôtel des Voyageurs*, devant lequel guides, chevaux, mulets et ânes attendent les visiteurs et où s'arrêtent les voitures.

DE GAVARNIE AU CIRQUE

2 h. *aller et retour*.
(*Guides*, 3 fr. — *Chevaux*, 3 fr. — *Anes*, 2 fr.).

Itinéraire. — Laissant à dr. l'hôtel des Voyageurs, on suit tout droit ; la route tourne à dr. et on prend le premier chemin à g., laissant à dr. l'église et la route du *port de Gavarnie*, le passage le plus important de cette partie des Pyrénées (2 h. de Gavarnie à la frontière ; alt. 2.282 m.).
On suit le chemin muletier qui longe la rive gauche du gave, on laisse à g. un petit pont et le hameau de la *Rivière-dessus*, par lequel on monte à la *hourquette d'Alaus*, d'où l'on peut redescendre dans la vallée d'*Estaubé*.

Nota. — Par le même chemin on fait l'ascension du *pic rouge de Pailla*, de la *hourquette* du même nom et du *pic de Tuquerouye*.

A 20 min. de Gavarnie, on traverse le gave dont on suit la rive dr., le sentier devient accidenté ; à g., cascade de la *fontaine blanche* émergeant directement du flanc de la montagne ; on chemine à travers un petit vallon au bout duquel le sentier gravit un escarpement rocailleux planté de pins, on laisse à dr. la gorge au fond de laquelle se précipite le torrent et on arrive à l'auberge du Cirque, où l'on peut manger et coucher. Devant soi se déroule le splendide panorama du Cirque.

Nota. — Avant d'arriver à l'auberge, à l'entrée du petit bois de pins, on laisse à g. le sentier qui conduit au *Marboré* et au *pic de Tuquerouye*, par le col d'*Estasou-Barade*.

Pour atteindre le Cirque on suit le petit sentier que l'on trouve après avoir traversé la terrasse qui précède l'auberge, qu'on laisse à gauche.

Le cirque de Gavarnie est constitué par une immense muraille circulaire dont le développement, à la base, atteint près de 4.000 m. et dont la hauteur varie entre 1.600 et 1.700 m. De la base au sommet l'œil distingue trois étages inégaux superposés en retrait et constamment couverts de neige. Dix-huit cascades descendent le long des parois à pic, la plus importante d'entre elles est la fameuse *cascade de Gavarnie* la 3e à g. quand on fait face au cirque et qui tombe d'une hauteur de 422 m. ; elle sort du glacier du Marboré (2.406 m. alt.). Le fond du cirque est à 1.640 m. d'altitude moyenne, on y visite avec intérêt les ponts de neige creusés par le passage des eaux tombées du sommet et, principalement, celui qui est situé à peu près au centre et sous lequel passent toutes les eaux.

Dans le fond du cirque à dr. s'ouvre l'Echelle des *Sarradets* par laquelle on fait l'ascension de la *brèche de Roland*.

Si l'on promène ses regards sur le sommet de ce mur cyclopéen qui commence à l'est au *pic d'Astazou* (3.080 m.) pour finir à l'ouest au pic des *Sarradets* (2.740 m.) on découvre, successivement, bien désignés par leurs curieuses silhouettes, le *Cylindre du Marboré* (3.327 m.), le *Marboré* (3.253 m.), l'*Epaule du Marboré* (3.037 m.), les *Tours du Marboré*

(3.018 m.), le *Casque*. la *Brèche de Roland* (2.804 m.), la *fausse brèche* et le *Taillon* (3.146 m.).

Trois passages permettent de franchir cette ceinture de hauts sommets, ce sont le *col d'Astazou* (2.970 m.) à l'est, le col de la *Cascade* ou de l'*Epaule* au sud-est et la *Brèche de Roland* au sud-ouest.

La Grande Cascade de Gavarnie.

Nota. — Les personnes qui n'auront pas le temps d'aller jusqu'au cirque pourront néanmoins jouir du magnifique coup d'œil qu'il offre aux visiteurs en prenant le chemin du port de Gavarnie et en gagnant la jolie *terrasse des Entortes*, qui n'est qu'à 1/2 h. du village.

Les principales ascensions que l'on peut faire de Gavarnie sont celles *du Piméné*, du pic d'*Astazou*, du pic de *Tuquerouye*, du *Marboré*, du *Col de la Cascade*, de la *Brèche de Roland*, du *Taillon*, du *Gabietou* et du *pic des Surradets*.

L'Ascension du Piméné ne demande que 5 h. aller et retour, et peut, à la rigueur, être faite sans guide, mais pour elle comme pour les autres nous recommandons aux touristes de se faire accompagner des excellents guides de Gavarnie, pour lesquels rocs et glaciers pyrénéens n'ont plus de secrets et sans lesquels la plupart de ces escalades présenteraient de très sérieux dangers.

A signaler aux Alpinistes l'ascension du *Mont Perdu* (3.352 m.) qui demande de deux jours à 2 jours 1/2 et que l'on peut faire de Gavarnie, soit par la *brèche de Roland*, la cabane inférieure de *Gaulis* et les *Echelles* du *Mont Perdu*, soit par la *brèche d'Allanz*, le *lac glacé et le col du Mont Perdu*, soit par *Tuquerouye*, le *lac glacé* et les terrasses du versant oriental du Mont Perdu.

Cascade de Lapaca. — En prenant, après avoir traversé le pont de Gavarnie, un chemin muletier qui se détache à dr. et passe devant l'hôtel des voyageurs, on arrive, à 200 mètres de là, à la jolie cascade de *Lapaca*, formée par les eaux du gave, qui tombent dans un gouffre formé par des roches aux parois verticales. Une turbine installée en cet endroit, produit l'électricité pour l'éclairage de l'hôtel.

DE LUZ A BARÈGES

7 kil. à pied, à cheval ou en voiture.

Moyens de transport. — Voitures publiques partant de la gare de Pierrefitte et passant par Luz-St-Sauveur. (Prix 4 fr. 50). — Cinq départs pendant la saison. — Voitures particulières, 25 fr., en saison, de Pierrefitte; 15 fr. de Luz.

Itinéraire. — Après avoir traversé le pont du Bastan, on laisse à dr. l'avenue de St-Sauveur et la rue de l'Eglise et on tourne brusquement à

Vallée du Bastan.

g. pour gravir une rue montante au haut de laquelle on tourne à g. pour entrer dans la *vallée du Bastan*, dont on longe la rive gauche, on laisse à dr. le vil. d'Esterre et à g. de l'autre côté du gave, le hameau de Soula, auquel on arrive par un petit pont, on aperçoit au-dessus les ruines du château Ste-Marie. Plus loin à dr. village de *Viella*, à g. hameau de *Viey*, la route est bordée de beaux arbres ; on arrive au village de *Betpouey* (615 hab.) duquel dépend Barèges, et qui est étagé à droite de la route sur les contreforts du Som de Montégut ; on tourne à dr. laissant à g. l'ancien chemin qui va rejoindre la nouvelle route à *Ponlis* ; on voit, de l'autre côté du torrent, les sentiers desservant les hameaux de la montagne de *Béne* ; on laisse à g. l'ancienne route et on franchit le gave sur un beau pont métallique récemment construit pour préserver la route des avalanches

BARÈGES. — Vue générale.
(*Phot. Lafont, libraire, 63, allée d'Etigny, à Luchon*).

dont on peut voir les traces au débouché du ravin de Pontis ; le pont franchi, on laisse à g. le chemin de la montagne de Bène, on parcourt environ 100 mètres et on repasse sur la rive gauche du gave au moyen d'un second pont semblable au précédent ; on tourne à dr. et on découvre devant soi les glaciers et le pic de *Bizos*, dans la direction de Luz ; on laisse à g. un raccourci conduisant à Barèges qui n'est distant que de 1 k. 8, la route décrit des lacets très prononcés, on laisse à g. un petit pont de bois conduisant au modeste établissement de *Barzun*, on s'élève par un grand lacet et on arrive à *Barèges*.

BARÈGES

Village situé à 1.232 m. d'altitude dépendant de Betpouey, se compose d'une longue rue montante qui n'est autre que la continuation de la route. — Etablissement thermal. — Hôpital militaire. — Casino.

Choix d'un hôtel. — Pour les renseignements sur les hôtels, v. *Agenda du voyageur*, papier bleu, fin du volume lettre B.

Aspect, situation, climat. — Barèges est entouré de tous côtés de hauts sommets, qui sont prétexte à de nombreuses excursions, mais qui lui font courir de sérieux dangers par les avalanches qui s'en détachent chaque hiver et dont quelques-unes ont failli à plusieurs reprises l'anéantir complètement. Des travaux importants de protection ont été entrepris depuis quelques années et tout fait supposer qu'ils auront l'efficacité qu'on en attend. Grâce à sa situation élevée Barèges, qui subit des hivers très rigoureux, jouit d'une température délicieuse pendant les mois d'été. L'air qu'on y respire est pur et vivifiant, mais il faut avoir grand soin de se vêtir chaudement, matin et soir, pour obvier aux brusques variations de température qui se font sentir à ces divers moments de la journée. Barèges reçoit environ 5.000 visiteurs par an.

L'Établissement thermal. — Les Eaux

L'Etablissement thermal est situé à droite, sur une petite place, en bordure de la rue principale et en contrebas de celle-ci, en face de l'hôpital militaire. Il comprend 30 cabinets de bains, des salles de douches et de pulvérisation, des bains locaux, des salles de gargarisme, cinq buvettes, dont deux sulfureuses, deux iodurées et une arsénicale, plus trois piscines, dont l'une est consacrée aux militaires. L'eau qui alimente ces piscines est constamment renouvelée avec une température invariable de 36 degrés centigrades.

Quatorze sources sont utilisées dans l'établissement ; leur température varie de 21 degrés (source Troy) à 43°,5 (source Tambour).

Une quinzième source, la *Source Barzun*, est employée dans le petit établissement du même nom, qu'on voit à gauche en arrivant à Barèges, à son point d'émergence et dans l'établissement de Luz.

Emploi des eaux. — Les eaux de Barèges sont employées avec succès dans le traitement des scrofules, de la syphilis, des dartres, des rhumatismes et des lésions traumatiques, dans leur état le plus grave et le plus compliqué. (Durée du traitement 30 jours.)

Hôpital militaire. — L'hôpital militaire s'élève en face de l'établissement thermal, à gauche de la rue. C'est une vaste construction, genre caserne, comprenant un corps principal avec deux ailes en retour reliées par une grille en bordure sur la rue. 70 officiers et 300 soldats peuvent y être logés. Les officiers supérieurs logent en ville.

Hospice Sainte-Eugénie. — Cet hospice se trouve situé à l'entrée de la *promenade horizontale*, au-dessus des thermes, dans une position très pittoresque à la naissance de la belle forêt de Barèges qui s'étend sur les pentes de la montagne d'Ayré. Il est précédé d'une terrasse d'où la vue plonge dans la vallée du Bastan. Il reçoit environ 400 malades indigents qui viennent de tous les départements, et quelques pensionnaires, la plupart ecclésiastiques. Le coût de l'hospitalisation pour les indigents est de 1 fr. 60 par jour ; ils sont admis au traitement gratuit des eaux du 1er mai au 15 juin et du 15 septembre au 30 octobre.

Promenades

Promenade horizontale. — Se compose d'une double rangée d'arbres, en terrasse parallèle à la rue de Barèges. On y accède en prenant à dr. avant d'arriver à l'établissement thermal, au fond de la petite place qui le précède, un escalier en pierre par lequel on atteint, à g., l'*hospice Sainte-Eugénie*.

Lacets de la Forêt. — Très jolie promenade, bien ombragée et peu pénible, au-dessus de la promenade horizontale. De la clairière, appelée l'*Allée Verte*, qui coupe horizontalement la forêt, on a une très belle vue sur les vallées du Bastan et de Luz, ainsi que sur les montagnes qui les entourent (alt. 1.800 mètres).

Héritage à Colas. — 1 heure aller et retour, à pied ou à âne. Joli plateau du haut duquel on découvre un magnifique panorama. On suit la *promenade horizontale* jusqu'au torrent du *Rioulet*, qu'on traverse pour prendre un large sentier très ombragé, qui conduit au plateau planté de beaux arbres, parsemé de fragments de rocher auprès duquel s'élève une grange où l'on peut s'approvisionner de pain et de lait.

Saint-Justin. — Promontoire rocheux entre la vallée du *Bastan* et la vallée de *Serres*. Jolie vue sur le pic d'Ardiden et les montagnes du bassin de

Luz-Saint-Sauveur (1 h. 30 aller et retour, à pied ou à âne). On traverse le Bastan à hauteur de l'établissement de Barzun, et on soit à g. un sentier qui s'élève dans le ravin de Lids, puis tourne à dr. et à g. pour atteindre la crête du promontoire où l'on voit quelques vestiges de l'ermitage habité, dit-on, vers le ve siècle, par Justin, premier évêque de Bigorre.

On peut rentrer, si on désire prolonger la promenade, par le village de *Sers* et la route de Luz que l'on retrouve au-dessus de *Betpouey*.

EXCURSIONS ET ASCENSIONS

En dehors de ces promenades, les environs de Barèges sont le but de nombreuses excursions et ascensions, pour lesquelles on trouve dans le pays d'excellents guides et de bonnes montures. Citons notamment l'ascension du *Pic de Héré* (7 h. all. et ret.), de *Pène-Blanque* (5 h. all. et ret.), du lac d'*Escoubous* (4 h. all. et ret.), du pic d'*Ayré* (6 h. 1/2 all. et ret.), du *pic de Néouvieille* (11 h. all. et ret.), du *pic du Midi de Bigorre* (6 h. all. et ret.), et la belle excursion de Barèges à Bagnères-de-Bigorre par la route du Tourmalet.

Beaucoup de personnes évitent de faire l'ascension, pourtant bien intéressante, du **pic de Néré**, par crainte des nombreuses vipères que l'on rencontre dans ces parages et dont la morsure est extrêmement dangereuse, mais tout le monde s'offre l'ascension du **pic du Midi**, qui ne présente aucune difficulté et peut être faite en une matinée ou une après-midi.

DE BARÈGES AU PIC DU MIDI DE BIGORRE

Nota. — Choisir de préférence la matinée pour cette ascension. Cheval 7 fr. Ane 5 fr. Guide 10 fr. On peut aller coucher la veille au soir à l'*hôtellerie Plantade* (v.p. 311) et assister le lendemain matin, du sommet du pic, au spectacle grandiose du lever du soleil. — L'ascension demande 2 h. 1/2 jusqu'à l'hôtellerie, 3 h. 1/2 jusqu'à l'observatoire et la descente 2 h. 1/2 du haut du pic à Barèges. Les ânes peuvent monter jusqu'au sommet, mais il est prudent de les laisser à l'hôtellerie.

Itinéraire. — On sort de Barèges par le côté opposé à l'arrivée de Luz, la route suit la rive gauche du Bastan, on laisse à g. un premier pont que l'on doit prendre quand on veut visiter le lac Bleu ou de Lhéon, puis arrivé aux cabanes de *Tournabout* (30 min. de Barèges) on traverse le torrent sur un pont de bois et on suit le sentier qui se dirige vers l'est au-dessus du gave, laisse à gauche les cabanes d'*Aoube* puis arrive aux *Cabanes de Toue* (1.942 m.) où s'élève l'obélisque érigé en mémoire du duc de Nemours (v. p. 309); de ce point le sentier monte au nord, on laisse à g. le sentier conduisant au *lac Bleu*, par le col d'*Aoube*, on traverse un ruisseau qui vient du *lac d'Oncet*, à l'est duquel on s'élève et qui est bordé d'escarpements à pic, et l'on atteint la *Hourque des cinq ours ou de Sencours* (2.372 m. alt., 2 h. 30 de Barèges) où vient aboutir le chemin de Bagnères, par le col d'Arises (v. p. 311) et où s'élève l'hôtellerie.

De l'hôtellerie au sommet, une heure suffit (v. p. 312).

DE LOURDES A TARBES

20 kil, en 23, 28 et 33 min.

Itinéraire. — En sortant de la gare de Lourdes, à laquelle le mouvement incessant des pèlerinages donne un aspect si intéressant et si pittoresque, on jouit d'un magnifique coup d'œil, à droite sur la ville, l'entrée de la *vallée de Lavedan* et les hautes montagnes qui la dominent, on laisse bientôt à dr. la ligne *d'Argelès* et de *Pierrefitte* et l'on se dirige droit au N. La ligne traverse la route nat^le de Lourdes à Tarbes, passe à la halte *d'Ade*, laisse à dr. le village du même nom, longe la *forêt d'Ossun* et se continue, en pleine vallée, jusqu'à *Ossun*, qu'on découvre sur la g.

Ossun. — Bourg de 2.337 hab. admirablement situé, au pied de collines richement boisées.

D'Ossun, la ligne décrit une courbe à dr. et se dirige vers le N.-E.; on laisse à dr. le bourg de *Juillan*, puis la station du même nom, la ligne franchit la rivière *d'Echez*, traverse la route nat^le de Tarbes à Pau et s'infléchit vers l'E.; on laisse à g. la ligne Tarbes à Bordeaux, par *Mont-de-Marsan* et *Morcenx*, on découvre à dr. la ville de *Tarbes* et l'on entre en gare.

DE BORDEAUX A TARBES
par Morcenx
246 *kil. en* 13 *h. et* 17 *h. exp.*

Itinéraire. — De *Bordeaux* à *Morcenx* (v. p. 54) En quittant la gare de *Morcenx*, on laisse à dr. la ligne de Dax à Bayonne, on dépasse successivement les petites stations *d'Arjuzanx, Arengosse, Ygos, St-Martin-d'Oney* et on arrive à *Mont-de-Marsan* (148 kil.).

MONT-DE-MARSAN

Ch.-l. du dép. des Landes. Ville de 12.031 h. admirablement située, au confluent de la Midou et de la Douze, qui forment ensuite la Midouze, affluent à dr. de l'Adour. — Grand commerce de vins, eaux-de-vie, grains, matières résineuses, mules, chevaux de luxe et du pays. — Magnifiques avenues de platanes. — Bains ferrugineux. — Patrie du *maréchal Bosquet*.

Arrivée à Mont-de-Marsan. — On trouve dans la cour de la gare, les omnibus de la ville et des hôtels.

Choix d'un hôtel. — Pour le choix d'un hôtel v. *l'Agenda du voyageur*, papier bleu, fin du volume, lettre **M**.

De la Gare en ville. — *15 min. à pied*. — En sortant de la gare, prendre à dr. *l'avenue de la Gare* qui conduit à la *route de St-Sever*, que l'on suit à g. jusqu'à la **place du Casse de l'Eyre**, où viennent aboutir, à dr. les *routes de Grenade* et *du Houga*; traverser la place, laisser à dr. la *rue Neuve-St-Roch* et prendre les **allées de Sablar** et la **rue Gambetta**, qui leur fait suite; on arrive au pont jeté sur la *Midou*, à quelques mètres du point de jonction de cette rivière avec la Douze. Le pont franchi, on se trouve **place de l'Hôtel-de-Ville**, centre de Mont-de-Marsan, où l'on remarque, à g. **l'Hôtel de Ville** et à dr. le bâtiment renfermant les **Halles**, le **Théâtre** et le **Musée**.

Deux mots sur Mont-de-Marsan. — La ville de Mont-de-Marsan fut fondée en 1141, sur un territoire dépendant de l'*abbaye de St-Sever*, par Pierre de Marsan, seigneur de « Marsan » de sa femme Béatrix de Béarn, fille du vicomte Centulle. Prise, en 1442, par Charles VII, elle eut à subir le contrecoup des guerres de religion, qui désolèrent ces contrées et ne recouvra sa tranquillité qu'à la fin du XVIe siècle.

Gaiement assise, au sein d'une fertile vallée, elle se signale à l'attention des visiteurs par de belles avenues, plantées de platanes, à l'abondante frondaison; le *vieux Donjon* de *Nouly-Bos* (tu ne l'y veux pas) construit par Gaston Phœbus, pour calmer l'irritation des habitants réfractaires à l'impôt; la jolie promenade publique de *la Pépinière*, délicieusement ombragée. Sur la rive dr. de la Douze; la *Préfecture*, l'*Eglise*, de style ordinaire, le *Lycée*, une *Ecole Normale* de filles, un *champ de Courses*, réputé pour l'élasticité de sa piste et les *Bains minéraux*, installés à l'O. dans le faubourg de *St-Jean-d'Août*, et alimentés par une source ferrugineuse.

A signaler, en outre, une spacieuse caserne d'infanterie en bordure sur la route de Bayonne et le joli château moderne de la *Hiroire*, au N.-E. de la ville et à g. de la route de Villeneuve.

Nota. — De Mont-de-Marsan se détachent au N., la ligne de Roquefort et Marmande et au S., la ligne de St-Sever, qui doit être continuée jusqu'à Dax.

Après Mont-de-Marsan, la ligne passe à la station de *Grenade-s-l'Adour* (162 k.), village à dr. — église du xv° siècle.)

Nota. — C'est de Grenade qu'on se rend à la jolie station thermale **d'Eugénie-les-Bains**, distante de 8 kil. (Voit. publique, 1 fr. 50).

Eugénie-les-Bains.
— Riant village de 554 h., renommé pour l'abondance et les vertus curatives de ses eaux sulfurées calciques, employées en bains, douches et boissons; possède quatre Etablissements Thermaux, dont le principal, *Grand Etablissement* ou *Thermes Saint-Loubouer*, est alimenté par les sources *Saint-Loubouer*, *des Près*, *des Boues* et *Amélie*; (joli parc). Les autres sources sont celles du *Bois*, (Buvette), *Nicolas* et *Mounon*. Hôtels confortables. — Les maisons du pays sont très convenablement aménagées pour recevoir les baigneurs.

Après Grenade, on remonte la vallée de l'Adour, la ligne passe aux stations de *Cazères-s-l'Adour* et d'*Aire*, ville très ancienne de 4.600 h., sur la rive g. de l'Adour, siège d'un évêché, cathédrale des styles roman et gothique et remarquable église de *Mas-d'Aire*, des xiii° et xiv° siècles, avec *crypte*, dessert la halte de *St-Germe* (village et château à dr. — Pont en pierre sur l'Adour) et on arrive à *Riscle* (195 k.)

Riscle. — Ch.-l. de c. de 1.916 h. vieille église du xvi° s. Embranchement de la ligne de *Riscle* à *Port-Ste-Marie*, par Condom et Nérac.

En quittant Riscle, on laisse à g. la ligne de Condom-Port-Ste-Marie, on traverse une forêt très étendue; le paysage est des plus riants; à dr. beau côteau planté de bois et vignes; on aperçoit à g., un pont de fer jeté sur l'Adour, et, après avoir dépassé les stations ou haltes de *Castelnau-Rivière*,

Hères, *Caussade* (château), *Maubourguet* (tour octogonale et pont sur l'Adour) et *Nouilhan*, on atteint *Vic-en-Bigorre* (229 kil.).

Nota.— De Vic-en-Bigorre part l'embranchement sur *Toulouse* et *Agen* par *Auch*.

Vic-en-Bigorre. — Joli ch.-l. de c., de 3.643 h. dans une plaine très fertile, sur la rive dr. de l'*Echez*, affluent de l'Adour. — Belles avenues très ombragées. — Eglise du xiv⁰ siècle.

A *Montaner*, ch.-l. de c. de 738 h., à 8 k. S.-O. de Vic-en-Bigorre, sur une colline qui domine la ville, ruines curieuses d'un ancien château-fort, datant du xiv⁰ siècle, ayant appartenu à *Gaston Phœbus* et où l'on remarque un superbe donjon carré de 35 m. de hauteur.

De Vic-en-Bigorre, la ligne se poursuit au milieu d'une riante vallée, égayée par de nombreux villages, dissimulés en partie derrière d'épais rideaux de verdure, on dépasse la station d'*Andrest* et on arrive en gare de Tarbes.

De Bordeaux à Tarbes, par Dax (v. p. 54), Puyôo (v. p. 61), Pau (v. p. 148) et Lourdes (v. p. 177).

De Paris à Tarbes, par *Toulouse* (v. p. 316) et *Montréjeau* (v. p. 355).

TARBES

Ville de 25.087 h., ch.-l. du dép. des Hautes-Pyrénées, sur la rive g. de l'Adour, relève du 18ᵉ corps d'armée, de la cour d'appel de Pau et de l'académie de Toulouse; siège d'un évêché, vieille cathédrale de *la Séde*, pont sur l'Adour, arsenal, belles promenades, vastes casernes, joli jardin public et musée. Environs magnifiques. — Haras remarquable — grand commerce de chevaux de Tarbes.

Moyens de transport. — On peut se rendre de Paris à Tarbes :

1º Par *Bordeaux, Morcenx* et *Mont-de-Marsan* ; trajet en 13 h. à 17 h.

2º Par *Bordeaux, Dax* et *Puyôo* ; trajet de 14 h. 30 à 20 h. 30.

3º Par *Toulouse* et *Montréjeau* ; trajet en 16 h. à 20 h.

De Paris à Bordeaux, par *l'Orléans*, ou par *l'Etat*, v. le Guide Conty « *les plages de l'Océan* ». Prix 2 fr. 50.

Arrivée à Tarbes. — Tarbes est une des stations les plus importantes du réseau des chemins de fer du Midi, point de jonction des lignes allant vers Toulouse, Bayonne, Bordeaux et Bagnères-de-Bigorre. La gare est située au nord de la ville, devant passe la *rue de la Gare*.

Ou trouve, dans la cour de la gare, les omnibus du chemin de fer et des différents hôtels : 0 fr. 30 ; omnibus pour familles, 3 francs.

Tramway, de la gare en ville : 0 fr. 15.

Voitures de place. — Voitures à deux places. 0 fr. 75 la course, 1 fr. 50 l'heure (ville), 2 fr. l'h. (campagne), voitures à quatre places : 1 fr. la course 2 fr. l'h. (ville), 2 fr. 50 l'h. (campagne).

Poste et Télégraphe. — Bureaux, *place Maubourguet*. — Autre bureau télégraphique à *la gare*.

Choix d'un hôtel. — Pour les renseignements sur les hôtels, voir *Agenda du Voyageur*, papier bleu, fin du volume, lettre T.

Centre de la ville. — Place *Maubourguet*.

De la gare en ville. — *10 min. à pied*. — En sortant de la cour de la gare, suivre à gauche la rue de la Gare et prendre à droite le *boulevard Barrère*, qui conduit à la place *Maubourguet*, d'où nous ferons partir notre promenade dans la ville.

Deux mots d'histoire. — Tarbes, la *Talva* des Romains, a dû aux vicissitudes de toute sorte qui sont venues l'assaillir de ne pas prendre le développement considérable auquel semblait la vouer sa situation exceptionnelle au sein d'une plaine merveilleusement fertile et remarquable par son étendue.

Siège d'un évêché fondé dès le v° s., elle s'est faite lentement de l'adjonction successive à la cité primitive, des bourgs avoisinants et ce n'est que vers le xvi° s. qu'elle prit véritablement l'aspect d'une ville importante. Vers la seconde moitié du vi° s. elle se composait de la cité et du bourg ; au commencement du xiv° siècle elle comprenait : la *Cité* (quartier de la Sède), la rue de la *Carrère-longue* (rue St-Louis) et le *Bourg-vieux*. « Il y avait, dit Froissart, ville, cité et chastel, et tout fermé de portes, de murs et de tours, et séparés l'un de l'autre. » Puis vinrent s'ajouter du xiv° au xvi° s. à la ville primitive, le Bourg-Neuf (*lo bore nau*), le Maubourguet (*lo Maubourguet*), le portail d'avant et le faubourg *Mateloup* (Ste-Catherine). Peu à peu les murs et fossés qui séparaient ces différents quartiers furent rasés et comblés et ce qui restait des fortifications de Tarbes disparut à la fin du siècle dernier. Elle fut la capitale du comté de Bigorre, tomba en la possession des Anglais, qui la conservèrent de 1360 à 1406 et eut à subir toutes les atrocités des guerres de religion, au cours desquelles elle fut prise et reprise jusqu'à sept fois (xvi° siècle).

La ville de Tarbes manque de gaieté, mais en revanche, elle est d'une propreté remarquable. L'eau coule, sans discontinuer, dans toutes les rues et maintient aux jours de chaleur écrasante, une bienfaisante fraîcheur. Les rues sont larges et proprement bâties et les places, nombreuses, sont vastes et suffisamment ombragées. Les monuments sont rares et d'intérêt médiocre, l'aspect en est monotone et sévère, toutefois le théâtre des Nouveautés et la fontaine monumentale de la place Marcadieu constituent deux heureuses exceptions. C'est le domaine du confort discret et de l'absolue tranquillité. Il serait bien difficile, dans ces conditions, de formuler un souhait pour la capitale des Hautes-Pyrénées. Elle est condamnée à voir éternellement passer les innombrables caravanes, qu'attirent les eaux merveilleuses et les sites grandioses des Pyrénées, sans espoir de les pouvoir jamais retenir ; elle se contentera donc longtemps encore, de sa situation effacée et se consolera, dans les douceurs du repos, de l'animation qui lui manque comme du peu de faveur dont elle et l'objet.

Tarbes a eu beaucoup à souffrir des dernières inondations, qui ont enlevé le pont du chemin de fer, sur l'Adour (juin 1897).

Itinéraire dans la ville

Place Maubourguet. — En arrivant de la gare par le boulevard Barrère, on débouche à la partie nord-ouest de la place Maubourguet, ayant à g. la *rue Massey*, qui conduit au jardin de ce nom; en face de soi : la partie de la place plantée d'arbres, au fond de laquelle, à g., se trouve le bureau de poste et de télégraphe, et, de l'autre côté de la place, en commençant par la gauche, les *rue des Petits-Fossés, Brauhauban* et *des Grands Fossés*, enfin, à dr., la *rue Thiers* et le *cours Gambetta*.

Nota. — On trouve sur la place Maubourguet des voitures de place (V. Tarif).

Partant de la **place Maubourguet**, prendre le **cours Gambetta**, à dr., on traverse la rue Larrey et on arrive aux *Allées nationales*.

Les allées nationales. — Magnifique promenade plantée de beaux arbres ; à g. kiosque pour la musique. à dr. fontaine, au haut de l'allée centrale, tournant le dos à la caserne d'artillerie (*quartier Larrey*) la statue en bronze du fameux chirurgien *Larrey*, par Badiou de la Tronchère.

Après avoir jeté un coup d'œil sur le quartier Larrey, remarquable par ses vastes dimensions, suivre, à dr. la **rue de Cronstadt**. jusqu'à la rue des Pyrénées ; on laisse à g. la *route de Bagnères* qui passe devant, le *quartier Soult*, autre caserne d'artillerie, puis *route de Lourdes*, qui passe devant le dépôt de Remonte, on tourne à dr. dans la **rue des Pyrénées**, on arrive à g., à la grille d'entrée du *Haras*.

Haras. — Le dépôt national d'étalons de Tarbes constitue une véritable curiosité tant par l'aspect de son installation, qui répond à toutes les exigences de la situation, que par la beauté, la finesse et les hautes qualités des étalons qu'il renferme.

C'est là que se trouve cet admirable cheval de guerre dont la légèreté, la souplesse, la vigueur et l'endurance sont absolument merveilleuses et qui représente avec sa taille moyenne et bien proportionnée le véritable type de la race anglo-arabe. L'effectif du dépôt est fixé chaque année et s'élève au nombre de 135 étalons environ, se décomposant en 30 pur-sang anglais, 40 pur-sang anglo-arabe, 20 pur-sang arabe et 45 demi-sang. La monte dure du 1ᵉʳ mars au 1ᵉʳ juillet.

Pour visiter, s'adresser, en entrant, à dr., au concierge.

En continuant, on laisse à dr. la rue Larrey et la rue Thiers; on remarque à dr. le *cours Reffye* avec le buste en bronze du *général de Reffye*, par Nelly.

A l'autre extrémité du cours, planté d'arbres, se trouve une petite fontaine.

On tourne à g., on laisse à dr. la caserne des Ursulines, puis, prenant une petite rue à g., on passe devant l'*Ecole d'artillerie*, qui ressemble, avec sa grille et son jardinet, à un pensionnat de jeunes filles, et on suit à dr. la *Promenade du Pradeau*, on descend une petite rue à dr., puis on tourne à dr. pour prendre à g. la première rue qui passe devant la *caserne des Ursulines*, et laissant à droite la *rue Neuve-Saint-Louis*, par laquelle on revient sur la place Maubourguet, on tourne à g. et on voit à g. l'entrée de la *Cathédrale* ou *Eglise de la Sède*.

La Sède. — Monument des XIIᵉ-XIVᵉ siècles, d'aspect lourd; intérieur assez riche, grand autel entouré de six colonnes en marbre rouge; cintre ogival élevé, de couleur bleue rehaussée d'or; boiseries remarquables. Beaux vitraux.

On est *place de la Préfecture* : au fond, à g., la *Préfecture*, vaste bâtiment composé d'un corps principal et de deux ailes, précédé d'un jardin et d'une grille. On longe la place plantée de quatre rangées d'arbres et ornée, au nord, d'un grand crucifix; puis, laissant à g. la rue du Cimetière, on tourne à dr., on passe devant l'*hôpital*, dont on voit à g. l'entrée ornée d'une statue, on arrive à la *rue de Pau* qu'on suit un peu à g. avant la *rue Bordères* qu'on prend à dr. et par laquelle on rejoint la *rue de la Gare* à la hauteur de la caserne du même nom, qu'on laisse à g.

Suivant à dr. la *rue de la Gare*, on passe devant la cour de la gare et la gare, on laisse à dr. la rue Godrin et le boulevard Barrère et on arrive à la *rue Massey*.

En prenant à g. et en franchissant le passage à niveau, on irait à l'*Arsenal*, qui est à dr. après le passage.

Arsenal. — L'arsenal de Tarbes occupe environ deux mille ouvriers. On y travaille dans le plus grand secret à l'amélioration de notre outillage et de notre matériel de guerre ; l'entrée en est formellement défendue à quiconque n'est pas muni d'une autorisation du ministre de la guerre ; il n'est pas fait d'exception, même pour les officiers en tenue. Saluons ces murs à l'abri desquels se forge le fer des futures revanches et passons.

Tournant à dr. dans la *rue Massey*, on longe à g. la grille du jardin Massey, dans lequel on découvre le *Musée* avec sa haute tour octogonale, et on arrive à l'entrée principale du jardin.

Jardin Massey. — Ce jardin, qui est vraiment remarquable, a été légué à la ville de Tarbes par un de ses enfants, l'horticulteur Placide Massey, ancien intendant des jardins du roi de Hollande et, plus tard, directeur des jardins royaux de Versailles. Percé de nombreuses allées, planté d'arbres magnifiques, dessiné avec le meilleur goût, il est admirablement entretenu, jusqu'en ses moindres recoins. C'est une merveilleuse promenade que doivent visiter toutes les personnes qui passent par Tarbes. Le seul reproche qu'on puisse adresser au jardin Massey c'est d'être désespérément plat.

Après avoir franchi la grille d'entrée, on laisse à dr. la maison du concierge, et on s'avance sous une magnifique charmille, dans laquelle on rencontre bientôt à dr. une entrée donnant dans la rue Théophile-Gauthier ; en poursuivant, on laisse à g. une large allée s'enfonçant dans le parc et, arrivé à l'extrémité de la charmille, on s'engage dans la grande allée qui s'en détache à g. On arrive devant une curieuse construction, qui n'est autre que la reconstitution, trop peu fidèle malheureusement, du *Cloître de Saint-Sever de Rustan* (22 kil. de Tarbes) datant du xve s. A remarquer les sculptures bizarres des chapiteaux qui surmontent la colonnade des quatre faces.

Derrière le cloître, on trouve une gracieuse pièce d'eau, dont une île minuscule, sur laquelle s'élève un charmant pigeonnier, occupe le milieu et dans laquelle de nombreux cygnes et canards se livrent à de joyeux ébats.

On contourne ce lac en miniature et, cheminant sous le feuillage sombre des sapins, on voit à dr. un élégant pavillon rustique, de forme octogone, couvert en chaume et dans lequel on a installé une buvette; à quelques pas de là, on arrive à dr. au *Musée*.

Le musée. — (Ouvert au public le dimanche et le jeudi, de midi à 4 heures; les autres jours, s'adresser au concierge; pourboire (Catalogue 0 fr. 75). Le bâtiment qui renferme le musée de Tarbes ne mériterait guère qu'on s'arrêtât à sa description, n'était la tour, qui s'élève au centre de la façade et du haut de laquelle on découvre un panorama des plus étendus sur les environs de la ville et la chaîne des Pyrénées. L'édifice, de ton rougeâtre, se compose d'un rez-de-chaussée, surmonté d'un étage. La façade principale est éclairée par seize grandes fenêtres disposées de chaque côté de la grille d'entrée et de la vaste baie, avec balcon, du premier étage. La tour qui s'élève au milieu de la façade, comprend, à partir de la naissance du toit, quatre étages, dont les trois premiers sont carrés et le dernier octogonal; c'est un curieux spécimen du style moresque.

Nota. — On peut monter au haut de la tour en s'adressant au concierge; 0 fr. 25.

Rez-de-Chaussée. — *Sculpture.* — Dans une salle à g., *Diane de Gabies*, dite à la *Clamide*, statue antique, les *Trois Grâces*, par Germain Pilon, *Ariadne* abandonnée par *Thésée* dans l'île de *Naxos*, par M. François Jouffroy, et de nombreux plâtres moulés sur des originaux d'œuvres antiques, dans une salle à dr. grande quantité de plâtres d'une certaine valeur.

Dans le vestibule et dans l'escalier conduisant au premier étage. — Différents objets tels que berceau en marbre du roi de Rome, requin et boa empaillés, petit caïman, panneau sculpté, jolie serrure d'ancien coffre-fort et lithographie d'après Girodet, représentant Ossian recevant dans l'Elysée les plus célèbres généraux de la République et de l'Empire.

Au 1er étage. — Dans une salle à dr. — Peinture. A signaler : *La Sainte Famille*, par Marietto Albertinelli ; *La Sainte Famille*, sur cuivre, par Baroccio ; un *paysage*, de Breenberg ; le *triomphe de Vénus sur les eaux*, réduction de la grande fresque du palais Farnèse, par Annibal Carrache ; *Ronde d'enfants*, par le même ; *portrait d'homme* par Albert Cuyp ; *La Sainte Famille*, d'Alonzo Cano ; la *mort d'Alcibiade*, par Chéri ; *Marine*, par Everdingen ; *Episode d'un incendie*, par Eugène Foyet ; *Loth et ses filles*, attribué à Guerchin ; *Moissonneurs kabyles*, par Lazerges, de Tarbes ; *la Cucagna*, par Claude Lorrain ; *la Vierge et l'enfant Jésus* peint sur bois de cèdre par Vanucci Pietro ; *Parabole tirée de l'Ecriture sainte*, par Solymène ; *saint Jacques de Compostelle*, par Zurbaran ; *Salomon entouré de ses femmes*, par le même ; *l'Innocence*, par Jean-Léon Gérôme ; *Tentation de saint Antoine*, par David Téniers.

Dans une deuxième salle, collection de copies peintes et gravures léguées au musée en 1870 par M. Lagarrigue, ancien conservateur et dessins du même, d'après les originaux de maîtres célèbres.

Dans une salle au fond, collection de peintures, dessins, sculptures données au musée par M. et Mme Eugénie Latil ; remarquer une grande pendule surmontée d'une réduction d'un des chevaux de Marly, en bronze.

Dans deux salles à gauche : Belle collection d'oiseaux (296 sujets) ; œufs d'oiseaux (183 variétés) ; quadrupèdes empaillés, serpents, poissons, coquillages, minéraux, céramiques antiques et quantité d'objets très curieux et d'un grand intérêt historique.

A citer encore une collection d'anciens poids en métal et une collection très complète de médailles et monnaies de tous les pays du monde.

En sortant du musée, se diriger vers une statue en bronze qu'on a devant soi et qui personnifie l'*ouragan*, plus loin on se trouve devant le monument élevé à la mémoire de *Philippe Massey* et qui se compose d'une pyramide octogonale au devant de laquelle se détache le buste en bronze du célèbre horticulteur.

Traverser le jardin, laisser à dr. la maison du concierge et prendre la **rue Théophile-Gautier**, on traverse la **rue des Petits-Fossés** et on tourne à g. dans la **rue Brauhauban**. A dr. au fond d'une petite place se trouve l'*église Saint-Jean*.

Eglise Saint-Jean. — De petite dimension, n'offre rien de remarquable. Dans le vestibule qui précède la nef on remarque un grand Crucifix et cette inscription : « L'église ne doit pas être un lieu de passage ! » Avis aux profanes !

De retour dans la rue Brauhauban, on laisse à g. au fond d'une cour, la *mairie* qui n'a rien de monumental, on arrive à la **place Portête**, plantée d'arbres et ornée d'une fontaine, on la traverse à dr. et on suit à g. la **rue des Grands-Fossés**, on laisse à g. la place des Balais avec sa gracieuse fontaine, due à la générosité de M. Montaud et on débouche sur la vaste **place Marcadieu** où l'on voit à g. la coquette *église Sainte-Thérèse* avec sa tour octogonale, à double corps, très élancée et terminée par un élégant clocher en pierre.

A droite devant la *Halle aux Grains*, aux grandes dimensions, remarquer la belle *fontaine monumentale* de 16 mètres de hauteur.

Fontaine monumentale. — Cette fontaine érigée avec le montant d'un legs fait à la ville de Tarbes par Mme Girodeau, est due au ciseau de trois artistes locaux, MM. Desca, Escoulas et Mathet. M. Cadot a dirigé la partie architecturale de l'œuvre qui se compose d'un vaste bassin avec grande vasque ornée aux 4 coins de sujets sculptés représentant les produits du pays. Du milieu de la vasque s'élance un groupe gracieux de femmes portant des urnes et personnifiant les principaux cours d'eau de la région et, dominant ce groupe, une statue de femme élevant vers le ciel sa main droite chargée de divers attributs.

Laissant à dr. les halles et la fontaine, on traverse la place et on arrive à la **rue de l'Orient**, qu'on suit jusqu'au **pont de l'Adour**.

Nota. — En traversant le pont, on franchit la ligne du chemin de fer ayant à dr. la *halte de Marcadieu* et le *faubourg de Séméac*; à g. le *faubourg d'Aureilhan* et la *route de Rabastens* où se trouvent à g. les arènes pour les combats de taureaux.

Le dos tourné au pont, on laisse à dr. la rue de l'Orient pour suivre à g. la **chaussée du Pont** et on arrive à la magnifique **Place du Forail**.

Place du Forail. — Cette place est remarquable par son étendue et ses beaux arbres. C'est là que se tiennent les foires et grands marchés où les montagnards de la région et, aussi les Espagnols viennent vendre leurs denrées. C'est également sur cet emplacement que se tient le marché des petits chevaux de Tarbes.

Par la rue du Forail, qui longe la place à g. on arrive à la Halle aux Grains, qu'on laisse à dr. pour suivre à g. la **rue Larrey** dans laquelle on rencontre à g. la **place au Bois**, au fond de laquelle on aperçoit le *théâtre Caton*.

Théâtre Caton. — D'aspect très simple, ce théâtre est assez vaste et possède une grande scène. On y joue toute l'année.

En continuant on arrive à la **rue Desaix** qu'on suit à g. jusqu'à la **rue du 4-Septembre** où l'on tourne à dr. On voit à g. les trois jolies *villas Fould*; on laisse à g. le *bureau d'octroi* et on tourne à dr. dans la *rue de Gonès*, où l'on voit à dr. à l'angle de la rue Larrey, le *Théâtre des Nouveautés*.

Théâtre des Nouveautés. — De construction récente, ce théâtre qui est très bien aménagé et bâti avec beaucoup de goût, ne joue que pendant la saison d'hiver et encore, bien rarement. On le loue pour soirées, concerts, bals de société, etc. Il remplacerait avantageusement la Mairie.

A gauche c'est la **place Brauhauban** avec son

marché couvert, très animé le matin et où se trouve le laboratoire municipal.

Prendre, en face de l'entrée principale, la **rue du Marché de Brauhauban**, large et plantée d'arbres, on rejoint la **rue des Grands-Fossés**, en face le *Palais de Justice*, qui ne se signale à l'attention que par son entrée ornée de deux grandes statues en marbre représentant la **Force** et la **Loi**, par Nelli.

En continuant à g., on se retrouve **place Maubourguet**, point de départ de notre itinéraire.

Environs de Tarbes

On peut faire dans l'immense plaine de Tarbes de nombreuses promenades, mais les excursions les plus suivies sont celles de *Bagnères-de-Bigorre* et de *Lourdes*, que l'on fait généralement par chemin de fer (30 minutes de trajet).

DE TARBES A BAGNÈRES-DE-BIGORRE

En chemin de fer, 22 kil., en 30 m. exp. et 50 m. omn. — Prendre les placés de droite.

Renseignements. — On peut se rendre de Tarbes à Bagnères-de-Bigorre soit en voiture particulière (22 kil., 1 h. 15), soit directement par le chemin de fer (30 m., expr.), seul moyen de transport que nous vous recommandons.

Itinéraire. — En sortant de la gare on laisse à dr. le jardin Massey et la tour du même nom, et à g. l'arsenal, puis la ligne franchit l'Adour et décrit à dr. une courbe très prononcée pour se diriger franchement vers le sud. A dr. s'étend la ville de Tarbes, on dépasse à g. le village d'Aureilhan, la Plaza de Toros; on laisse à dr. la halte de *Marcadieu* et l'on ne tarde pas à arriver à la

BAGNÈRES-DE-BIGORRE. — Vue générale.
(Phot. Lafont, libraire, 63, allée d'Etigny, à Luchon).

bifurcation de la ligne de Toulouse et de la ligne de Bagnères. On laisse à g. la ligne de Toulouse, on s'avance au milieu d'une plaine magnifique semée çà et là de charmants villages et que bordent de délicieux coteaux couverts d'une luxuriante végétation et qui sont comme les sentinelles avancées de la grande armée des monts dont on aperçoit droit devant soi la masse imposante et les capricieuses silhouettes. On franchit rapidement les haltes de *Salles-Adour*, de *Bernac-Debat* et de *Vielle-Adour*, on aperçoit à gauche le château de *Nandres*, au milieu d'un riant massif d'arbres, on laisse à dr. la station et le village de *Montgaillard*, avec son église perchée sur un vert monticule; le paysage se fait plus pittoresque, on dépasse la halte d'*Ordizan*, qui dessert le joli village de Trébons que l'on voit à dr. émergeant d'un véritable océan de verdure puis la halte de *Pouzac* et le village du même nom qui s'étend à dr. à flanc de coteau et où se trouve le *camp de César* que vont visiter les baigneurs de Bagnères. La ligne longe à dr. le canal d'*Alaric* et l'Adour, décrit une courbe sur la dr., franchit l'Adour, laisse à g. et à dr. d'importantes marbreries et vient se terminer en gare de *Bagnères-de-Bigorre* (22 kil.)

BAGNÈRES-de-BIGORRE

Ville de 8.804 habit. à 550 m. d'altitude, sous-préfecture des Hautes-Pyrénées, sur la rive gauche de l'Adour, à l'entrée de la magnifique vallée de Tarbes. Renommée pour ses eaux thermales et les nombreuses excursions à faire dans ses environs. Bagnères-de-Bigorre est visité, chaque année, par plus de 25.000 étrangers. Marbreries. Fabriques de lainages pyrénéens.

Moyens de transport. — On se rend de Paris à Bagnères-de-Bigorre par les lignes d'Orléans et du Midi, en passant par Bordeaux, Morcenx et Tarbes. Distance 853 kil. trajet en 14 h., express.

Arrivée en gare. — La gare est spacieuse et construite au nord de la ville dans une vaste prairie à proximité de la route nationale de Bagnères à Bordeaux. On y trouve, à la sortie, rangés dans la cour, tous les omnibus des différents hôtels et du chemin de fer et des voitures de place.

Choix d'un hôtel. — Pour le choix d'un hôtel, voir notre *Agenda du voyageur*, papier bleu, fin du volume, lettre B.

De la gare en ville. — 5 *min. à pied*. Suivre l'avenue de la gare, traverser les quare des Vigneaux, obliquer un peu à dr. et continuer l'avenue de la gare qui passe devant la place et l'église Saint-Vincent, pour arriver à la place Lafayette au delà de laquelle commence la fameuse promenade des **Coustous**, dont la fontaine borde la place.

Voitures et cochers. — Les voitures de place à Bagnères sont, en général, confortables et attelées de deux ou quatre de ces petits chevaux de Tarbes dont l'ardeur et la résistance sont proverbiales. Malheureusement les prix sont la plupart du temps disproportionnés avec la longueur et les difficultés des courses. Ne craignez pas de marchander et ne vous effrayez pas de l'accueil parfois très brusque que feront à vos propositions messieurs les cochers.

Quelques loueurs mettent à la disposition du public chevaux et voitures pour conduire soi-même, faites bien vos conditions pour la location et la nourriture du cheval avant de vous embarquer.

Nota. — Pour le tarif officiel des voitures de place et des voitures d'excursion, voir : *Agenda bleu, Voitures*.

Point central. — Le point central de stationnement des voitures de place et d'excursion, à Bagnères est aux **Coustous** et **place Lafayette**.

Deux mots d'histoire. — Les Romains, qui faisaient grand usage d'eaux thermales, n'eurent garde de négliger celles de Bagnères et s'y vinrent reposer des fatigues de leurs conquêtes, non toutefois sans avoir maille à partir avec les braves Bigorrais, qui tentèrent de secouer le joug et furent battus, non loin de Payolle, par le proconsul Messala, à l'endroit appelé, encore aujourd'hui, *Camp Bataillé*.

Quatre siècles plus tard, les Visigoths prirent la place des conquérants du monde, et le roi Alaric fit creuser, sur la rive droite de l'Adour, le canal qui porte son nom et que longe la ligne du chemin de fer de Bagnères à Tarbes.

Après de nombreuses péripéties, le Bigorre, qui avait été rattaché à la couronne, sous Charles-le-Bel, fut cédé aux Anglais par le lamentable traité de Brétigny.

A peine débarrassé du joug des Anglais, le malheureux comté eut à souffrir des guerres de religion. Il ne retrouva sa tranquillité qu'en 1598, lors de l'édit rendu par Henri IV et qui mit fin aux guerres religieuses.

Depuis lors, la prospérité de Bagnères ne fit que s'accroître en même temps que grandissait le renom de ses eaux magiques. Ce fut le rendez-vous de l'élite de la société, et l'on vit accourir dans cet éden pyrénéen tout ce que la France comptait de grands noms, de hautes personnalités et de brillantes intelligences.

Climat. — Le climat de Bagnères est très tempéré, ni trop sec, ni trop humide ; la pression atmosphérique moyenne est de 715 millim. et le thermomètre oscille entre 11° et 18°. C'est un climat très favorable aux personnes nerveuses ou atteintes de troubles respiratoires et qui à lui seul suffirait à légitimer la vogue dont jouit la grande station thermale.

Marbreries et fabriques de tricots de laine. — On visitera avec intérêt les importantes marbreries de Bagnères, où sont taillées et transformées en objets de toute sorte les nombreuses variétés de marbre des Pyrénées et les grandes fabriques d'où sortent ces merveilleux tricots de laine, aux couleurs si chatoyantes et au toucher si onctueux, que les rhumatisants ne tardent pas à adopter.

Plaisirs et Sports

LE CASINO

Le Casino de Bagnères est le premier établissement du genre créé dans la région pyrénéenne. Il comprend dans le vaste ensemble de ses constructions qui couvrent une superficie de 1.800 m. q., les Néo-Thermes, où se trouve la fameuse piscine de 20 m. de long. sur 13 m. de large et dont l'entrée donne rue du Pont d'Arras. C'est une maison princière, un véritable palais où l'harmonie des lignes le dispute à l'élégance solide de la construction. La façade principale orientée en plein S., est éclairée au rez-de-chaussée par cinq grandes baies cintrées et au premier étage par cinq baies semblables et deux fenêtres ; deux gracieux pavillons à la Mansard, surmontés de charmants belvédères, l'encadrent à l'O. et à l'E. C'est au rez-de-chaussée de cette façade qu'est installé le café glacier précédé d'une splendide terrasse où, par les heures de chaud soleil on vient déguster quelque liqueur exquise en écoutant d'excellente musique. L'entrée principale qui donne accès aux différents salons et à la salle des concerts se trouve dans la façade O. qui regarde la montagne. Indépendamment du café, dont nous avons parlé, le Casino occupe tout le premier étage de la construction. De vastes salons de conversation décorés avec le meilleur goût, un salon des Dames, grand comme une salle de spectacle, orné de tout ce qui peut attirer et charmer la clientèle d'élite à laquelle il est réservé, un salon de lecture où se donnent rendez-vous les journaux du monde entier et dont l'installation est un véritable chef-d'œuvre de luxe discret et d'harmonieux confort, un salon de jeux tendu de riches tapisseries, où l'œil s'arrête extasié devant une superbe coupe en marbre rouge de deux mètres de hauteur, produit de l'industrie bagnéraise, que les fervents de la dame de pique fréquentent assidûment, mais d'où le scandale est banni, enfin, une salle des fêtes, n'ayant rien de la salle de théâtre ordinaire, très ample et très sonore, dont le plafond, très élevé et délicieusement fleuri, repose sur vingt-quatre colonnes corinthiennes de marbre blanc, où dans l'opérette, le vaudeville, la comédie et même l'opéra, le Parisien et la Parisienne les plus raffinés peuvent, sans cesse, applaudir leurs acteurs favoris, telles sont les merveilleuses surprises que le casino de Bagnères réserve à ses visiteurs.

Enfin les baigneurs et touristes ont à leur disposition la promenade si charmante tracée à même la montagne, dont les allées partent près de la serre, du jardin même du Casino et par laquelle on rejoint l'allée de la fontaine ferrugineuse qui mène au Bédat, à Salut et à dix autres points intéressants.

Fêtes locales. — Pendant la saison la musique de Bagnères se fait entendre sous les Coustous. Là s'organisent des fêtes, véritables kermesses où l'on danse en plein air, où le bruit des chansons se mêle aux détonations des feux d'artifice et où l'exubérance méridionale se donne libre cours.

Courses. — C'est au mois d'août que se donnent les deux journées de courses de la saison. L'hippodrome, situé sur la route de Pouzac, à 2 kil. environ de la ville, au milieu de prairies ombragées, comprend un pavillon pour le pesage et trois tribunes suffisamment confortables.

Guides. — Les guides de Bagnères, facilement reconnaissables à leur veste de velours noir sur laquelle brille la plaque indicatrice de leur profession, sont renommés pour leur vigueur et leur parfaite connaissance de la région pyrénéenne. Ils se divisent en guides de 1re et de 2e classe.

Tir. — Les amateurs de tir ont un stand très bien aménagé en face le quai de l'Adour, auquel on accède par un petit pont en bois qui traverse le fleuve à la hauteur de la rue de Lorry (v. page 272) et un autre stand à g. de l'avenue de Salut près du pont de la Moulette. (Les conditions d'admission sont affichées à l'entrée.)

Vélodrome. — Les cyclistes trouveront au vélodrome du quai de l'Adour, installé à côté du stand, une piste magnifique et un café-restaurant pour se refaire de leurs fatigues.

LES EAUX

Les qualités des eaux de Bagnères sont multiples et sont énumérées en détail dans le chapitre que nous leur consacrons plus loin (v. p. 283) qu'il nous suffise de dire que ces eaux merveilleuses, qui coulent en si grande abondance, sont souveraines dans le traitement du rhumatisme, des affections des voies respiratoires et contre toutes les "névroses si fréquentes de nos jours, et que leur emploi, au milieu du site le plus enchanteur qui se puisse imaginer, produit, chaque année, de surprenants résultats.

Etablissements Thermaux

Sources Buvettes Traitement

Le traitement des nombreuses maladies qui relèvent des eaux de Bagnères est assuré par 12 établissements thermaux, alimentés par 37 sources minérales, d'un débit total de plus de **3 millions** de litres, par 24 h. et dont la température varie de 13° à 51° c.

BAGNÈRES-DE-BIGORRE. — L'Etablissement Thermal.
(Phot. Lafont, libraire, 63, allée d'Etigny, à Luchon).

Ces sources se divisent en : 1° *Sulfatées calciques thermales* ; 2° *Ferrugineuses froides;* et 3° *Sulfurée sodique*, de **Labassère**, une des meilleures, sinon la meilleure, pour l'exportation.

Les sources *sulfatées calciques thermales* sont, de beaucoup, les plus nombreuses et les plus abondantes. Citons au nombre des principales : la *Reine*, le *Dauphin*, *Rocéde-Lannes*, la *Rampe*, *St-Roch*, *Foulon*, les *Yeux*, *Platane*, *Fontaine Nouvelle*, *Salies* (sulfatée calcique arsenicale), *Romaines*, *Théas*, *St-Barthélemy*, la *Tour*, *Grand-Bain* (appartenant toutes à la ville); *Belle-Vue*, *Cazaux*, *Lias* ou *Petit-Bain*, *Versailles*, *Petit-Barèges*, *Lasserre*, *Peyrie* et *Salut* (appartenant à des particuliers).

Les sources *ferrugineuses froides*, utilisées en boisson, comprennent : S. *Angoulême* (à la ville), *Métaou* (au Dr Lavigne), *Grand-Pré* et *Brauhauban*.

Enfin, la source *Sulfureuse sodique froide* de **Labassère**, une des sources sulfureuses les plus importantes que l'on connaisse, a son point d'émergence au fond de la vallée du même nom (v. p. 295). Elle est exploitée en boisson, pulvérisation, humage et bains, au moyen de procédés et d'appareils ingénieux qui lui assurent la conservation de ses vertus natives.

Des 12 établissements thermaux que possède Bagnères, 2, de beaucoup les plus importants, appartiennent à la ville et les 10 autres, à des particuliers.

Les établissements de la ville sont : les *Thermes anciens* ou de *Marie-Thérèse* et les *Néo-Thermes*.

Les établissements particuliers sont ceux de : *Belle-Vue* (bains et douches), *Cazaux* (bains et douches), *Lias* ou *Petit-Bain* (bains et douches), *Petit-Prieur* (bains), *Versailles* (bains), *Petit-Barèges* (bains), *Grand-Pré* (bains, buvettes), *Lasserre* (buvette), *Peyrie* (buvette) et *Salut* (bains, douches, buvette).

Thermes de la ville

Thermes anciens ou de **Marie-Thérèse**. — Magnifique construction de 70 m. de long, en façade sur la place des Thermes, de style sévère et régulier, comprenant un sous-sol, un rez-de-chaussée et un premier étage.

Dans le *sous-sol* se trouvent les bains du *Foulon*, du *Platane*, des *Yeux* (ou Marie-Thérèse) et de *St-Barthélemy*.

Au *rez-de-chaussée*, auquel on accède par un vaste perron, le grand vestibule central, parfaitement aéré et éclairé, sert au public de salle de réunion, de lecture et de correspondance, c'est là, également, à dr. en entrant, que l'on délivre les billets de bains et douches; deux galeries, à dr. et à g., parallèles à la façade, constituent les pas-perdus de l'Etablissement. Une animation toute particulière règne constamment dans ce quartier, où se trouvent les bains de *St-Roch* et du *Dauphin*, les douches de la *Reine* et du *Dauphin* et les bains de vapeur et bains russes.

Au *premier étage*, auquel donne accès un magnifique escalier en marbre, à double révolution, orné de beaux tableaux et de stèles de l'époque romaine sont installés les bains de la *Reine* et les bains d'eau naturelle, desservis par une galerie qui s'étend sur toute la longueur de l'établissement. Dans cette galerie se trouvent également le *Cabinet du Directeur* et le *Muséum d'histoire naturelle*. A l'extrémité dr. de cette même galerie, s'ouvre le *Musée de peinture*, auquel fait pendant, à l'extrémité g. la *Bibliothèque*.

Le Muséum d'histoire naturelle. — Dans le pavillon central, face à l'escalier monumental; renferme de jolies collections de minéralogie et de géologie ainsi que de nombreuses variétés d'oiseaux. Ce muséum est confié, par la ville, aux soins éclairés des membres de la *Société* **Ramond**, fondée en 1865, par un groupe de fervents de la montagne; cette société publie régulièrement, sur les Pyrénées, étudiées au point de vue scientifique et pittoresque, un *Bulletin* très documenté et, par cela même, fort intéressant.

Le Musée, fondé en 1854, par *Achille Jubinal*, est ouvert tous les jours au public, excepté les dimanches et fêtes, de 9 h. à 11 h. 1/2 du m., et de 2 h. à 5 h. du s. On y remarque quelques toiles anciennes, de réelle valeur, signées *Albane, Pérugin, L. Giordano, Mignard* et *Annibal Carrache* et, parmi les modernes, des tableaux de W. *Cooper, Charbonnel, Gélibert de Bagnères, Cornet, Bouton, Barrias* et *Verdier;* un plat d'*Avineau;* un pastel de la *princesse Mathilde* et une quantité de bibelots et objets curieux. Les œuvres de sculpture, réunies au milieu de la salle, consistent notamment en un *Buste de Philadelpha*, de Mengue et le *Bâton de vieillesse*, d'Escoula.

La Bibliothèque et les Archives. — Ouvertes tous les jours, dimanches et fêtes exceptés, de 9 à 11 h. du m., et de 2 à 5 h. du s. Fondée en 1841, la Bibliothèque, remarquablement tenue, possède plus de 25.000 *volumes* et des archives du plus haut intérêt, concernant la ville de Bagnères, la région de Bigorre et toutes les Pyrénées, en général. On y trouve également de fort jolies cartes et un splendide **Plan en relief** du massif Pyrénéen, que nous vous engageons vivement à consulter et qui vous permettra de vous orienter en un clin d'œil, en vue des excursions que vous aurez à faire en montagne.

L'annexe de **Salies**, charmant pavillon vitré, édifié au N. des Thermes, renferme l'ensemble des services se rapportant au traitement des *voies respiratoires*. On y a réuni les buvettes et gargarisoirs de **Labassère** et de **Salies**, ainsi que les 3 buvettes de la *Rampe*, la *Reine* et le *Dauphin*. Des salles distinctes, pour hommes et pour dames sont affectées à la pulvérisation et au tumage de *Labassère* et de *Salies*. A côté sont disposés les bains de pieds à eau courante.

Dans l'établissement voisin, dit de **Théas**, se trouvent les sources de ce nom, ainsi que la petite douche de *Fontaine-Nouvelle*.

Néo-Thermes. — Au rez-de-chaussée du *Casino*, avec entrée principale sur la façade E.

Ils renferment : une **vaste piscine**, de 20 m. de long. sur 13 m. de larg., avec une profondeur variant de 1 m. à 1^{m}60 et alimentée par les eaux salines de l'abondante source de *la Tour*; les petites piscines de *Salies*, où se pratique la balnéation prolongée, à l'instar de *Louèche*; les baignoires de *la Tour* et de *Salies*.

La piscine de natation constitue par la grandeur de ses dimensions, par le cachet luxueux de son installation et par l'abondance et la qualité des eaux qui l'alimentent, une des curiosités les plus intéressantes de la région thermale pyrénéenne.

Etablissements particuliers

Thermes de Belle-Vue. — Admirablement situés au-dessus des Thermes de la ville. C'était, anciennement, l'hospice Thermal des Capucins de Médous. Ils partagent la source de la *Reine* avec les Thermes et comportent : 9 baignoires, 3 douches, dont une grande douche, récemment installée, et des douches ascendantes.

Thermes de Cazaux. — Situés entre le pavillon de *Salies* et l'établissement de *Théas* ; comprenant trois sources (de 46° à 51°) distribuées entre 8 baignoires, 3 douches, 1 douche locale et 1 buvette.

Le Petit-Bain ou Bain Lias. — (rue de Laspalles), nouvellement restauré, comprend 7 baignoires et 1 jolie salle d'hydrothérapie et est alimenté par 2 sources à 28°3 et 46°8.

Thermes de Versailles. — Rue d'Alsace, presque à l'entrée de l'avenue de Salut, contiennent 4 baignoires avec 2 sources de 23° et 36°.

Bains de Petit-Barèges. — En face des précédents, possèdent 4 baignoires, qu'alimente une source de 38°5.

Etablissement de Lasserre. — Rue du Théâtre. Buvette alimentée par une source sulfatée calcique et magnésienne, possédant des qualités laxatives.

Buvette de la Peyrie. — Sur le chemin de Salut, une des plus fréquentées de la station.

La buvette et les **bains de Tivoli**, un peu plus haut, utilisent 4 sources, connues, autrefois, sous le nom de *Sources Pierras* et dont l'une contient du sulfhydrate de calcium qui lui donne beaucoup d'analogie avec les eaux *d'Enghien*.

A citer, près de là, les **Bains du Grand-Pré**, dans l'avenue de Salut, qui possèdent une convenable installation pour bains et une buvette.

Thermes de Salut. — A l'extrémité et à dr. de l'avenue de ce nom (v. p. 285). Le traitement y est assuré, dans des locaux fort bien aménagés, par une buvette (32°20); 4 grandes salles de douches, précédées de nombreux déshabilloirs et munies des appareils d'hydrothérapie les plus perfectionnés; 28 cabinets de bains avec déshabilloirs et douches vaginales; 2 salles de douches ascendantes avec bain de siège; 1 salle de gargarisoirs; le tout desservi par un large corridor, dans l'ancien bâtiment et, dans le nouveau, par un vaste promenoir éclairé par sept grandes baies et auquel on accède par un magnifique perron. En outre, deux belles piscines et, au premier étage, terrasse spacieuse dominant le riant vallon de Salut.

Les eaux de Salut sont sulfatées calciques, arsenicales, ferrugineuses, diurétiques, sédatives, toniques et reconstituantes; on les emploie avec succès dans le traitement nerveux, de l'estomac, de la vessie, du diabète, etc.

Applications médicales

Les eaux de Bagnères donnent de surprenants résultats dans le traitement des maladies ou affections suivantes : *Maladies du système nerveux*, **arthritisme, maladies des femmes,** *maladies de la peau*, **maladies digestives** et des voies **urinaires, maladies de l'appareil respiratoire** *(Labassère* et *Salies).*

Influenza et ses suites. — Les eaux de Bagnères et, notamment celles de **Labassère** et de **Salies**, sont souveraines dans le traitement de la grippe infectieuse ou *influenza.*

En résumé, il est difficile de rencontrer une station thermale aussi privilégiée que Bagnères-de-Bigorre, à tous les points de vue, beauté du site, pureté de l'air, régularité du climat, abondance prodigieuse d'eaux, remarquablement riches en vertus curatives et organisation balnéaire de premier ordre, permettant, *d'un bout de l'année à l'autre,* à *2.000 personnes* de se traiter, simultanément, *chaque jour.*

Bagnères-de-Bigorre est appelé, fatalement, à devenir l'une des **stations d'hiver**, les plus recherchées, de la région pyrénéenne, comme elle est, déjà, pendant *l'été*, l'une des stations thermales les plus fréquentées.

Itinéraire dans la Ville

Un mot de la promenade des Coustous d'où nous faisons partir notre promenade de reconnaissance.

Les Coustous. — La promenade des *Coustous* qui s'étend de la place Lafayette, au N. à la place des Pyrénées, au S. est le rendez-vous par excellence de tout Bagnères. Une double rangée de tilleuls centenaires l'abrite contre les ardeurs du soleil, des petits bancs verts, semés de place en place, sollicitent les promeneurs et permettent de jouir sans fatigue, du spectacle pittoresque d'une foule de baigneurs et de touristes promenant à petits pas sa nonchalante oisiveté. C'est un gazouillis sans fin, un continuel va-et-vient, un échange ininterrompu de conversations sur tous les modes, où les menus événements sont prétexte à d'interminables commentaires. On a l'illusion des boulevards à l'heure de l'apéritif. Au nord se trouve un petit bassin alimenté par une source jaillissante.

Nota. — C'est *aux Coustous*, près du bassin sis à l'entrée de la place Lafayette, que stationnent les voitures de place.

Monter les Coustous, on arrive à la place des Pyrénées continuées au S. par les allées Tournefort,

Les Coustous.

prendre à dr. la rue de la Fontaine qui aboutit à la place de Strasbourg, tourner à g. au haut de la place et suivre la rue du Théâtre, on rencontre à g. la mairie, maison sans caractère spécial, à dr. la place Ramond au milieu de laquelle on a édifié, en 1896, un magnifique *marché couvert*, fort bien aménagé et d'élégant aspect, puis l'*hôtel des Postes et Télégraphes*, de construction récente, le *théâtre*, installé dans l'ancienne église des Cordeliers, à dr. encore la rue Saint-Jean, à g. les bains de Pinac, de Lasserre et de Moka, à dr. la rue Soubies qui mène à la place d'Uzer et on débouche sur la **place des Thermes**, ayant à g. le médaillon de **Soubies** dominant un curieux piédestal fait de fragments de roc et différents kiosques de loueurs de voitures, et en face de soi, l'**Etablissement des Thermes** au-dessus duquel on aperçoit les **Thermes de Bellevue**.

Tourner à g. sur la place, on laisse à dr. entre les Thermes et l'hospice, le chemin conduisant aux Thermes de Bellevue, aux allées de la Fontaine ferrugineuse et au Bédat, à dr. l'**hospice de Bagnères**, on continue par la rue d'Alsace où l'on rencontre à dr. les *bains de Versailles* et à g. les *bains du petit Barèges* et l'on prend à dr. l'**avenue du Salut**, laissant à g. la rue de ce nom qui aboutit aux **allées Tournefort** et ayant en face de soi l'établissement, aujourd'hui délaissé, des **bains de Santé**; on dépasse à g. la rue basse du Pouey, qui aboutit à la place de ce nom, les **bains du Grand Pré**, à dr. l'**Église réformée** et la **Buvette de la Peyrie** et l'on arrive au petit **Pont de la Moulette**.

Devant soi : la belle avenue ombragée qui conduit aux **bains de Salut** et que suivent les voitures; à dr. le chemin du **Bédat** et du **Monné** et, s'embranchant à g., dans ce dernier, indiqué par une petite grille en fer, le joli chemin romantique de Rieunel qui mène également **aux bains de Salut**. Remarquer à dr. les *chalets de la laiterie Carrère* et plus haut, sur un verdoyant mamelon la magnifique **villa Carrère**.

Tourner brusquement à g. pour suivre la rue **haute du Pouey** jusqu'à un carrefour où l'on prend à dr. le chemin conduisant aux **allées de Maintenon**, splendide promenade plantée de grands arbres et accessible aux petites voitures; laisser à dr. le *chemin de Maintenon* pour descendre à g. à la **place du Pouey** d'où partent à g. les rues *haute* et *basse du Pouey* qui mènent à l'*avenue du Salut*, devant soi, au N. la *rue des Pyrénées* qui, par les *allées Tournefort*, va tomber sur la place des Pyrénées et la *rue Longué* qui mène à l'avenue de *Campan* ainsi que la *rue Saint-Martin* qui aboutit à la même avenue et doit être continuée jusqu'au *quai de l'Adour*; jeter un coup d'œil sur la marbrerie qui fait l'angle N.-O. de la place et prendre tout à fait à dr. la rue qui longe une petite promenade plantée d'arbres et rejoint l'avenue de Campan à l'endroit où elle est continuée par la route nationale de Bagnères-de-Luchon. On traverse l'avenue, on laisse à dr. une grande marbrerie et on arrive au quai de l'Adour. On longe le fleuve à dr., on dépasse à g. la *rue du Quai* qui rejoint la rue Longue et la *rue Lorry* qui ramène aux Coustous. A g., le *tribunal* et la *prison*, puis la *rue Grasset* et la *rue du Pont de l'Adour*, qui passe devant l'église Saint-Vincent et va aboutir à l'angle N.-E. de la *place Lafayette*, au haut de l'*avenue de la Gare*. Laisser à dr. le pont de pierre et prendre à g. la *rue Castallat* qui débouche en face le *square des Vigneaux*; tourner à dr. et visiter la *marbrerie Geruzet* et le *parc* du même nom où est installé l'*observatoire de Bagnères;* de là, passer devant la gare et suivre tout droit le *chemin de la gare* jusqu'à la route nationale, tourner à g. à hauteur de l'octroi puis prendre à dr., devant la *sous-préfecture*, qui n'offre rien de remarquable, l'*avenue de la Fontaine ferrugineuse* et tourner à g. dans la *rue Gambetta*, laissant à dr. l'*église des Carmes*, on traverse la *rue Saint-Blaise*, qui va de la *rue de Tarbes* à la *rue des Vergers*, on remarque à dr. le couvent des *Carmélites* et on débouche sur le *boulevard Carnot* en face la *rue du Collège*, qui conduit à la place Ramond.

En suivant à dr. le boulevard Carnot, on remarque, à g. le Collège, vaste bâtiment sans style, on laisse à g. la *rue Montesquiou*, à dr. la rue des Jardins, qui communique avec la rue Sainte-Blaise et la *rue du Pont-d'Arras* que bordent à g. les grilles du Casino et que l'on prend pour se rendre aux *Néo-Thermes*, et l'on arrive à l'entrée des jardins du Casino.

Du Casino on peut regagner les Coustous par le boulevard Carnot et la place Lafayette ou bien se diriger vers la place des Thermes, jeter à dr. un coup d'œil sur le pavillon des buvettes et les *bains de Cazaux*, laisser à dr. les chemins qui conduisent à la fontaine ferrugineuse et au Bédat et prendre à g. la rue *Frascati*, on longe la petite place d'*Uzer*, on laisse à g. la rue *Larrey*, les bains Frascati et la place *Jeanne-d'Albret*, à dr. la *buvette Labassère*, la *rue Saint-Jean* et la rue du *Bourg vieux*; on continue par la *rue de l'Horloge*, on

La tour octogonale.

remarque à g. la curieuse *tour octogonale des Jacobins* et, prenant à g. la rue du Centre, qui à dr. rejoint la place de Strasbourg, on regagne les Coustous par la *place Lafayette*, d'où partent les voitures qui font le service des bains de Salut et de nombreuses voitures d'excursions.

Promenades

On peut faire de Bagnères une quantité prodigieuse de promenades, excursions ou ascensions.

Les *promenades* demandent de une à trois heures ; les excursions de une demi-journée à une journée entière et les ascensions, le temps nécessaire pour les faire complètes et instructives et pouvant aller jusqu'à deux journées. L'excursion de **Gavarnie**, par le *Tourmalet* demande trois jours.

Bains de Salut.

1 h. aller et retour, à pied; 30 m. en voiture.

Omnibus. — Un service d'omnibus partant de la place Lafayette dessert du matin au soir les bains de Salut. Prix : aller 0 fr. 35, retour 0 fr. 15.

Nota. — Les personnes qui prennent un ticket d'aller et retour ont droit à une réduction de 0 fr. 50 sur les prix des bains et douches de 1 fr. 50 et au-dessus.

Itinéraire. — De la place Lafayette, on suit le boulevard Carnot, la place des Thermes. la rue d'Alsace et on prend l'avenue de Salut qui mène directement aux Thermes de ce nom. A partir du *petit pont de la Moulette* (300 m.), on chemine sous les magnifiques ombrages d'une double rangée d'arbres séculaires, ayant à dr., le délicieux vallon de *Constance*, au fond duquel coule un petit ruisseau qui descend du Bédat et après un parcours d'environ un kil., on voit à g. la *villa Salut* et on arrive aux **Thermes de Salut** qui se dressent à droite du chemin, et que précède une belle promenade plantée de tilleuls.

Les voitures rentrent à Bagnères par le même chemin.

Si vous êtes à pied. — Laisser à dr. le chemin par lequel vous êtes arrivé et prendre à g. le ravissant chemin *de Rieunel* qui longe au nord le petit *vallon de Constance*, passe devant la *fontaine de Rieunel* que vous remarquez à g. laissant tomber goutte à goutte son eau fraîche et limpide dans une vasque modeste, au milieu du paysage le plus riant qui se puisse concevoir. Après avoir marché tantôt sous bois, tantôt à découvert, vous arrivez en quelques minutes au pont de la Moulette qui se trouve à droite de la grille établie à l'extrémité du chemin.

Pour rentrer à Bagnères vous pouvez ou prendre l'*avenue de Salut* ou suivre le chemin montant qui est à votre g. et qui mène au Bédat; vous tournerez à dr. un peu après les chàlets de la laiterie Carrère que vous verrez à g. et vous arriverez à l'entrée du chemin qui conduit aux fontaines ferrugineuses, au S. de l'établissement thermal.

Fontaines ferrugineuses.
Fontaine des Fées. — Bédat.
Grottes du Bédat. — Mont Olivet.
Allées dramatiques. Castel Mouny.
Plateau d'Esquiou. — Monné.

A pied ou à cheval 2 à 3 h. all. et ret.

Nota. — On peut aller en petite charrette jusqu'à la fontaine des Fées.

Funiculaire. — *Il est question de construire un funiculaire, allant de la* place des Thermes *au sommet du Bédat, où serait élevé un sanatorium. La gare serait édifiée entre les Thermes et l'entrée du Casino.*

Itinéraire. — Partir de la place des Thermes, prendre entre les thermes et l'hospice le principal sentier et suivre les marques rouges faites aux arbres. On passe derrière les *thermes de Bellevue*, on laisse à dr. le joli parc du Casino et appuyant toujours à g. on passe devant un pavillon maintenant abandonné au-dessus de la porte duquel on lit : *Fontaine ferrugineuse approuvée par l'Académie de médecine de Paris*; c'est la fontaine dite de la *Duchesse d'Angoulême*. En continuant on arrive à l'entrée de la propriété du Dr Lavigne, dans laquelle se trouve la fontaine ferrugineuse du même nom (défense d'entrer), on suit à dr. la charmante allée ombragée qui monte en pente douce et arrivé au tournant, par une éclaircie ménagée dans l'épaisseur des arbres, on découvre le magnifique panorama formé par la ville de Bagnères, la vallée de Campan à dr., les coteaux de Gerde et des Palomières en face de soi, et à g. la vallée de Tarbes, les villages de Pouzac, Trébons, Montgaillard et les flancs verdoyants du mont Olivet. On tourne à g. et en quelques minutes on atteint la fontaine des Fées (restaurant Carrère) indiquée par de nombreux écriteaux. Du jardin du restaurant situé à g. du chemin on jouit d'une très jolie vue.

Après la fontaine des Fées on suit la magnifique allée tracée en plein bois.

On arrive à une bifurcation.

Le chemin de dr. va au *col d'Arrêt* et au *mont Olivet*. Charmante promenade n'offrant aucune difficulté. Le chemin de g. ramène au pont de la Moulette par les grottes du Bédat.

Le chemin montant du milieu, un peu rocailleux, conduit directement au sommet du Bédat (881 m.). Suivons-le. On monte ferme pendant 15 m. environ et l'on ne regrette pas sa peine. Sur une plate-forme dénudée, d'où la vue se promène dans toutes les directions, se dresse la statue en bronze de **N.-D. du Bédat**. La Vierge regarde Bagnères, ses pieds reposent sur un globe appuyé sur une tête de lion, un aigle, une tête de bœuf et un ange. Le piédestal est en forme de colonne et s'appuie sur un soubassement fait de cailloux agglomérés. Dans une petite niche pratiquée à la partie antérieure du piédestal les croyants font brûler de petits cierges et déposent en l'honneur de la Vierge d'humbles bouquets composés avec les fleurs de la montagne.

On revient sur ses pas et au lieu de suivre le sen-min de la fontaine des Fées on tourne à dr., le tcotier bien entretenu s'incline en pente douce, soutenu de place en place par des murs en pierre, on aperçoit à g. en contre-bas une petite source dans une vasque naturelle, abritée par de grands arbres et près de laquelle sont disposés des bancs de pierre, c'est une *fontaine ferrugineuse*. Plus loin le bois s'éclaircit et l'on voit à dr. une barrière en bois à l'entrée d'une grotte. Une petite porte, toujours ouverte, permet de pénétrer dans la grotte. Ne vous aventurez pas trop loin, vous ne verrez rien de curieux et vous serez certain d'attraper un sérieux refroidissement. En contournant à dr. cette première grotte vous en trouverez deux autres plus importantes mais pour lesquelles nous vous faisons les mêmes recommandations.

Vous vous trouvez à une bifurcation. Le chemin de dr. conduit aux *allées dramatiques* et au délicieux vallon de l'*Élysée Cottin*. En le suivant, vous arrivez en moins d'une heure au pont de la Moulette, après avoir contourné les bains de Salut.

Par ce même chemin vous atteignez la nouvelle route de 2m50 de larg. construite par les soins de la municipalité et qui permet d'atteindre le *Plateau d'Esquiou* (1.076 m.) en contournant la montagne, par *Castel Mouny*. Du plateau d'Esquiou, vous pouvez gagner le *Monné* et redescendre par la *vallée de Lesponne*, au S., ou revenir par le village de Labassère et la vallée de ce nom, au N. (v. p. 295).

Le chemin de gauche vous mène au pont de la Moulette, que vous atteignez deux heures environ après votre départ de Bagnères, après avoir laissé à g. un chemin qui va tomber à votre point de départ et après avoir remarqué à dr. la jolie *villa* et la *laiterie Carrère*, où des écriteaux placés de chaque côté de la barrière d'entrée vous indiquent qu'on y peut boire d'excellent lait, manger du bon fromage et savourer beaucoup de choses exquises.

On rentre par l'avenue de Salut, la rue d'Alsace, les allées Tournefort, la place des Pyrénées et les Coustous.

C'est une promenade que vous recommencerez, sinon dans son ensemble, certainement dans beaucoup de ses parties.

Les Palomières. — Gerde. — Asté.

A pied ou à cheval, 3 h. all. et ret.

Itinéraire. — On quitte Bagnères par la **rue du Pont-de-l'Adour** qui part de l'angle N.-E. de la place Lafayette devant l'église Saint-Vincent et, après avoir traversé le quai de l'Adour et le pont de pierre jeté sur le fleuve, on suit la route de Bagnères à Toulouse. On laisse à g. l'*avenue de l'Abattoir* et la villa *Bonvouloir*, à dr. le Forail nouveau, jolie place plantée d'arbres, puis plus loin l'octroi ; on traverse le pont appelé Pont-de-Pierre et l'on prend à dr. un bon chemin trop peu fréquenté ; on laisse à dr. le chemin conduisant aux villages d'Asté et de Campan par la rive dr. de l'Adour et l'on s'élève par une pente assez rapide au milieu d'un splendide paysage ; au bout de 3 kil. on tourne à g., laissant à dr. le chemin conduisant à Gerde et, en quelques minutes, on atteint le sauvage plateau des Palomières, qui tire son nom de la chasse aux palombes qui s'y fait chaque année en octobre et novembre.

De cet endroit, la vue s'étend sur toute la vallée de l'Adour, sur la ville de Bagnères et ses environs. En descendant, on laisse à dr. le chemin par lequel on est arrivé et, appuyant à g., on atteint le petit village de *Gerde* (827 h.), que l'on traverse de l'est à l'ouest. En dix minutes on arrive à l'Adour, que l'on traverse sur un petit pont en amont d'une marbrerie et l'on rentre à Bagnères par la route de Luchon, l'avenue de Campan, la rue Longue et la rue de Lorry.

Ou bien, si l'on veut prolonger la promenade, après avoir passé *Gerde*, on suit à g., avant d'arriver à l'Adour, le chemin qui, en 15 min. conduit au village d'Asté (900 h.) assis à l'entrée de la gorge de Lhéris et au pied du pic d'*Asté*. A visiter l'église (du XVIe s.) qui renferme un tableau représentant Bernard d'Aspe et sa famille, et les ruines du Château qui abrita, dit-on, les amours du roi Henri IV et de la belle Corisandre. Une plaque de marbre, que l'on voit sur une des vieilles maisons avoisinant l'église, apprend au passant que là résida Tournefort pendant qu'il explorait le massif de Lhéris.

Pour rentrer à Bagnères on peut revenir par le chemin de Gerde ou prendre à dr., à la sortie du village, un petit chemin qui permet d'atteindre la route de Luchon en 10 min., à 3 kil. environ de Bagnères.

On peut compléter l'excursion en se rendant d'Asté à Campan 3/4 d'h. et retour par la route de Luchon; mais il est préférable de s'en tenir, selon nous, au retour par Gerde; Asté et Campan pouvant faire l'objet d'une promenade spéciale et suffisamment intéressante.

Pouzac. — Le camp de César. — Trébons.

A pied ou à cheval, 2 h. all. et ret.

Nota. — On peut aller en voiture ou à bicyclette jusqu'à Pouzac et Trébons.

Itinéraire. — On quitte Bagnères par la *rue de Tarbes*, que l'on descend en entier jusqu'à la route nationale de Bordeaux, qui la continue; on laisse à dr. le chemin de la gare et l'octroi, puis deux gracieuses villas et l'on prend le premier chemin à g., qui est le chemin du *Camp-de-César*. On laisse à g. le petit chemin qui dessert la tournerie Soulé et l'on s'avance à flanc de coteau sur les contreforts nord du mont Olivet; au bout de 25 min. de marche, on atteint *Pouzac*, qu'on laisse à dr. et on gravit un sentier assez raide qui, en 15 min., vous conduit à ce qui reste du camp de César. A défaut de vestiges rappelant de façon quelconque le séjour, en ce lieu, des légions romaines, on jouit d'une très jolie vue sur la plaine de Tarbes, les collines merveilleusement boisées qui lui forment au sud, à l'est et à l'ouest une riante ceinture et sur les nombreux villages dont elle est parsemée.

Tout près, vers le N. on distingue la curieuse silhouette de l'église fortifiée de Montgaillard, debout sur un vert monticule qui domine le village du même nom. Le chemin qui continue celui par lequel on est arrivé, permet de gagner Trébons en un quart d'heure. On descend tout droit jusqu'à la bifurcation de la route qui mène à la fontaine de Labassère. Là on laisse à dr. la partie de cette route qui mène à Pouzac et à la route de Bordeaux et on prend la route devant soi ; on arrive à l'église bien misérable de Trébons, on tourne à dr. dans le village qui n'offre rien d'intéressant, et on regagne la route de Bordeaux par laquelle on rentre à Bagnères.

Nota. — De Pouzac ou de Trébons on peut, si l'on est fatigué, rentrer à Bagnères par le chemin de fer.

Médous. — Baudéan. — Campan.

*A pied, à cheval ou en voiture, 12 kil. all. et ret.
Recommandée aux Cyclistes.*

Ces trois buts de promenade sont situés sur la route de Bagnères au Col d'Aspin et à Luchon décrite plus loin. V. p. 300. La jolie châtaigneraie de Médous, dépendant de l'ancien couvent de ce nom, n'est qu'à 3 kil., Baudéan à 5 kil. et Campan à 6 kil. de Bagnères.

De Campan ou de Baudéan, on peut rentrer à Bagnères par le village d'Asté (v. p. 293).

Excursions

Les excursions que l'on peut faire de Bagnères peuvent être divisées en excursions d'une demi-journée, d'une journée et de plus d'une journée. Par demi-journée nous entendons surtout l'après-midi.

Moyens de transport. — Ces excursions se font à pied, à bicyclette, à cheval, à mulet, en voitures particulières ou par les voitures d'excursions.

Voitures d'excursions. — Il part de la place Lafayette à des jours indiqués d'avance par des écriteaux affichés chez les différents loueurs, aux Thermes, au Casino et dans les nombreux hôtels et cafés de Bagnères, des voitures d'excursions pour *Lourdes*, la *vallée de Campan* et le *col d'Aspin*, les *Cascades de Gripp*, la *vallée de Lesponne* et le *lac Bleu*. Le prix des places varie de 3 à 5 fr. non compris le pourboire du cocher.

Excursions de la demi-journée
Ardoisières et Fontaine sulfureuse de Labassère.

A pied ou à cheval, 6 h. aller et retour.
En voiture, ou à bicyclette, 29 kil. 200.

ATTENTION. — Selon que vous ferez cette excursion à *pied* ou à *cheval* ou que vous la ferez en *voiture ou à bicyclette*, vous aurez à suivre deux *itinéraires* absolument **distincts**.

1º *A pied* ou *à cheval*. — Partant des *Coustous*, prendre à l'angle N.-O. de la *place Lafayette*, la rue de Tarbes, la descendre jusqu'à la Sous-Préfecture et tourner à g. dans l'avenue de la Fontaine ferrugineuse, prendre, ensuite, à dr. dans cette avenue, à la hauteur de la *rue des Vergers*, la *rue de Labassère*. On passe devant les chalets *Andrèbe*, à dr. et *Garrouset* à g. puis devant le chalet *Cavel* et la villa de *la Grandière*, à g. la villa *Morton* et le chalet Géruzet, toujours à g.; on contourne vers le N. le mont Olivet, on laisse à dr. la tournerie *Soulè* et un chemin conduisant à *Pouzac*, puis on tourne à g. pour se rapprocher du ruisseau de la

Gailleste dont on remonte la rive dr. et, après avoir franchi un petit ruisseau sur un pont de pierre, on laisse à g. un chemin qui passant par les anciens bains de la Reine, mène au plateau de *Sarramèa*, d'où l'on peut regagner Bagnères, par le pied du Bédat, le col de Ger, le pont de la Moulette et l'avenue de Salut. On traverse sur un pont de pierre le ruisseau de la *Gailleste*, on gravit une rampe assez pénible et, après 1 h. 15 environ, on atteint le plateau et le *village de Labassère* (760 h.) à 730 m. d'alt. A remarquer, sur le sommet de la colline, les vestiges du *donjon* carré de Labassère dont les signaux correspondaient, dans le temps, avec ceux du château de Mauvezin, qu'on aperçoit vers l'E. On traverse le village, on laisse à dr. un chemin qui, par le village de *Couderouze*, va rejoindre la route de Pouzac, on franchit un verdoyant vallon et après avoir gravi les pentes abruptes d'une montagne couverte de fougères on descend un chemin à lacets qui passe devant les grandes **ardoisières** de Labassère (2 h. de Bagnères).

Nota. — Les grandes ardoisières de Labassère occupent environ 200 ouvriers et fournissent, par jour, plus de 50.000 magnifiques ardoises.

De l'Ardoisière, 40 m. suffisent pour gagner l'humble hameau des *Soulagnets* où l'on franchit l'Ossouet, pour suivre à g. la route carrossable. Le chemin s'élève rapidement, taillé en plein roc, on franchit deux petits ponts dépourvus de parapets, on regarde à dr. le torrent qui précipite, en mugissant, sa course désordonnée et 3 h. après avoir quitté Bagnères, on s'arrête avec plaisir, au petit établissement de Labassère, qui s'élève sur la g. à l'extrémité du chemin.

Fontaine sulfureuse de Labassère. — A l'endroit même où l'eau sulfureuse, si justement vantée, sort du rocher, s'élève le modeste bâtiment où elle est recueillie, prise en larges bouteilles pour de là être transportée à Bagnères ou simplement mise en bouteilles pour l'exportation. Une plaque de marbre blanc, placée au-dessus de la porte d'entrée, porte cette inscription :

Source sulfureuse de Labassère, découverte en octobre 1800 par Jacques Pédéfer,
curé de la commune.

Chaque jour des charrettes portent aux Thermes de Bagnères l'eau nécessaire au traitement des baigneurs; là on lui donne une température de 20° car à sa sortie de la montagne elle n'a que 12°. Impossible de rêver rien de plus majestueusement sauvage que ce coin de montagne, niché à près de 1.000 m. d'altitude, à 750 m. au-dessous du sommet de *la Peyre* qui dresse au S. sa masse imposante.

Retour. — Pour rentrer à Bagnères, on a le choix entre le chemin suivi à l'aller et la route des voitures. C'est cette dernière que nous vous conseillons de prendre (14 kil. 600).

2º **En voiture ou à bicyclette**. — Départ par la rue de Tarbes et la route nationale de Bordeaux, que l'on suit jusqu'à Pouzac. On traverse le village presque en entier et on prend à g. un large chemin bordé de maisons. Remarquer à g. la magnifique colonne de marbre noir, surmontée d'une urne en marbre blanc, de 7 m. de hauteur, élevée à la mémoire de Gabriel Laffaille, maréchal de camp du génie. On traverse un ruisseau, on tourne à dr. et après avoir parcouru 2 kil., on arrive à l'embranchement du chemin qui mène à Trébons, à dr., et du sentier qui conduit au *camp de César*, à g. On entre alors dans la jolie vallée de l'Ossouet qu'on franchit, 2 kil. plus loin sur un petit pont de pierre. On laisse à dr. le chemin montant qui mène à *Lourdes*, par *Neuilh*, *Arrodets*, les *Angles* et *Arcizac*. On peut encore par cette route gagner la vallée d'Argelès, au moulin du Pont-Neuf (18 kil.) Le premier chemin qu'on rencontre à g. sur cette route dessert le joli *plateau de la Croix Blanche* couvert de hautes bruyères, le village de *Germs* et la *Houre Debat* situés à 1.000 m. d'altitude et d'où l'on jouit d'une vue magnifique.

Suivons la rive g. de l'Ossouet, qui cascade à g. de la route, on arrive, après avoir dépassé nombre de minuscules moulins, grands au plus comme une cabane de cantonnier, à l'usine où se préparent les ardoises provenant des grandes ardoisières de Labassère. A dr. les monceaux de débris provenant de l'exploitation, contrastent étrangement avec la verdoyante fraîcheur du vallon au-dessus duquel on distingue, à g. les ruines du donjon carré et la petite église de Labassère. A 12 kil. 700 on atteint le hameau des Soulagnets dont la fontaine sulfureuse n'est éloignée que de 2 kil. à peine. Retour par la même route.

Nota. — Les petites voitures seules peuvent monter jusqu'à la fontaine. Quant aux grandes voitures elles s'arrêtent aux Soulagnets et les visiteurs font à pied le reste de l'excursion. *Il arrive parfois que les cochers s'arrêtent bien avant les Soulagnets, prétextant que le chemin n'est plus carrossable ; c'est une mauvaise plaisanterie à laquelle vous auriez cent fois tort de vous prêter.*

Excursion à Lourdes.

En chemin de fer, par Tarbes, 43 kil., trajet 1 heure.
En voiture, par Loucrup, 22 kil. trajet en 1 h. 30.

Moyens de transport. — Voir les indications de notre chap. Excursions, page 294. *Belle excursion à faire à bicyclette.* Il est question d'organiser un service de *voitures automobiles*, de Bagnères à Lourdes.

Itinéraire. — 1º En chemin de fer (v. p. 271 de Bagnères à Tarbes et p. 257, de Tarbes à Lourdes).

2º **En voiture**; par Loucrup. — Départ par la route nationale de Bagnères à Bordeaux ou route de Tarbes; on traverse les villages de Pouzac et de Trébons et à 7 kil. de Bagnères, à 500 m. à peine du village de Montgaillard, à hauteur d'un gouffre appelé *Trou* ou *Gouffre de la Salière*, on tourne à g., on laisse à dr. un chemin qui mène à Montgaillard, on gravit un charmant vallon et l'on arrive (600 m. d'alt.) au sommet du col qui sépare le bassin de l'Adour du bassin de l'Echez. De là on descend, on laisse à dr. le village de Loucrup qu'on aperçoit perché sur une colline et à g. la route qui, par le village d'Astugue, rejoint la route de la vallée d'Ossouet. La vue qu'on découvre de ce point est magnifique.

En continuant à descendre dans la vallée de l'Echez, que l'on traverse (13 kil.) on laisse à dr. un chemin qui va rejoindre, au-dessus du village de Louey, la route nationale de Tarbes à Lourdes, puis, un peu plus loin, le village d'*Escoubès* et le hameau de *Ponts*; on franchit deux fois le *Magnas*, affluent de l'Echez, et on arrive à **Arcizac-ez-Angles**, joli village, dominé par une colline au sommet de laquelle on aperçoit à g. les ruines du château des barons des *Angles*. Dans la traversée du village on laisse à g. la route qui permet de rentrer à Bagnères par *Germs* et la vallée de l'*Ossouet*. En sortant d'Arcizac (17 kil.) on laisse à dr. le chemin de Lézignan qu'on découvre sur la dr. à 1 kil. environ; on franchit à nouveau le *Magnas* et après une série de montées et de descentes on arrive dans la vallée de Lourdes, on traverse la ligne du chemin de fer de Lourdes à Pierrefitte et l'on arrive à **Lourdes** dont on aperçoit à dr. le curieux château-fort (22 kil.).

Cascades de Gripp.

(32 kil. aller et ret.)

Moyens de transport. — On peut se rendre aux cascades de Gripp à pied, à cheval à bicyclette ou en voiture. Les voitures s'arrêtent aux auberges des Cascades.

Itinéraire. — Départ des *Coustous*, par la place des Pyrénées, les allées Tournefort, la rue des Pyrénées et la place du Pouey, d'où l'on gagne la route thermale de Bagnères à Luchon. On laisse l'octroi à dr. et à g., la marbrerie Cazenave et la buanderie publique, puis à g. encore le chemin qui conduit à *Gerde* et aux *Palomières*. On longe la rive g. de l'Adour dont l'eau bleuâtre coule, rapide, emplissant l'oreille d'une bruissante mélodie, on laisse à dr., un four à chaux, puis on découvre à g. le petit village d'Asté, paisiblement assis à l'ombre de l'immense bois de Saüs, qui couvre les pentes septentrionales du pic d'Asté. A dr., sur la hauteur, protégé par une enceinte de murs antiques, l'ancien *couvent de Médous*, dont la belle châtaigneraie, que l'on voit à dr. (4 kil.) est un but de promenade très fréquenté des baigneurs et touristes et l'on arrive, après avoir franchi un petit pont au village de Baudéan (5 kil.) (Défense de trotter dans le village.)

Baudéan (780 hab.), n'a de remarquable que sa vieille église dont la porte date de la fin du XVIe s. et dont la voûte est en bois. C'est là que naquit le fameux chirurgien militaire, *Baron Larrey*, dans une modeste maison que l'on voit à gauche en traversant l'unique rue du village et dont la façade porte une plaque en marbre relatant l'événement.

En sortant de Baudéan, le paysage se modifie, les montagnes se rapprochent, et l'on entre dans la si pittoresque vallée de Campan. A dr. avant de passer un pont de pierre à deux arches, se détache la route qui remonte la *vallée de Lesponne* et que l'on suit pour aller aux cabanes de *Chiroulet* et au *lac Bleu*. De l'autre côté du pont, à dr. une scierie, puis on tourne brusquement à g. et l'on entre dans le bourg de **Campan** (2.872 hab.) éclairé, comme son voisin Baudéan, à l'électricité. On laisse à g. les halles et une jolie fontaine en marbre; à dr. on remarque le vieux clocher flanqué de ses quatre clochetons, puis, plus loin, à g. une fontaine en marbre et, à la sortie du bourg, à dr., un magnifique calvaire avec christ, également en marbre. En jetant les yeux à g. on aperçoit, dans la montagne, les cabanes du Teillet, perchées à 1.200 m. d'alt. à dr. et à g. des plants de pommiers font songer à la Normandie; la vallée se resserre et présente le plus curieux des contrastes; tandis qu'à dr. les vertes prairies et les bois touffus garnissent sur toute leur étendue, les flancs de la montagne, à g. de l'autre côté de l'Adour et du vallon, le roc est triste et dénudé; d'un côté, la désolante sécheresse, de l'autre, l'exubérante fertilité. On dépasse le hameau de Rimoulac et une petite chapelle et l'on arrive (12 kil.) au village de *Sainte-Marie*, où viennent se rencontrer, venant du sud-est l'*Adour de Gripp* qui arrose la vallée de ce nom et, venant du sud-ouest, l'*Adour de Séoube* qui coule à travers la vallée de Séoube. *A partir de ce point, la montée s'accentue.*

On tourne à dr. devant l'église, laissant à g. la route thermale de Luchon, par le col d'Aspin. En sortant de Sainte-Marie, on voit à g. la terrasse de Gripp, verte et boisée, couverte de maisons et d'étables et riche en coqs de bruyère. On laisse à dr., la chapelle Saint-Michel et on passe devant l'hôtellerie des voyageurs, dans le petit village de Gripp (boîte aux lettres à g.). A g. se détache le chemin des *Bagnets*, qui conduisait au petit établissement de bains, enlevé et complètement détruit par une avalanche et qu'on aperçoit au fond du vallon, à g. avant d'arriver au chemin des cascades. En sortant de Gripp, on laisse à dr. un chemin raviné par les avalanches et que doivent prendre les personnes qui viennent à pied ou à cheval, de Bagnères, pour faire l'ascension du Pic du Midi. La route monte, soutenue çà et là, du côté du vallon, par de solides murs de soutènement, on remarque à dr. les dégâts commis par les nombreuses avalanches et on arrive à un petit chemin qui se détache de la route à g. et par lequel on descend aux hôtelleries qu'on aperçoit devant soi au fond du vallon. Les voitures s'arrêtent à l'une des deux hôtelleries et on se dirige à pied vers les cascades.

Les cascades. — Pour gagner la première cascade on passe entre les 2 hôtelleries, on appuie à g., on traverse un petit pont et on se dirige droit devant soi par un petit sentier qui oblique un peu à dr., vers un bouquet de grands sapins. En 5 min. on arrive à la cascade, qu'un petit sentier rocailleux, taillé capricieusement dans la montagne, permet de contempler dans toute sa splendeur.

Pour atteindre la seconde cascade, on ne traverse pas le petit pont et on suit la rive g. du torrent (7 à 8 min. de marche).

Nota. — C'est de Gripp que se font le plus souvent les ascensions au Pic du Midi. On peut coucher aux hôtelleries où l'on trouve guides et montures.

Le chemin qui monte à g. à travers les sapins, après avoir traversé le petit pont, conduit à Payolle et rejoint la route thermale de Bagnères à Luchon (environ 2 h. de marche).

En continuant tout droit, au lieu de descendre aux hôtelleries, on contourne au S. le Pic du Midi et, par le col de Tourmalet, on atteint Barèges, Luz, Saint-Sauveur et Gavarnie.

Vallée de Lesponne.

32 kil. all. et ret. jusqu'au pont de Houre.

Nota. — C'est par la vallée de Lesponne qui se termine au pont de Houre, ou mieux, aux *Cabanes de Chiroulet*, qui en sont voisines, que se fait l'ascension du Lac Bleu (V. p. 312)

Moyens de transport. — Cette excursion peut se faire à pied, à cheval, à bicyclette ou en voiture.

Itinéraire. — On suit la route thermale de Bagnères à Luchon jusqu'à la sortie de Baudéan ; avant de traverser le premier pont de pierre qu'on rencontre et à hauteur d'un poteau indicateur en fonte qu'on voit à dr., on tourne à dr. dans la vallée de Lesponne (10 kil. 200 jusqu'au pont de Houre). Le chemin, nouvellement réparé et élargi, est bien entretenu, on longe l'Adour de Lesponne qui coule à g., on traverse toute une série de petits villages ou hameaux, on laisse à dr. la petite église de Lesponne, on descend une côte rapide, la vallée devient de plus en plus étroite, enserrée qu'elle est entre deux rangées de hautes montagnes dont les pentes sont couvertes de magnifiques bois de hêtres. Une quantité de petits ruisseaux, coulant avec une rapidité incroyable le long de la colline, alimentent et font mouvoir des moulins microscopiques, échelonnés le long de la route ; on aperçoit, loin devant soi, la cascade brillante formée par la chute des eaux du Lac Bleu, la route décrit de nombreux détours, la montée s'accentue, puis on descend et l'on aperçoit au fond de la vallée les très modestes *cabanes de Chiroulet,* terme de l'excursion en voiture ou à bicyclette.

Nota. — On peut se rafraîchir et même manger quelques fraîches truites à la petite maison où s'arrêtent les voitures et qui est la dernière au sud. C'est de cette maison, par le sentier qui passe à g. que se fait l'ascension du **Lac Bleu** (3 h. 1/2 à 4 h. aller et retour.)

Excursions d'une journée et plus
Vallée de Campan.
Payolle.— Marbrières de Campan.
Col d'Aspin.

50 kil. all. et ret.

Nota. — Cette excursion est certainement l'une des plus intéressantes que l'on puisse faire de Bagnères. On déjeune généralement à l'auberge de Payolle où les cochers trouvent un abri pour leurs chevaux, mais nous engageons vivement les amateurs de pittoresque qu'une heure de marche n'effraie pas à emporter leur déjeuner. Ils pourront de cette façon contempler à leur aise le féerique panorama qu'on découvre du haut du col et, au besoin s'offrir la bénigne ascension du Monné rouge qui ne demande guère plus de 1 h. 30 aller et retour. Après s'être reposés, ils redescendront les 5 kil. de belle route qui les remettront à Payolle et pourront, en passant, compléter leur excursion par une visite aux *marbrières de Campan* qui sont au bord de la route, indiquées par une magnifique croix cubique en marbre rose.

Moyens de transport. — Cette excursion peut se faire à pied, à cheval ou en voiture, voire même à bicyclette. Les voitures d'excursion partent de Bagnères vers 9 h. du matin et sont de retour entre 5 et 6 h. du soir.

Itinéraire. — Le même, jusqu'à *Sainte-Marie*, que pour l'excursion de la vallée et des cascades de Gripp. Arrivé à l'église de Sainte-Marie, on laisse à dr. la route de Gripp et on continue vers le S.-E. Ce ne sont à dr. et à g. que vertes prairies sillonnées de ruisselets jaseurs qui se précipitent à chaque pas sur la route et vont en toute hâte apporter le tribut de leurs eaux à l'Adour de Séoube qui coule tumultueusement à g. On rencontre à dr. et à g. deux scieries, puis, plus loin, à g., une petite chapelle dédiée à saint Roch; on découvre Sainte-Marie et toute la vallée de Campan, le coup d'œil est magnifique. A g. encastrée dans le pignon d'une humble maisonnette une petite croix en marbre noir, gracieusement découpée, porte cette inscription : « Dominique Gaye, mort ici le 24 juin 1875. » A dr., plus loin, dans le roc, une petite niche contenant une statue de la Vierge; on traverse un hameau dont les habitations sont échelonnées aux flancs d'un riant vallon; à g. un grand crucifix rouge avec les attributs de la Passion; puis un autre hameau; on continue de longer l'Adour qui cascade avec un bruit étourdissant, on laisse à g. un petit pont de bois, le paysage devient plus sévère, les sapins remplacent, presque partout, les hêtres, des blocs erratiques, aux formes bizarres, parsèment çà et là de taches grisâtres la verdure sombre des bois, on traverse un joli pont de pierre, jeté sur l'Adour, la vallée devient moins sauvage et (18 kil.) on arrive à Payolle. L'auberge est à dr. (boîte aux lettres, desservie seulement du 1er mai au 1er octobre).

Nota. — Si vous n'avez pas emporté de quoi déjeuner, commandez votre repas pour le retour du col.

On part de l'auberge, on laisse à dr., le *Canp*

Bataillé, fameux dans l'histoire du Bigorre (v. p. 275) et quelques maisonnettes éparses; on roule sur une chaussée de marbre et on arrive à g. au hameau d'*Espiallet* où habitent les ouvriers qui travaillent à la grande carrière des marbres de Campan, que vous pouvez visiter sur la g. C'est là qu'ont été taillées les colonnes du Grand Trianon, 22 colonnes du palais royal de Berlin et 8 colonnes du nouvel Opéra de Paris. Une magnifique croix cubique, en marbre de Campan, se dresse à g. en avant du hameau, dont les maisonnnettes, curieuse antithèse, sont construites de fragments de marbre et couvertes de chaume ou de bruyère. On décrit un crochet à dr. et on gravit une rampe très raide en plein bois de sapins; l'un d'eux à dr., affecte la forme d'une fourche gigantesque, on dépasse des bornes kilométriques en marbre, on découvre, à un ressaut de la route, le grandiose panorama du Pic du Midi et des hauts pics qui lui servent d'escorte, puis ce sont des champs entiers de fougères, la ligne des bois se recule, on débouche dans un petit vallon où se dresse à dr. une cabane de pâtre et (25 kil.) les chevaux s'arrêtent, on est arrivé au sommet du **col**. A gauche se dresse le **Monné rouge** dont on atteint le sommet, par un petit sentier qu'on voit à g., en 1 h. environ et d'où la vue s'étend sur un horizon immense (alt. 1.497 m.).

Point de vue. — Si, vous avançant à l'extrémité d'un petit mamelon qui se termine par une muraille à pic, un peu sur la dr., vous jetez les yeux sur le spectacle grandiose qui se déroule devant vous, vous apercevez, dans le fond de la vallée, le village d'Aspin, à g. la vallée de la Neste, à dr. la vallée d'Aure, puis, plus bas, à dr. le bourg d'Arreau, où mène la route du col pour, de là, se continuer jusqu'à Luchon dont vous apercevez, à g. la ceinture de hautes montagnes. Dans le lointain se dessine le massif de la Maladetta, dont les glaciers resplendissent au soleil, puis à dr. le *pic de Nethou*, le *Port de Vénasque* et, à dr. de ce dernier, le *pic* *de la Pique* et les glaciers de *Crabioles*; plus loin, toujours à droite ce sont les glaciers de *Clarabides* fréquentés en toute saison par des bandes d'izards, le Pic du Midi de *Gennoz* et le *Port de Planque*, en spagne, enfin, derrière la ligne dentelée des montagnes de Luchon, vous découvrez à g., le pic de *Saint-Bertrand de Comminges* et, plus près de vous, assis en pleine montagne, le village *d'Ardengost*.

Quand vous aurez admiré ce merveilleux tableau vous n'hésiterez pas à gravir le Monné rouge où vous attendent de nouvelles surprises et de plus palpitantes émotions. C'est pour cela que nous vous engageons à déjeuner là, sauf à redescendre à pied jusqu'à Payolle, pour y retrouver vos voitures.

Nota. — On rapporte toujours de cette excursion de magnifiques chardons, en forme de cocardes, jaunes et blancs, qui ont la propriété d'être très décoratifs et de se conserver indéfiniment.

Excursion à Luchon.
par le col d'Asquin

69 kil. 2 jours de voiture à l'aller seulement.
1 j. à bicyclette.

Renseignements. — Cette excursion, qui est le prolongement de la précédente, est extrêmement intéressante, bien qu'un peu longue. Elle se fait en deux étapes; le premier jour on s'arrête à Arreau où l'on couche et d'où l'on part le lendemain pour gagner Luchon.

Itinéraire. — Du col d'Aspin (v. ci-dessus), on descend par une route, aux zigzags fantastiques, en pleine vallée et, après avoir laissé à dr. le village d'Aspin, on arrive (36 kil.) à *Arreau* (1.077 h.), au confluent de la Neste d'Aure, de la Neste de Louron et de la Lastie et d'où l'on peut gagner au S. à 2 kil. la petite ville de *Cadéac*, renommée pour ses sources d'eaux sulfureuses froides, très riches en sulfure de sodium et employées avec succès dans les maladies de peau. A 7 kil. au N. en pleine vallée d'Aure, se trouve *Sarrancolin*, célèbre par ses marbres.

Nota. — *Arreau* est maintenant relié à *Lannemezan*, station de la grande ligne de Bayonne à Toulouse, par une voie ferrée. Souhaitons que dans un avenir peu éloigné la jolie petite ville d'Arreau soit reliée, de même façon, à Bagnères-de-Bigorre et à Luchon. C'est près d'Arreau que se trouvent les mines de *manganèse* de Soulan et de Guchen.

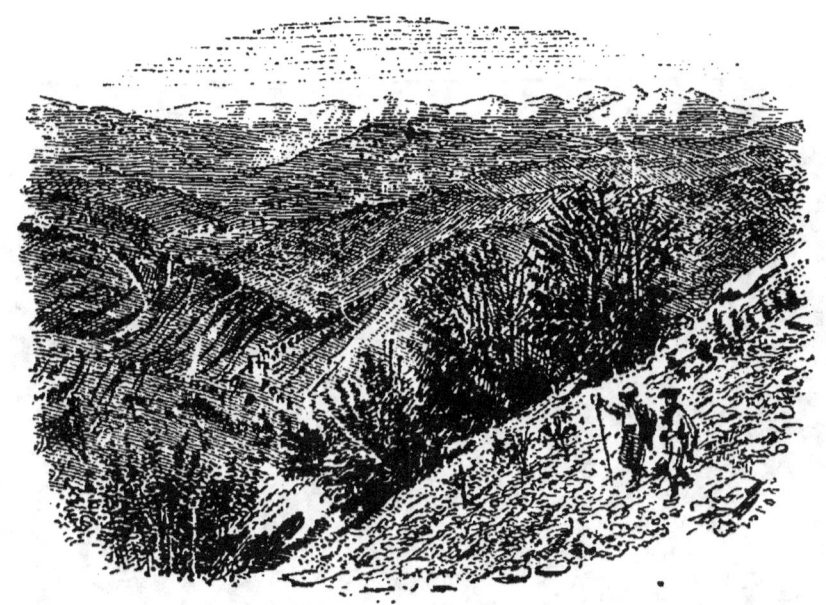

La Vallée d'Aure.

En sortant d'Arreau, on laisse à dr. la route de Cadéac, on suit la vallée du *Louron*, on laisse à dr. *Couret* et à g. *Cazaux-Debat*, on longe la rive g. du Louron et après avoir laissé à g. une scierie, on traverse le hameau de Médas qui précède le bourg de *Bordères* (42 kil.), bâti sur la rive dr. de la rivière et dont on aperçoit le château, puis on passe entre les immenses bois de *Lherm*, à g. et de *Hayaou*, à dr. et avant d'arriver au village d'*Avajan* (45 kil.) on traverse le Louron. La vallée s'élargit, on laisse à g. *Fréchet-Cazeaux* puis à dr. (50 kil.) Loudervielle, la route décrit deux lacets très prononcés puis tourne brusquement à g. On gravit

Le Col du Tourmalet et le Pic du Midi.
(Phot. de Lafont, libraire, 63, allée d'Etigny, à Luchon)

une côte escarpée pour atteindre le *Port de Peyresourde* (alt. 1.545 m.) d'où l'on descend dans la vallée de l'Arboust; on laisse à dr. une petite chapelle dédiée à saint Pierre, à g. le village de Garin, puis on traverse le bourg de Cazaux-Larboust (62 kil.), le village de Saint-Aventin, on laisse à g. le chemin allant à *Saint-Paul* d'Oueil, on franchit la Neste sur un joli pont de pierre et l'on arrive à **Luchon** par la fameuse allée des Soupirs (69 kil.)

Excursion à Barège. — Luz. — Saint-Sauveur et Gavarnie.

par le col de Tourmalet

65 kil. en voit. (4 jours aller et retour.)

Observation. — Les personnes que n'effraient pas quatre jours de voiture peuvent s'offrir cette jolie excursion, mais nous conseillons fortement à celles qui sont un peu faibles ou, qui, plus simplement, visent à l'économie, de s'abstenir.

Nota. — Cette excursion peut être faite à *bicyclette*, en 2 ou 3 jours.

Itinéraire. — *De Bagnères à Barèges* (40 kil.). — On prend la route suivie pour aller aux Cascades de Gripp; on laisse à g. le petit chemin descendant aux hôtelleries; on passe devant le dépôt Lartigue, à dr. de la route, dépendant de l'observatoire du pic du Midi, puis, tournant à g., ou franchit sur un pont de pierre le ruisseau de Tourmalet; la route décrit un grand lacet, puis revient sur la dr., suit la rive dr. du ruisseau de Tourmalet, qu'elle franchit à nouveau avant d'arriver à quelques cabanes que l'on rencontre à g. et, par une série de lacets, on arrive au point culminant du col de Tourmalet (2.122 m.) d'où la vue s'étend très loin vers l'O. En continuant, on remonte vers le N., on laisse à dr. au fond du grand lacet que fait la route et à la hauteur des petites cabanes de *Toue* que l'on trouve à droite, le sentier qui mène au *Pic du Midi*, par le lac d'*Oncet*.

Nota. — C'est ce chemin que doivent suivre les personnes qui veulent visiter le pic et son observatoire, sans avoir trop à monter. De ce point on arrive en 2 h. 30 au sommet.

On descend rapidement et 4 h. après avoir quitté Bagnères, les chevaux s'arrêtent à Barèges.
De Barèges à Luz-Saint-Sauveur (v. p.250).
De Luz-Saint-Sauveur à Gavarnie (v.p.241).

Nota. — On trouve à Barèges, à Luz, à Saint-Sauveur et à Gavarnie d'excellents hôtels.

(V. notre *Agenda bleu* à la fin du volume.)

Ascensions

On peut faire de Bagnères une quantité considérable d'ascensions dont la description nous entraînerait bien au delà des limites de notre ouvrage; nous décrirons simplement les deux principales qui sont celles du Pic du Midi et du Lac Bleu pour lesquelles on peut, à la rigueur, se passer de guides. Toutefois nous recommandons à nos lecteurs de se faire accompagner d'un guide pour l'ascension du Pic du Midi, surtout s'ils font cette ascension à cheval ou à mulet.

Le pic du Midi de Bigorre.

Observation. — Cette ascension se fait en une journée; on part de Bagnères en voiture ou à cheval à 4 h. du matin, on arrive vers 7 h. aux cascades de Gripp, il faut, de là 4 h. 1/2 à 5 heures pour atteindre le sommet, on déjeune à l'hôtellerie Plantade (v. plus loin) et on est de retour à Gripp vers 4 h., ce qui permet de rentrer à Bagnères pour dîner à 6 h. du soir.

Ou bien on suit en voiture la route du col de Tourmalet jusqu'aux cabanes de Toue (v. page 309) et on fait l'ascension par le *lac d'Oncet* et l'on retrouve sa voiture à Gripp; *ou bien encore*, on va coucher le soir à Gripp et on fait l'ascension de bon matin à moins qu'on ne préfère, *ce que nous recommandons*, partir de Bagnères vers midi, de façon à arriver à Gripp vers 3 h. et aller coucher le soir à l'*hôtellerie Plantade*, qui n'est qu'à une heure du sommet et d'où le lendemain matin on pourra assister au spectacle grandiose du lever d u soleil, du haut du pic.

Nota. — Les bicyclistes pourront laisser leurs machines aux auberges de Gripp.

Itinéraire. — *A pied* ou *à cheval*. — On gagne le village de Gripp (v. p. 299) ; en sortant du village, on prend à dr. un chemin raviné planté d'arbres, c'est le chemin du Pic, que longe le fil télégraphique qui relie l'Observatoire à Bagnères, on a au-dessous de soi à g. la route de Gripp et du Tourmalet. Après avoir dépassé les hôtelleries des Cascades, que l'on voit dans le fond à g., on arrive au sentier tracé dans le vallon d'Arizes. Il n'y a qu'à suivre tout droit, on arrive au col de *Sencours*

Hôtellerie Plantade et Lac d'Oncet.

au fond duquel se trouve l'*hôtellerie Plantade* où l'on peut manger et coucher. A g. se détache le sentier qui, par le lac d'*Oncet* rejoint la route de Tourmalet aux Cabanes de *Toue* et permet de gagner soit Bagnères, soit Barèges.

Nota. — Bien que les chevaux et les mulets puissent aller jusqu'au sommet du pic, nous conseillons aux touristes de laisser leurs montures à l'hôtellerie et d'effectuer à pied le reste de l'ascension.

De l'Hôtellerie au sommet une heure suffit, le sentier est assez pénible, on traverse le *Col du Laquet* (2.600 m.), et on arrive aux constructions de l'Observatoire, adossées à la montagne, à 2.870 m. d'alt. et à 7 m. au-dessous du sommet. La principale construction, orientée en plein S., consiste en un grand bâtiment rectangulaire de 26 m. de long, couvert de larges ardoises et protégé par quatre paratonnerres. En passant à dr. de ce bâtiment, on arrive à la plateforme qui couronne le Pic du Midi (2.870 m.) et, si le temps est clair, on découvre un panorama qui dépasse en étendue et en variété tout ce que l'esprit peut imaginer.

Nota. — Cet observatoire le plus élevé de l'Europe a été fondé par le général Nansouty et par M. Vaussenat, ingénieur. C'est en 1874 que le général Nansouty fit les premières observations régulières, qu'il continua jusqu'à sa mort arrivée en 1891. Il a été remplacé par M. Marchand. Aujourd'hui l'observatoire du Pic du Midi est propriété nationale et l'entrée en est interdite au public. On y a érigé, en 1898, le buste du général de Nansouty.

En voiture et à pied ou à cheval. — On gagne en voiture les hôtelleries de Gripp où on trouve guides et montures. Le sentier qui conduit au Pic par le vallon d'Arizes (v. plus haut) se détache à dr. de la route de Tourmalet, après avoir dépassé le dépôt Lartigues.

Nota. — Quelques guides intrépides vous diront qu'on peut faire le même jour l'ascension du pic du Midi et revenir par le lac Vert ou de Peyralade et le lac Bleu, ne les écoutez pas. C'est éreintant d'abord, et, par-dessus tout, dangereux.

Le Lac Bleu.

(*alt.* 1968 *m.*)

Par la vallée de Lesponne et les cabanes de Chiroulet. 16 *kil. jusqu'aux Cabanes.* — 3 *h.* 1/2 *montée et descente.*

Itinéraire. *A pied, à bicyclette ou en voiture.*

— Gagner les cabanes de Chiroulet (v. p. 302) où on laisse les voitures. On prend à g. de la petite auberge un sentier qui traverse l'Adour de Lesponne et on s'engage dans un petit bois où l'on découvre bientôt une jolie cascade, à la sortie du bois on se trouve dans un vallon sauvage parsemé de blocs énormes et au milieu duquel coule le torrent formé par les eaux du lac bleu. On suit le sentier tracé dans l'herbe sur la rive dr. du torrent, puis à 1 h. 15 environ des Cabanes, on franchit le torrent sur un pont très primitif, 30 m. après on passe le second pont, et par une série continue de lacets on arrive à l'endroit d'où l'eau du lac sort de la montagne. Un sentier qu'on voit à g. conduit au *lac vert* ou de *Peyralade* et au Pic du Midi. On tourne à dr. et après avoir descendu deux marches on se trouve à l'entrée du tunnel creusé dans le roc et sous lequel passent les deux énormes conduites qui plongent dans les eaux du lac et permettent, aux jours de grande sécheresse, d'augmenter le débit de l'Adour. C'est un travail du plus haut intérêt scientifique et de la plus grande utilité.

De là, en reprenant le sentier, on arrive en quelques min. dans le cirque immense au fond duquel scintille le bleu miroir des eaux du lac. A g. une petite construction où se trouvent les robinets de prise d'eau, à dr. les ruines de quelque ancienne maison de pâtre et, devant soi, le lac dont la superficie est de 49 hectares. Les emprunts qu'on fait aux eaux du lac, en font baisser le niveau de quelquefois 20 m. et, par les jours de grand soleil, outre que le pittoresque est sérieusement compromis, on reprend vite le chemin de la descente pour se soustraire à certaines émanations qui n'ont rien d'agréable.

Citons encore l'ascension du *Pène* ou *Casque de Lhéris* qui se fait par Asté ou Ordinsède et demande une journée. Un guide est nécessaire.

DE TARBES A MONTRÉJEAU

53 *kil. en* 1 *h. et* 2 *heures.*

Itinéraire. — En quittant la gare de Tarbes, on passe entre le jardin Massey, à dr., et l'Arsenal, à g.; on franchit l'Adour, la ligne décrit une courbe très prononcée sur la dr. et prend une direction S.-E., on dépasse la halte de *Marcadieu* après laquelle on ne tarde pas à laisser à dr. la ligne de Bagnères-de-Bigorre; remontant vers le N.-E., la ligne passe sous deux tunnels avant d'arriver à la station de *Lespouey-Laslades*, à partir de laquelle elle redescend vers le S.-E. A dr. s'étend la chaîne des Pyrénées avec ses pics innombrables au milieu desquels on distingue très nettement le pic du Midi, facilement reconnaissable à cause de son isolement. On franchit un nouveau tunnel et après avoir dépassé successivement les stations ou haltes de *Bordes-Lhez*, de *Tournay* et d'*Ozon-Lanespède*, on arrive à un gracieux viaduc en courbe, suivi bientôt d'un autre viaduc à partir duquel la ligne gravit une rampe et l'on atteint *Capvern* (30 kil.).

Capvern

Cette station dessert les *Bains de Capvern* qui comprennent les deux établissements thermaux de *Hount-Caoudo* (fontaine chaude) à 4 kil. 1/2 de la gare et du *Bouridé* à 7 kil. de la gare et à 2 kil. 1/2 du précédent.

Le village de *Capvern* compte 992 hab. On trouve des omnibus à la gare, qui desservent Capvern et le *hameau des Bains*.

Thermes de Hount-Caoudo. — Cet établissement, le plus important, est situé dans un ravin escarpé assez pittoresque. Construit en 1884, il est alimenté par la source du même nom et contient 35 baignoires, deux cabinets de douches et des salles d'attente; on y accède par un grand péristyle.

L'eau de cette source donne un débit de 21.000 hect. en 24 h. sa température est de 24°,3 ; elle est sulfatéo calcique et ferrugineuse ; son action est assez excitante. Elle se rapproche beaucoup par ses propriétés, des eaux de Bagnères-de-Bigorre et donne les meilleurs résultats dans le traitement des affections catarrhales des voies urinaires, des engorgements chroniques du foie, de la goutte, des coliques néphrétiques et du diabète. On l'emploie en bains, en douches et comme boisson. Elle se transporte.

Thermes du Bouridé. — Construits à la sortie d'un ravin boisé et reliés aux thermes précédents par un service d'omnibus, ces thermes renferment 18 baignoires et un cabinet de douches. Ils sont alimentés par la source du même nom, dont le débit atteint près de 10.000 hect. en 24 heures. Sa température est de 21°. Son eau est sédative et possède les mêmes propriétés curatives que celle de Hount-Caoudo. On ne l'emploie qu'en bains et en douches.

Le *hameau des Bains* possède un petit parc. On peut faire dans les bois des environs de jolies promenades. A signaler la charmante excursion au château de *Mauvezin* (1 h. all. et ret.), à travers bois.

De Capvern la ligne gagne *Lannemezan*, d'où partaient les voitures qui desservaient *Arreau* par la vallée de la Neste.

Nota. — Lannemezan est relié à **Arreau** par une voie ferrée depuis 1897.

Viennent ensuite les petites stations ou haltes de *Cantaous*, de *Saint-Laurent-Saint-Paul* et d'*Aventignan*, qui se trouve à dr. sur la rive dr. de la Neste et où l'on peut descendre pour aller visiter les *grottes de Gargas* (v. p. 401); on se rapproche de la *Neste* qui se jette dans la *Garonne* près du pont sur lequel la ligne franchit cette dernière et on entre en gare de *Montréjeau* (53 kil.).

Nota. — On peut aller visiter les *grottes de Gargas* (v. p. 401 qui ne sont qu'à 8 kil. en passant par *Aventignan* (5 kil.) où habite le gardien. Jolie route. Promenade demandant une matinée et que l'on peut compléter par une visite à l'antique cathédrale de *Saint-Bertrand de Comminges* (v. p. 400) qui n'en est éloignée que de 8 kil.

De Montréjeau à Bagnères-de-Luchon, v. p. 357.

De Paris à Bagnères-de-Luchon

Renseignements. — On peut se rendre de Paris à Bagnères-de-Luchon de trois manières différentes :

1° Par Montauban et Toulouse. — Distance 852 kil.
Trajet en train rapide en 9 heures.
— express en 17 heures environ.
Voitures directes (lits-toilette et 1re cl.) pendant la saison d'été.

2° Par Bordeaux et Mont-de-Marsan. — Distance 919 kil.
Trajet en train rapide en 14 heures.
— express en 20 heures environ.

3° Par Capdenac et Toulouse. — Distance 887 kil.
Trajet en train rapide en 17 heures.
— express en 20 h. ou 21 heures.

DE PARIS A TOULOUSE.

PAR CAHORS ET MONTAUBAN.

713 kil. en 12 h. 30 exp. — 20 h. 30 omn.

De Paris à Orléans (*Aubrais*). — Voir, pour l'itinéraire et la description des villes, notre guide des « **Bords de la Loire** ».

D'Orléans à Toulouse. — 594 kil. — 11 h. exp. et 17 h. 30 omn. — En quittant la *gare des Aubrais*, on laisse à g. la ville d'Orléans et, après avoir dépassé les stations de *Saint-Cyr-en-Val, la Ferté-Saint-Aubin, Vouzon,* la **Motte-Beuvron**, (colonie agricole, installée dans un château des XVIe et XVIIe siècles et dépendances) et *Nouan-le-*

Fuselier, on traverse les vastes plaines de la **Sologne**, parsemées d'étangs, dont le nombre dépasse 1.200 et dont l'assainissement a fait de grands progrès, ces temps derniers ; on passe à **Salbris** (embr. sur **Romorantin** et **Gien**, — église intéressante à visiter et possédant de beaux vitraux) puis à *Theillay* et l'on arrive à *Vierzon* (Buffet).

Vierzon. — Ch.-l.-de c. de 10.314 hab. — Ville industrielle, sur le *Canal du Berry* et au confluent du *Cher* et de l'*Yèvre*. Curieuse église du xve siècle. Belles promenades. — Fabriques importantes de porcelaines, parcheminéries, vinaigrerie, scierie de bois de charpente, etc...

Nota. — C'est à **Vierzon** que doivent descendre les voyageurs pour **Bourges** et **Tours**.

De Vierzon, la ligne dessert les stations de *Chéry-Lury*, *Reuilly*, (à dr. château de la Ferté-Reuilly, du xviie siècle) et de *Sainte-Lizaigne* et on atteint *Issoudun*.

Issoudun. — Ville de 13.564 hab.; s.-préf. du dép. de l'Indre, sur un riant coteau entouré de vignes, à g. de la ligne.

A signaler : la *Tour Blanche*, beau donjon de 27 m. de h., construit sous Philippe-Auguste, vers 1202, une couleuvrine de 1551, dans la cour de la mairie ; une *ancienne porte de ville* ; *l'Eglise Saint-Cyr*, des xiie et xiiie et xve siècles, possédant une jolie verrière du xve siècle, de vieux tableaux et une chaire en bois, du commencement du xviie siècle ; *Notre-Dame du Sacré-Cœur*, église moderne, lieu de pèlerinage très fréquenté ; *l'Hôtel-Dieu*, dont la chapelle, du xvie siècle, est ornée de deux belles sculptures, etc... — Fabrique d'étoffes, de draps, parcheminéries, blanchisseries, fabriques de cordages, etc... — Dans les environs, carrière de pierres lithographiques.

Nota. — Issoudun est relié à **Bourges** par une voie ferrée.

18.

Deux stations, *Neuvy-Pailloux* et *Montierchaume*, séparent Issoudun de *Châteauroux*, dont on aperçoit, après avoir franchi l'Indre, les belles tours ainsi que celles de l'ancienne *abbaye de Déols*.

Châteauroux. — Ville de 23.924 hab. sur la rive g. de l'Indre, ch.-l. du dép. de l'Indre. Manufacture de tabacs. — Fabriques de draps, filatures de laine, tanneries, machines agricoles, imprimeries, etc... Patrie d'*Eudes de Châteauroux*, légat d'Innocent IX et du fidèle compagnon de Napoléon Ier, le *général Bertrand*.

A signaler : *l'Eglise Saint-Martial*, la plus importante, construite de 1864 à 1875 dans le style ogival du XIIIe siècle, avec deux tours surmontées de flèches en pierre de 56 m. de h.; *la vieille église Saint-Martial*, des XIIe et XVe siècles; la *chapelle Saint-Marc* du XVe siècle, ancienne dépendance de l'abbaye de Saint-Gildas; *l'église Saint-André* ou des *Cordeliers* (vitraux des XIIIe et XVe siècles et magnifique baldaquin, à colonnes torses, du XVIIIe siècle; la *Chapelle des Sœurs de l'Espérance*, qui renferme le tombeau de la veuve du grand Condé, Clémence de Maillé-Brézé et le **Château Raoul**, superbe construction des XIVe et XVe siècles, sur une petite colline, au bord de l'Indre; il a donné son nom à la ville. A côté du château, se dresse la *Préfecture*. L'*Hôtel de Ville* renferme une *bibliothèque* de 12.000 vol. et un *musée* de tableaux, de médailles, d'antiquités et d'histoire naturelle. La statue en bronze du *général Bertrand*, par Rude, s'élève à l'entrée de l'avenue de *Déols*, sur la place *Sainte-Hélène*.

Déols. — A 1.500 m. env. de la *place Lafayette*, on peut aller visiter, par une jolie route, ce qui reste de la fameuse abbaye de Déols; une porte du XVe siècle avec deux tours cylindriques et l'église Saint-Etienne, qui renferme, dans sa crypte, le tombeau de saint Ludre.

Nota. — De **Châteauroux** partent les embranchements sur **Tours** et **Montluçon**.

Après Châteauroux, on passe aux stations de *Luant* et de *Lothiers*, on franchit un tunnel de 1.040 m. puis un joli viaduc d'où l'on découvre la *vallée de la Bouzanne*, on aperçoit à dr. le *château de*

Chabenet (xv⁰ siècle) et on dépasse la station de ce nom pour arriver à *Argenton* (Buffet).

Argenton. — Ch.-l. de c. de 6.270 hab., très ancienne ville, située sur la Creuse. — Fab. importantes de chaussures et de lingerie, tanneries, carrières de pierres, etc... Le vin d'Argenton mérite une mention spéciale.

A signaler; *dans les environs :* l'ancienne ville fortifiée de *Saint-Marcel*, qui possède une église remarquable; le *château de Rocherolles;* les *ruines de Prunget;* le *château de Mazieres;* ceux de *Broutay ;* de *Plessis;* etc... le tout situé dans la pittoresque vallée de la Bouzanne. A citer également les jolies promenades des bords de la Creuse, au-dessus d'Argenton.

Nota. — D'Argenton, partent les embranchements sur **Poitiers** et sur **Montluçon** (ce dernier en construction).

D'**Argenton** à **Limoges**, 11 stations, *Célon, Eguzon* (à 4 kil. au N., ruines très curieuses de *Châteaubrun*, château du xiii⁰ siècle), *Saint-Sébastien* (embr. sur **Guéret**), *Forge-Vieille, La Souterraine* (porte fortifiée du xvi⁰ siècle et belle église romane et goth.), *Fromental, Bersac* (entre ces 2 stations, beau viaduc à deux rangees d'arcades, de 187 m. de long et de 53 m. de h.).

Saint-Sulpice-Laurière (buffet; embr. sur **Poitiers, Guéret, Montluçon**, etc.), *la Jonchère, Ambazac* (église romane et goth. renfermant une curieuse dalmatique donnée par l'impératrice Mathilde, femme de Henri V d'Allemagne et une très jolie châsse de Saint-Etienne-de-Muret, du xii⁰ siècle), les *Bardys* et *Saint-Priest*.

Nota. — A **Puy-Imbert**, s'embranchent les lignes d'**Angoulême** et d'**Ussel-Clermont-Ferrand**.

On arrive à **Limoges**, par la gare *d'Orléans* ou *des Bénédictins*, la plus importante (Buffet).

Nota. — **Limoges** est le point de bifurcation des lignes de **Poitiers, Angoulême, Périgueux, Montluçon, Clermont-Ferrand, Toulouse** et le *Midi de la France.*

LIMOGES

Ville de 80.000 hab. ch.-l. du dép. de la Haute-Vienne, bâtie en amphithéâtre sur la Vienne. Manufactures très importantes de porcelaines. Grand commerce de liqueurs et de chaussures. Evêché. Quartier général du 12e corps d'armée.

Arrivée à Limoges. — On trouve à la sortie de la gare des Bénédictins les omnibus des principaux hôtels (50 et 75 c.).

Gares. — Limoges a trois gares : la *gare des Bénédictins*, la principale, desservant les lignes de Paris et Toulouse ; — la *gare de Montjovis*, desservant la ligne des Charentes ; — et la *gare du Puy-Imbert* cette dernière ne sert pas au service des voyageurs.

Poste et Télégraphe. — Boulevard Carnot à l'angle de la rue du Général-Céry.

Tramway électrique, de la gare des Bénédictins à Aixe, traversant la ville.

De la gare en ville. — En sortant de la gare des Bénédictins tournez à g. et suivez l'**avenue d'Orléans** qui vous conduit en ligne directe sur la **place Jourdan** point central d'où nous faisons partir notre itinéraire dans la ville.

Deux mots sur Limoges. — Limoges était la capitale de la vaillante peuplade des Lémovices, qui envoya au secours d'Alise, assiégée par César, 10.000 combattants. Des nombreuses constructions élevées par les Romains, à l'époque gallo-romaine, il ne reste que peu de vestiges. Détruite par les Barbares au ive siècle, pillée plus tard par les Wisigoths, saccagée par les successeurs de Clovis, Limoges eut encore à souffrir des guerres que se livrèrent le roi d'Angleterre

Henri Plantagenet et ses fils. Elle brilla d'un vif éclat à l'époque de la Renaissance, où la réputation de ses émailleurs eut, dans toute l'Europe, un prodigieux retentissement et dut à Turgot de goûter les bienfaits d'une sage administration, dont les heureux résultats, pendant douze années, s'étendirent au Limousin tout entier.

Limoges est la patrie d'un grand nombre d'artistes émailleurs, dont les plus célèbres sont : les six Limousin, les deux Pénicaud, Jean Court dit Vigier, les trois Raymond, les six Laudin et les deux Nouailhier; elle a vu naître, en outre, le poète Jean Dorat, Nicolas de la Reynie, président de la chambre ardente, le chancelier d'Aguesseau, le Girondin Vergniaud, le général Dalesme, gouverneur de l'Ile d'Elbe, en 1815, le botaniste Venténat, les maréchaux Jourdan et Bugeaud, le président de la République Sadi-Carnot, etc...

Le patron de Limoges est saint Martial, apôtre d'Aquitaine, dont le buste figure dans les armes de la ville et dont le tombeau, but d'un pèlerinage très ancien, se trouve sous a petite église de Saint-Pierre-du-Sépulcre.

La porcelaine. — Limoges est célèbre par sa porcelaine, dont la pâte s'exporte jusqu'en Amérique. Les artistes émailleurs modernes marchent sur les traces de leurs illustres devanciers et répandent, dans le monde entier, les innombrables produits de leur industrie. La pâte qui sert à la fabrication de la porcelaine de Limoges est préparée avec le kaolin des environs de Saint-Yrieix. Plus de cinq mille ouvriers, répartis en de nombreuses manufactures, sont employés à la fabrication de la porcelaine, qui donne lieu à un trafic de plus de vingt millions de francs par an.

Partir de la **place Jourdan** au centre de laquelle s'élève la *statue du maréchal Jourdan* (1762-1833) par Elias Robert, en face du quartier général **du XII**[e] corps d'armée.

Laissant à dr. le quartier général prenez en face de vous et, après un carrefour formé par l'avenue Garibaldi, le boulevard Carnot, la rue Porte-Tourny et le boulevard du Collège, suivez tout droit la **rue Porte-Tourny** ayant à g. le *lycée Gay-Lussac* et *l'église Saint-Pierre*.

Saint-Pierre du Queyroix. — Fondée au vi[e] siècle par Rorice II, évêque de Limoges, puis reconstruite au xiie siècle et remaniée plusieurs fois. La façade, de style ogival flamboyant du xvie siècle, donne sur la petite place Saint-Pierre, le clocher est du xiii⁰ siècle. A l'intérieur on remarque dans le collatéral droit un beau vitrail de P. Pénicaut, la *Mort de la Vierge*, et deux vitraux de Champignol, l'un dans le collatéral g. et l'autre au-dessus du maître-autel.

Continuant la **rue Porte-Tourny** traversez la petite **place Fournier** puis montez la **rue Saint-Martial** qui longe à dr. le *théâtre* dont la façade donne sur la **place de la République**, où quelques marches à dr. vous conduisent.

Le **théâtre**, construit en 1840, occupe l'emplacement de l'ancienne basilique de Saint-Martial. — On y joue, en hiver, l'Opéra, l'opérette et la comédie.

Revenez à la rue Saint-Martial et suivez son prolongement la **rue du Clocher**, rue montante et une des plus commerçantes de Limoges. Vous atteignez, à dr., au fond d'une petite place, *l'église Saint-Michel des Lions*.

L'**église Saint-Michel des Lions**, appelée ainsi à cause des lions en pierre qui se trouvent près de la porte du clocher, date du xv⁰ siècle. Son clocher, qui domine la ville et que l'on aperçoit de très loin, est surmonté d'une boule énorme. — A l'intérieur l'église est divisée en trois nefs de même hauteur soutenues par une double rangée de piliers. Remarquez les vitraux (xv⁰ siècle) ornant les collatéraux.

Nota. — Derrière l'église Saint-Michel se trouvent la *Bibliothèque* installée dans l'ancien palais de justice et devant être transportée rue Turgot, et la *Préfecture*, qui doit, elle aussi, être transférée au boulevard Carnot.

La rue du Clocher aboutit à la **place de la Motte** où se trouvent *les Halles*.

De la place de la Motte gagnez, à g., par la **rue des Halles** la petite **place des Bancs**.

Nota. — De la place des Bancs on peut se rendre en descendant, à g., à l'extrémité de la place, rue Elie-Berthet, au *Muséum* situé au n⁰ 14 de ladite rue et visible le dimanche de 2 h. à 4 h. (tous les jours pour les étrangers). Il renferme une collection géologique et minéralogique assez intéressante.

De la place des Bancs, gagnez, à dr., par la **place du Poids public**, la curieuse **rue de la Bou-**

cherie qui offre une physionomie tout à fait spéciale. C'est une rue étroite et tortueuse dont toutes les boutiques sont occupées par des boucheries d'aspect plutôt lamentable, mais qui ont ceci de particulier, qu'elles appartiennent à cinq familles seulement dont les membres se marient entre eux et qui forment une véritable corporation. En remontant cette rue vous passez devant la petite *chapelle de Saint-Aurélien*, particulière aux bouchers. C'est un petit édifice insignifiant; mais on remarque à dr. de l'entrée une belle croix monolithe du xve siècle de 5 mètres de hauteur.

A l'extrémité de cette rue vous vous retrouvez derrière les Halles que vous longez pour prendre en face de vous la **rue d'Aguesseau** qui vous conduit sur la **place d'Aine**, ornée de la *statue de Gay-Lussac*, par Aimé Millet, et où se trouve le *Palais de Justice*, bâti en 1846.

Faisant face au Palais de Justice, prenez à dr. du bâtiment le passage d'Aine conduisant sur la **place du Champ de Foire**. Sur la g. s'étend le *Jardin d'Orsay*, agréable promenade très fréquentée en été. Sur son emplacement s'élevaient autrefois des arènes romaines. Plus loin, toujours sur le Champ de Foire, se trouve, à g., la *Prison*; à dr., en face de la prison s'élève le *Musée céramique*.

Le **Musée Céramique** appelé aussi *Musée national Adrien Dubouché* du nom de son fondateur, renferme des porcelaines françaises et étrangères anciennes et modernes et surtout des porcelaines de Limoges.

Nota. — Par suite de la reconstruction d'un nouveau musée les collections céramiques ont été provisoirement déposées dans un ancien bâtiment et les sections de peinture, sculpture, émaux et archéologie dans la salle des fêtes, à l'Hôtel de Ville.

Le dos tourné au Musée céramique, descendez à g., une petite rue qualifiée modestement du nom de **faubourg Saint-Antoine** et suivez à g. le **boulevard Victor-Hugo**, aboutissant place Denis-

Dussoubs ornée de la statue de l'*avocat Denis Dussoubs*.

Descendez ensuite le boulevard Montmaillier où doit s'élever sur la droite, à l'angle du boulevard Carnot, la nouvelle *Préfecture*, et suivez l'**avenue du Champ de Juillet** vous conduisant au *Champ de Juillet* à l'extrémité duquel se trouve un *square* avec kiosque pour la musique et une terrasse d'où l'on découvre la *gare des Bénédictins*.

Du champ de Juillet revenez par le cours Jourdan, à g., à la place du même nom. Remarquez avant d'arriver sur la place, à g., le *monument des enfants de la Haute-Vienne*, morts pendant la guerre de 1870-71.

Traversant la place Jourdan prenez en face de vous le **Boulevard de Fleurus** et le **Boulevard Louis-Blanc** qui lui fait suite. Vous arrivez sur la **place de l'Hôtel-de-Ville**, sur laquelle s'élève l'Hôtel de Ville, précédé d'un square avec fontaine.

A dr., s'étendent les vastes constructions de l'*Hôpital général*.

L'**Hôtel de Ville** est un beau monument de style Renaissance, construit de 1879 à 1883 par A. Leclerc. La façade principale est ornée d'un motif central avec horloge et médaillons représentant les portraits des principales illustrations limousines : l'émailleur *Léonard Limosin*, le chancelier *d'Aguesseau*, le girondin *Vergniaud* et le maréchal *Jourdan*. Le campanile qui surmonte la partie centrale de l'édifice a 43 mètres de hauteur.

A l'intérieur (visible tous les jours pour les étrangers, pourboire) on remarque : le grand *escalier d'honneur;* sur les paliers deux grands *vases* en porcelaine; la *grande salle des fêtes* où se trouvent provisoirement les sections de peinture, de sculpture, d'émaillerie et d'archéologie du Musée national Adrien Dubouché; la *salle du Conseil municipal* et la *salle des mariages* avec de belles peintures aux plafonds.

Faisant face à l'Hôtel de Ville descendre à g. l'**avenue du Pont-Neuf** pour prendre la **rue des Petites-Maisons** (2ᵉ à g.) et son prolongement la **rue de la Cathédrale** conduisant à la *Cathédrale Saint-Etienne*.

Saint-Etienne (Mon. hist.). Remarquable édifice de style ogival, qui a remplacé une église romane du xie siècle dont il ne reste plus qu'une partie de la crypte. Commencé en 1273, il fut continué au xive, achevé en partie au xvie et restauré de nos jours. Le portail Nord donnant sur la place Saint-Etienne est très beau. Le clocher, élevé de 7 étages, de style roman et de style ogival, a 62 mètres de haut.

A l'intérieur on remarque : le *jubé*, orné de niches avec couronnements de culs-de-lampes et de six bas-reliefs représentant les travaux d'Hercule ; les *tombeaux* des évêques, qui entourent le chœur ; les *vitraux* et quelques tableaux. Dans la sacristie se trouvent quelques *émaux* de Nicolas Laudin.

Nota. — A droite de la cathédrale se trouve l'*évêché* qui possède de beaux jardins avec terrasses disposés en amphithéâtre au bord de la Vienne.

Sortant de la cathédrale par le portail Nord descendez par la **rue Porte-Pane** qui contourne la cathédrale en laissant, en retrait, à dr. le *grand séminaire* puis tournez à dr. par la **rue des Petits-Carmes** et la **rue du Pont-Saint-Etienne** ; vous arrivez, en traversant le vieux quartier de l'*Abbessaille*, au *Pont Saint-Etienne*.

Arrivé au milieu du pont, retournez-vous, vous aurez une vue d'ensemble sur le quartier que vous venez de quitter, l'*Abbessaille* ; c'est un pêle-mêle de constructions, moitié cages, moitié masures, étagées, coupées de ruelles et d'impasses tortueuses. Sur les bords de la Vienne, une multitude de blanchisseurs. Plus loin à g. on découvre le Pont-Neuf.

Du pont Saint-Etienne prenez à dr. le **boulevard des Petits-Carmes** qui forme un grand coude a g. près le **boulevard Saint-Maurice** et la **rue de Maupas** (à dr.) qui vous ramène à la place Jourdan.

De Limoges à Brive. la ligne dessert 14 stations, *Solignac-le-Vigen, Pierre-Buffière, Glanges, Magnac-Vicq, Saint-Germain-les-Belles-Filles, la Porcherie, Masseret, Salon-la-Tour, Uzerche, Vigeois, Estivaux, Allassac. Donzenac* et *Ussac*. Avant d'entrer en gare de Brive, on laisse à g. la ligne de *Tulle, Ussel, Clermont-Ferrand*.

Brive ou **Brive-la-Gaillarde**. — Buffet. — Ville de 16.803 hab., dans une riche vallée, sur la rive g. de la Corrèze, s.-préf. du dép. de la Corrèze. Centre industriel et commercial important. Nombreuses fabriques de cierges, huile de noix, papier paille, cabas, sabots, tresses et tapis paille. — Chapellerie de feutre. Lieu d'exploitation des ardoises de *Travassac*, meules de moulins, minerais, forges, etc., Grand commerce de noix de table et marrons, truffes, dindes truffées, champignons et cèpes. Vins, bestiaux et porcs.

Brive est la patrie de *Pierre Roger*, pape d'Avignon sous le nom de Clément II, de *J.-B. Treilhard*, du *cardinal Dubois*, et, enfin, du *maréchal Brune* et du Dr *Majour*, bienfaiteur de la ville, beau-frère du précédent.

Nota. — De **Brive**, partent les lignes de **Toulouse**, par *Capdenac* (v.p.329), de **Tulle**, **Clermont-Ferrand**, de **Limoges**, par *Saint-Yrieix* et de **Périgueux**. On construit actuellement la ligne de **Brive à Thiviers** qui permettra d'aller directement de Brive à **Angoulême**, par *Nontron*.

De Brive à Cahors, 13 stations qui sont : *Noailles, Chasteaux, Gignac-Cressensac*, **Souillac** (emb. à g. sur **Saint-Denis-près-Martel** et **Aurillac**), **Cazoulès** (emb. à dr. sur **Sarlat, Sivrac, Libourne et Bordeaux**, *Lamothe-Fénelon, Nozac,* **Gourdon** (ch.-l. d'arr. du Lot, v. de 4.834 h., entièrement éclairée à l'électricité ; doit être prochainement reliée à **Sarlat** par une voie ferrée), *Saint-Clair, Degagnac, Thédirac-Peyrilles, Saint-Denis-Catus* et *Espère*. On laisse à dr., après avoir dépassé cette station, la ligne de **Cahors à Mosempron-Libos et Agen**, par *Puy-l'Evêque*.

Cahors. — Ville de 15.369 h., ch.-l. du dép. du Lot, dans une presqu'île formée par le Lot. — Commerce de vins, eaux-de-vie, truffes noires, noix, huiles de noix, prunes, tabacs. — Grandes distilleries.

Cahors est la patrie de *Jacques Deuze*, pape sous le nom de Jean XXII, du troubadour *Hugues de Saint-Cyr*, de *Clément Marot*, de *Jean de la Calprenède*, du conventionnel *Cavaignac*, père d'Eugène et de Godefroy-Cavaignac, du *général Ambert*, de *Léon Gambetta*, etc...

A signaler : le **Pont Valentré**, du xiv° siècle, près du chemin de fer, avec trois tours, dont les deux extrêmes possèdent des machicoulis; le *Lycée*, dont la tour en briques, du xvii° siècle, est très curieuse; la **Cathédrale**, de la fin du xi° siècle, du style romano-byzantin, à deux coupoles, jolies sculptures et peintures du xiv° siècle; l'*Eglise Sainte-Urcise*, des xii° et xiii° siècles, les restes du *collège Pellegri*, du xiv° siècle, près du Pont-Neuf; les anciens remparts où l'on remarque la *tour de la Barre*, très bien conservée; l'*Hôtel-de-Ville*, qui renferme un intéressant *musée* des beaux-arts, d'antiquités et d'histoire naturelle et, sur la rive g. du Lot, à 200 m. environ plus haut que le Pont Valentré, la curieuse **Fontaine des Chartreux**, dont les eaux limpides et abondantes forment trois cascades, dont la dernière tombe dans le Lot. Cette fontaine avait valu à Cahors le nom de *Divona*, (fontaine divine) que lui avaient donné les Romains.

Cahors renferme beaucoup de monuments et statues, citons, au nombre des plus intéressants : le *Monument de Gambetta*, par Falguière, en face de la Cathédrale; les statues de *Bessières* et de *Joachim Murat*, une fontaine avec statue de *Neptune*, un cadran astronomique et une pyramide érigée en l'honneur de *Fénelon*, sur le cours Fénelon; la maison *Roaldès*, dite d'*Henri IV* (du xv° siècle), l'ancien *Palais de Justice*, où se trouvent deux beaux sarcophages mérovingiens.

A 10 m. de marche du Pont Valentré, sur une éminence, à l'O. de la ville, se trouve l'**Ermitage**, ancien couvent d'ermites (du xvii° siècle), aujourd'hui propriété privée et d'où l'on jouit d'un magnifique point de vue sur Cahors et ses environs.

On ne doit pas passer à **Cahors** *sans s'y arrêter.*

Nota. — Cahors est le point de bifurcation de la ligne **Cahors-Agen**, par *Monsempron-Libos* et de la ligne de **Cahors-Figeac-Capdenac**.

De Cahors à Montauban, la ligne dessert les 9 stations de *Sept-Ponts, Cieurac, Lalbenque, Montpezat, Borredon, Caussade* (ancienne place forte des Calvinistes, — église avec beau clocher du xvi⁰ siècle), *Réalville*, *Albias* et *Fonneuve*. On laisse à g. la ligne de **Lexos** et on arrive à **Montauban**, par la gare de *Ville-Bourbon* (Buffet).

Nota. — Montauban possède deux gares: la gare de *Ville-Nouvelle*, qui appartient aux **Chemins de fer du Midi** et la gare de *Ville-Bourbon*, qui appartient à l'**Orléans**. Elles communiquent entre elles.

Montauban.
— Ville de 30.388 hab., ch.-l. du dép. de Tarn-et-Garonne; grande et belle ville, qu'entourent le Tarn, le Tescou et le Lagarrigue. — Siège d'un évêché. — Centre commercial et industriel très important et entrepôt de plusieurs grandes villes pour les grains et la draperie commune. — Grande fabrication de toile à tamis. — Chambre de commerce et chambre consultative d'Agriculture.

La ville est divisée en *Ville-Nouvelle*, la plus importante, sur la rive dr. du Tarn et en *Ville-Bourbon*, sur la rive g.

Montauban est la patrie du poète lyrique *Le Franc de Pompignan*, du tacticien *Hippolyte Guibert*, de *Mme Gouges*, célèbre révolutionnaire, qui fut décapitée pour avoir voulu prendre la défense de Louis XVI ; du *général Malartic*, du conventionnel *Jean-Bon Saint-André*, du *baron Portal d'Albarèdes*, ancien ministre d'Etat, de l'illustre peintre *Ingres*, etc...

A signaler : le vieux *pont du Tarn*, qu'on traverse pour se rendre en ville, en venant de la gare du Midi ; il est construit en briques, date du commencement du xiv⁰ siècle et se compose de 7 arches ogivales dont les piles sont percées d'ouvertures également en forme d'ogives, sa longueur est su 205 m. et la hauteur de son tablier, au-dessus de l'étiage, de de 18 m., il était, anciennement, fortifié; l'*Hôtel-de-Ville*, installé dans l'ancien château des comtes de Toulouse et de Prince-Noir (xiv⁰ siècle), également en briques; le *Musée* renfermé dans l'Hôtel de Ville, au premier étage, (visible tous les jours, pour les étrangers) est surtout intéressant à visiter à cause des nombreux tableaux et objets d'art qui lui ont été légués par *Ingres*; le sous-sol contient un *Musée* d'antiquités et d'objets d'art du moyen âge et de la Renaissance ; la *Bourse*, dont le second étage renferme un *Musée* d'Histoire Naturelle; l'*Eglise Saint-Jacques* en briques, avec une tour octogone, possédant une chaire curieuse et de beaux vitraux modernes; la *Place Nationale*, bordée d'arcades doubles et dont les portes d'angles datent du xviie siècle, la *Cathédrale*, où se trouve « le vœu de Louis XIII », l'une des bonnes toiles d'Ingres; le *Monument d'Ingres*, par Etex, à l'extrémité de la promenade des Carmes (de cet endroit, par temps clair, on découvre la chaîne des Pyrénées) ; *l'église de Sapiac*, ornée d'un tableau d'Ingres, « Sainte Germaine », et le *Jardin des Plantes* (entrée 0,25 c.). Citons encore, la *Maison du Sénéchal* (xive siècle), la plus ancienne de Montauban et qu'on appelle communément le « *portail retors* », à cause de la torsade qui en décore la porte.

Nota. — De **Montauban**, partent les lignes de **Saint-Sulpice** et de **Lexos**. C'est une des stations les plus importantes de la grande ligne **Bordeaux à Cette**, par **Toulouse**.

De Montauban à Toulouse, v. p. 18.
De Paris à Bordeaux, v. p. 14.
De Bordeaux à Tarbes, v. p. 258.
De Tarbes à Montréjeau, v. p. 314.

DE PARIS A TOULOUSE.
PAR CAPDENAC.

748 kil. en 14 h. exp. — 21 h. 30 omn.

De Paris à Limoges, v. p. 316.

De Limoges à Brive, on laisse à g. la ligne d'Uzerche et l'on passe aux stations de *Beynac*, **Nexou** (emb. à dr. sur **Périgueux**), *La Meyze*, *Champsiaux*, **Saint-Yrieix** (ville de 8.711 hab. s.-préf. de la Haute-Vienne; terre à porcelaine, moulins à cailloux et à pâte, fabriques de porcelaine — (emb. sur **Périgueux**, à dr.), *Coussac-Bonneval*, *Saint-Julien-le-Vendomois*, *Lubersac*, *Pompadour*, *Vignols-Saint-Solve*, *Objat*, *Le Burg* et *Varetz*.

Nota. — Pour les renseignements sur Brive, v. p. 325.

De **Brive** à **Capdenac**, on laisse à dr. la ligne de **Brive** à **Montauban**, par *Cahors*, on dépasse les stations de *Turenne* et *Quatre-Routes*, pour arriver à **Saint-Denis-près-Martel**, d'où se détachent, à dr., la ligne de **Souillac** et, à g., celle de **Miécaze**; viennent, ensuite, les stations de *Montvalent*, **Rocamadour** (un des lieux de pèlerinage les plus anciens et les plus célèbres de France; on accède au sanctuaire par deux escaliers, l'un de 143 marches et l'autre de 40, que les pèlerins gravissent souvent à genoux. — Eglise souterraine (31 marches à descendre); vieux château, d'où l'on découvre une vue splendide, — jolies promenades dans les environs) *Gramat*, *Assier*, le *Pournel* et *Figeac*.

Figeac. — Ville de 6.680 hab., s.-préf. du dép. du Lot, située sur le Celé. — A signaler: *Église de Notre-Dame-du-Puy*, des XIIe et XIVe siècles, où l'on voit un magnifique rétable; un obélisque érigé en l'honneur de *Champollion* et, sur la même place, l'*Eglise Saint-Sauveur*, des XIIe et XIVe siècles.

On franchit trois tunnels, on traverse le Lot et on arrive à **Capdenac** (Buffet), d'où partent les lignes de **Cahors**, **Rodez** et **Aurillac**.

De Capdenac à Tessonnières, point de bifurcation de la ligne d'**Albi**, on passe à *Naussac*, *Salles-Courbaties*, *Villeneuve-d'Aveyron*, **Villefranche-de-Rouergue** (v. de 9.734 hab., s.-préf. de l'Aveyron, sur la rive dr. de cette rivière; église Notre-Dame, des XIIIe et XVIe siècles, ancienne Chartreuse, convertie en hospice, où l'on remarque un petit cloître du style ogival. — (Patrie du *maréchal Fouuuet-de-Belle-Isle*), *Monteils*, *Najac* (château fort du XIIIe siècle avec joli donjon de 30 m. de h., église du XIIIe siècle. — Vue très pittoresque), *Laquepie*, **Lexòs** (Buffet, emb. sur **Montauban**), *Vin-*

drac, *Donnazac* et *Cahuzac*, on passe sous un tunnel de 736 m. et on arrive à **Tessonnières**.

Nota. — C'est à **Tessonnières** que doivent descendre les voyageurs pour **Albi** (16 kil. en 25 min. environ).

De Tessonnières à Toulouse, on s'engage dans la vallée du Tarn, la ligne dessert les stations de **Gaillac** (v. de 7.709 hab., s.-préf. du dép. du Tarn, — vins rouges et blancs renommés. — Eglises romanes, maisons des XIIIᵉ et XVIᵉ siècles; statue en bronze du *général d'Hautpoul*), *Lisle-d'Albi*, **Rabastens** (église des XIVᵉ et XVᵉ siècles), **Saint-Sulpice** (emb. des lignes de **Montauban** et de **Castres**), *Montastruc-la-Conseillère*, *Gragnague*, *Montrabé* et on entre à **Toulouse** par la *gare Matabiau*.

TOULOUSE

Ville de 160.791 habitants; ancienne capitale du Languedoc, la métropole du Midi. Grande, belle et très vieille ville, aujourd'hui, chef-lieu du dép. de la Haute-Garonne, à 139 m. d'alt., siège du commandement du 17ᵉ corps d'armée. — Archevêché. — Cour d'appel. — Académie universitaire. — Facultés de droit, de médecine, des lettres, des sciences. — École vétérinaire. — Conservatoire de Musique, observatoire, académie des Jeux floraux fondée en 1323 par Clémence Isaure, etc. Agréablement située sur les bords de la Garonne, au centre d'une immense et fertile plaine, la ville, proprement dite, se trouve sur la rive droite du fleuve, qui la sépare du faubourg

Saint-Cyprien, ainsi qu'au point de jonction du canal Latéral avec celui du Midi.

Moyens de transport. — On se rend de Paris à Toulouse : 1° Par l'Orléans et le Midi (viâ Montauban) — distance 713 kil. Trajet en moins de 9 heures en train rapide, en 12 heures environ en train express et environ 20 heures 1/2 en train direct.

Les trains les plus rapides et les plus commodes sont ceux partant de Paris à 9 h. 5 du soir et à 10 h. 35 du matin. Ces trains ont des voitures directes circulant entre Paris et Toulouse.

2° Par l'Orléans seulement (viâ Capdenac) — distance 748 kil.; trajet en trains express, 13 h. environ, en train direct 21 h. 1/2 environ.

Gares. — Toulouse a deux gares de voyageurs :
1° La *gare Matabiau* (Compagnies du Midi et d'Orléans), ou gare centrale par laquelle on arrive de Paris, Bordeaux, Bayonne, Pau, Clermont-Ferrand, Lyon, Tarascon et Cette; elle est située au N. E. de la ville.

2° La *gare Saint-Cyprien* (Compagnie du Midi), pour la seule ligne d'Auch, au S.-O. à environ 2 kil. du Pont-Neuf.

Ces deux gares sont reliées par une ligne spéciale.

Arrivée à Toulouse. — On trouve, à la sortie, dans la cour de la gare : 1° les omnibus du chemin de fer à 6 places, pour familles; la course 1 fr. 75, bagages compris.

2° Les omnibus du chemin de fer, pour voyageurs sans bagages : prix, par voyageur, 0,50 à domicile; 0,40 aux hôtels; 0,25 par colis.

Nota. — Les hôtels n'ont pas d'omnibus aux gares.

Les voitures de place dont voici le tarif :

	A 1 CHEVAL		A 2 CHEVAUX	
	le JOUR	après MINUIT	le JOUR	après MINUIT
Courses en ville jusqu'aux limites de l'Octroi..........	0f 90 c	1f 75 c	1f 10 c	2f 00 c
A l'heure, en ville jusqu'aux limites de l'Octroi.......	1 50	2 50	1 80	3 00
Courses hors barrière jusqu'au 6ᵐᵉ kilomètre........	1 75	3 00	2 00	3 50
Courses hors barrière, par kil. ou fraction en sus...	0 25	0 45	0 40	0 75
A l'heure, hors barrière............	2 00	3 15	2 25	3 50

Les colis se paient en sus 0 fr. 20 chaque, excepté les petits bagages portés à la main.

Les principales stations de voitures sont : places du Capitole, Lafayette, Matabiau, St-Etienne, Olivier, gare Matabiau et St-Cyprien.

Nota — Les voyageurs sans bagages pourront se rendre à pied de la gare Matabiau place du Capitole, en suivant l'itinéraire ci-après.

Itinéraire de la gare en ville. — Prendre en sortant de la gare : le *boulevard de la Gare* (**Ecole vétérinaire**), le *pont du Canal* (**statue de Riquet**), les *allées Lafayette*, le *square*, la *rue Lapeyrouse*, la *rue d'Alsace*, la *rue Lafayette* et la *place du Capitole*.

19.

Choix d'un hôtel. — Pour les renseignements sur les hôtels, v. l'*Agenda du voyageur*, papier bleu, fin du volume, lettre T.

Postes et Télégraphes. — Bureau central, rue de la Poste (près le Capitole).

Bureau télégraphique de la gare Matabiau. — Service permanent de jour et de nuit.

Bureaux succursales des postes et télégraphes, ouverts de 7 heures du matin à 9 heures du soir :

1º Saint-Étienne, halle aux grains, place Dupuy ;
2º Saint-Cyprien, rue de la République, 57 ;
3º Saint-Michel, allée Saint-Michel, 11 ;
4º De la Bourse, place de la Bourse ;
5º Arnaud-Bernard, rue du Faubourg-des-Minimes.

Omnibus et Tramways. — De nombreuses lignes d'omnibus et de tramways sont établies dans la ville de Toulouse. Pour le détail des itinéraires v. *fin du volume, papier bleu,* lettre T.

Les *Omnibus* partent de la **Place du Capitole**.

Les *Tramways* partent de l'**Avenue Lafayette**, de la **Place du Capitole** et de **St-Cyprien**

Bateaux. — Location de canots de promenade.

1º *Sur la Garonne*, quai de Tounis, et au Ramier du Moulin du Château.

2º *Sur le canal du Midi*, aux chantiers de construction des barques, allée des Demoiselles.

Plaisirs. — La ville possède plusieurs théâtres et concerts :

Grand Théâtre (salle du Capitole). — Palais et place du dit.
Représentation tous les jours, excepté les lundis et samedis.
Répertoire : grand opéra, opéra-comique, ballets, musique classique.

Théâtre des Variétés, avenue Lafayette. Représentation tous les soirs ; matinée le dimanche. Répertoire : comédie, drame, vaudeville, opérette, féeries.

Casino Musical (place Lafayette). Tous les soirs du 1er septembre au 15 mai, spectacle-concert, vaste promenoir.

Pré Catelan (allée Lafayette). Magnifique établissement, vaste parc, théâtre d'été, ouvert tous les jours, du 15 mai à fin septembre.

Salle des Nouveautés (Bijou-Concert). Boulevard Carnot, ancien cirque.

Concours hippique, en mai, allée des Soupirs.

Courses. Deux réunions par an, hippodrome de la Cépière.

Vélodrome et *Stand*.

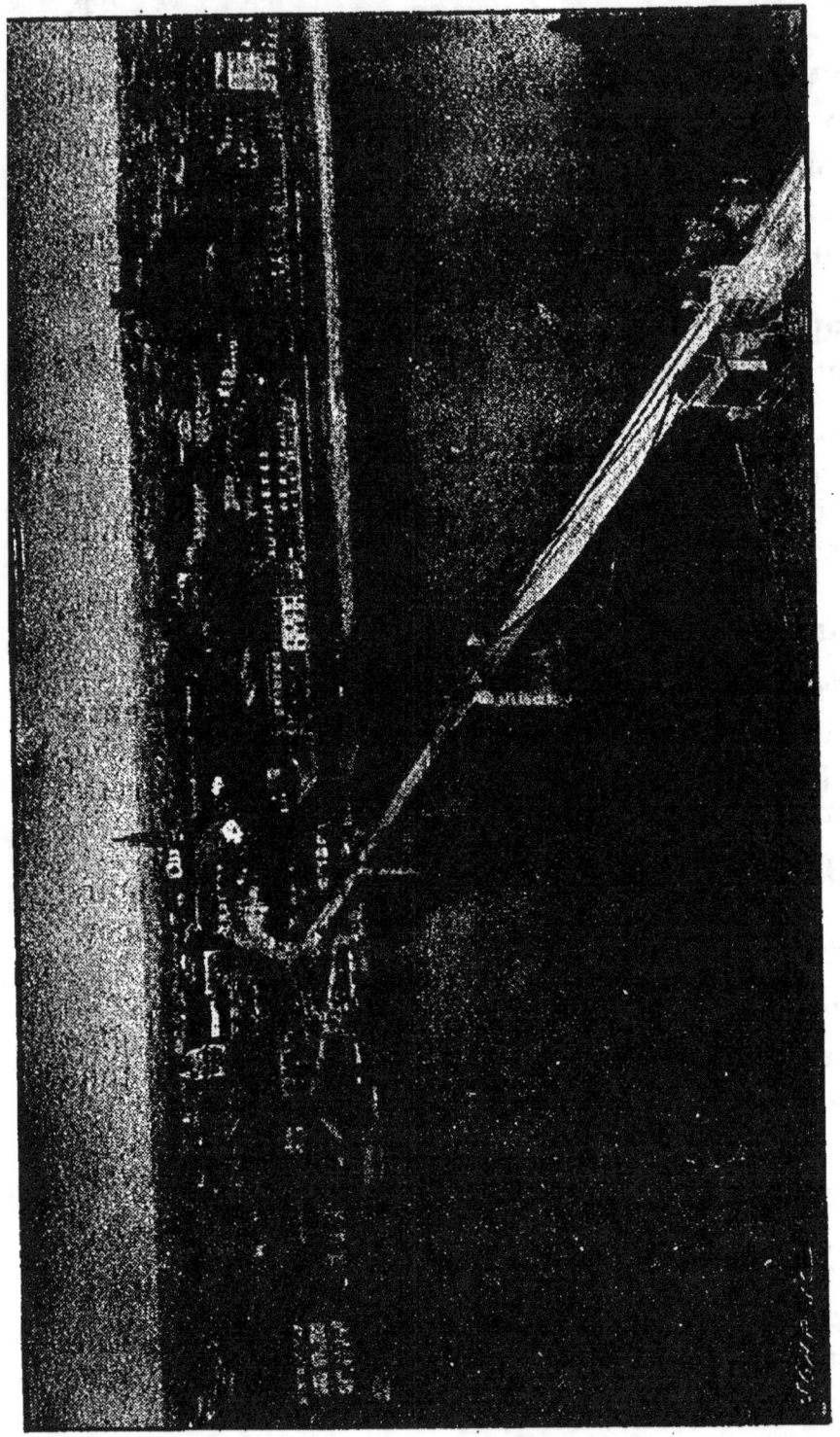

TOULOUSE. — Vue générale.
(Phot. Lafont, libraire, 63, avenue d'Etigny, à Luchon.)

Situation. — Toulouse, ville très ancienne, occupe une position très importante au centre du midi de la France, au point de vue commercial et stratégique.

En jetant les yeux sur le plan, on remarque immédiatement que la ville même a la forme d'un vaste croissant, limité à l'ouest par la Garonne, qui décrit une immense courbe, et à l'est par une ligne brisée formée par de larges boulevards qui font une première ceinture, au delà de laquelle sont les faubourgs; la seconde ceinture, à peu près parallèle à la première, est formée par le canal du Midi, limite de la ville au sud, à l'est et au nord.

A l'est, sur la rive gauche du fleuve, le faubourg Saint-Cyprien, le plus important de la ville comme superficie, population et commerce; presque entièrement rebâti depuis les inondations de 1875, ce quartier a été encore très endommagé par les inondations de juin 1897.

Physionomie de Toulouse. — La magnifique et fertile plaine large de plus de 20 kil., où s'unissent la Garonne, l'Ariège, le Lhers, le Touch, le Marcassonne, la Saune, la Sausse, dans laquelle la ville s'est développée, n'offre rien de bien remarquable ; nous signalons cependant, à l'est, le coteau qui domine la ville. De ce point, nommé le **Caousou**, où se trouve l'obélisque de 1814, appelé « la Colonne », à côté de l'Observatoire, on découvre Toulouse dans son entier, et, au delà, un horizon à perte de vue vers le sud, qui permet d'apercevoir la chaîne des Pyrénées quand le temps est clair.

Abstraction faite de ses monuments, la ville, en général, est mal bâtie, mal percée, et, dans les vieux quartiers surtout, fort mal pavée, ce qui en rend la visite fatigante, principalement en été, où l'on est incommodé par de très fortes chaleurs ; le vent sud-est règne souvent et amène presque toujours des pluies abondantes; le climat est très tempéré et salubre.

Les maisons en général, même les plus belles, sont bâties en briques, ce qui donne à la ville une physionomie particulière.

Depuis un certain nombre d'années, des améliorations, des embellissements même, ont été apportés dans le centre, où des rues spacieuses ont été percées ; la démolition des vieux remparts opérée, la ville s'est agrandie, les anciens monuments ont été également, en partie, restaurés; des projets sont actuellement en cours d'exécution, et quand les travaux entrepris seront terminés, dans quelques années, Toulouse, l'antique cité, aura perdu presque complètement son cachet pittoresque de ville ancienne, mais elle pourra prendre place parmi les belles villes modernes de France.

Les faubourgs et les quartiers sur la rive droite du canal du Midi sont sans intérêt pour les touristes.

Au point de vue commercial, la ville est le centre des opérations des denrées du nord de l'Espagne ; c'est aussi le principal entrepôt du Midi pour les céréales, farines, fourrages, vins et eaux-de-vie; ses volailles grasses et ses pâtés de foie gras truffés, ont une renommée universelle; très belles et importantes minoteries aux moulins du Château et du Bazacle.

Toulouse est surtout une ville universitaire, amie des arts, et possédant un grand nombre d'étudiants, de lettrés et d'artistes, qui y sont attirés par ses écoles, ses sociétés savantes, ses riches bibliothèques, etc.

Toulouse possède de beaux monuments à visiter dont nous donnons les descriptions au cours de l'itinéraire à travers la ville.

Deux mots d'Histoire. — Toulouse, l'antique **Tolosa**, était, du temps des Romains, une ville importante, la capitale des Tectosages, peuple puissant que l'on croit de race kimrique ; ils firent de leur capitale une des villes saintes de la Gaule. Ces derniers partirent en expédition et dévastèrent le temple de Delphes ; à leur retour, ils jetèrent dans un étang situé près de la ville, l'immense butin dont ils s'étaient emparés. Dans la suite ayant été soumis par les Romains, le lac sacré fut fouillé et le consul Cæpion en tira d'immenses sommes dont il s'appropria frauduleusement la plus grande part ; de nos jours on dit encore, pour qualifier une fortune faite, mais mal acquise : « C'est une fortune de Toulouse », ou encore : « Ah ! oui, une fortune à la Cæpion. »

En 419, après la chute de l'Empire romain, Toulouse devint la capitale du royaume des Visigoths, puis tomba en 508 au pouvoir des Francs.

Erigée en comté en 778, elle recouvra pour quelque temps son indépendance ; jusqu'à sa réunion à la France en 1271, elle fut gouvernée par des princes héréditaires.

La guerre des Albigeois y amena de grandes calamités. En 1214, Simon de Montfort vainquit le comte Raymond IV et le déposséda.

Sous l'Inquisition, l'histoire de Toulouse n'offre qu'une succession de révoltes et de cruautés. En 1562 il y eut une guerre civile entre catholiques et protestants, en 1572 plus de 300 de ces derniers furent égorgés, à la Saint-Barthélemy. En 1619 le médecin Vanin accusé de panthéisme, fut brûlé vif.

Sous Louis XIII, en 1632, Henri II de Montmorency, gouverneur du Languedoc, fut décapité dans la cour du Capitole, en présence du roi et du cardinal Richelieu ; en 1762 eut lieu le martyre de Jean Calas.

En 1794 il y eut de nombreuses victimes à Toulouse : 53 membres du Parlement périrent sur l'échafaud. En 1814 eut lieu, entre les armées de Soult et de Wellington, la bataille de Toulouse, qui resta indécise par la faute de Soult ; le monument qui a été érigé sur les coteaux de l'observatoire, rappelle cette pénible époque de notre histoire.

Enfin, en 1815, le général Ramel, investi de la confiance de Louis XVIII, y fut égorgé. Depuis, Toulouse n'a rien eu de saillant dans son histoire, sauf l'inondation terrible de 1875, causée par les crues subites de la Garonne et de ses affluents, il y eut plus de 900 victimes, le faubourg Saint-Cyprien fut détruit en entier, et les ponts suspendus de Saint-Michel et de Saint-Pierre, furent emportés ; ce dernier qui a près de 600 mètres a été reconstruit tout en fer, il y a quelques années.

On remarque à droite sur le mur de l'Hôtel-Dieu (Pont-Neuf) une flèche indiquant la hauteur de la crue, 8^m,72 au-dessus de l'étiage : 23 juin 1875. Lors de l'inondation de juin 1897, la crue fut plus considérable mais les dégâts moins importants.

Toulouse est la patrie de *Louis II, roi de Naples* (1377-1417), du peintre *Gros*, du géomètre *Legendre*, etc., etc.

Itinéraire dans la Ville

Promenade de la matinée.

Partir de la place du Capitole, centre de la ville.

Cette place est la seule de Toulouse qui offre quelque caractère grâce à la façade du Capitole (Hôtel de Ville) qui en occupe, avec le grand Théâtre, tout le côté Est, le côté Ouest a une galerie à arcades, sous laquelle sont de beaux magasins. Sur cette place se tient, tous les matins, un marché en plein vent ; il est bien *couleur locale*.

Il est question d'élever au centre de cette place, transformée en un joli square, un monument en l'honneur des enfants de Toulouse, morts pour la patrie en 1870-71.

Toulouse. — Le Capitole (Façade).
(Phot. Lafont, libraire, 63, allée d'Etigny, à Luchon.)

Hôtel-de-Ville (*Le Capitole*). Cet édifice n'a rien du monument antique dont il porte le nom pompeux, ce nom lui vient tout simplement des anciens magistrats de Toulouse, **les Capitouls.** Façade, brique rouge et pierre, style ionique, elle est décorée de très belles sculptures et de huit colonnes de marbre incarnat, le reste du monument a été complètement reconstruit de 1882 à 1888, pour remplacer celui qui datait du xvie siècle. Sur la rue Alsace-Lorraine s'élève une autre façade d'un bel effet devant laquelle s'étend un joli square. Il ne reste de l'ancien monument que le **Donjon** restauré, où sont réunies les *archives* de la ville, extrêmement curieuses à consulter et dont quelques-unes, enrichies de fines enluminures, sont d'une très grande valeur. Ce donjon, ancien beffroi, était séparé, par un passage voûté, d'un bâtiment qui s'appelait le Petit-Consistoire, dans lequel on avait accès par un magnifique escalier de pierre, qui a disparu ainsi qu'une superbe porte de Bachelier dans la cour.

En entrant par la porte principale, on remarque, à gauche, les salons de la municipalité, une première cour, dite : Henri IV, construite sous le règne de ce roi, d'un très bel aspect ; au fond, se trouve la *statue d'Henri de Navarre*, au-dessus de la splendide porte de Bachelier. C'est dans cette cour, au pied de la statue, que fut exécuté H. de Montmorency. (Le couperet qui a servi à l'exécution est au musée de Toulouse.)

TOULOUSE. — Donjon et Square du Capitole.
(Phot. Lafont, libraire, 63, allée d'Etigny, à Luchon.)

A g., dans une autre cour beaucoup plus vaste, se trouvent les divers bureaux de la Mairie, la Recette municipale, etc.; à dr., sous un préau à arcades, les bureaux de police du 1er arr. et les locaux de sûreté.

Dans le second vestibule, après la première cour, est l'entrée monumentale des salles du 1er étage; elles ont été reconstruites en 1882 sur les emplacements des anciennes, dites **des Archives**, du **Trône, des Illustres**, où se trouvaient avec leur biographie, les bustes des 44 plus illustres Languedociens, et, enfin, la **salle Clémence-Isaure**, servant de réunion à l'Académie des Jeux-Floraux ; cette dernière est, parmi les nombreuses sociétés savantes et littéraires de Toulouse, la plus célèbre, et aussi la plus ancienne, sa fondation remonte à 1327; elle commença dans un des faubourgs par « *la très gaye compagnie des sept troubadours de Tolose et mainteneurs de gay savoir* ». Vers la fin du xve siècle, une noble dame Clémence Isaure acheva l'œuvre par « plusieurs grands et notables revenus ». Les académiciens sont au nombre de 40, ils distribuent tous les ans sept fleurs d'or ou d'argent comme prix de poésie : l'amaranthe, la violette, le souci, la primevère, le lis, l'immortelle et l'églantine. Le premier lauréat fut maître Armand Vidal de Castelnaudary.

Toutes les Sociétés se réunissent maintenant dans l'hôtel d'Angot, donné à la ville par M. Ozenne.

La *Salle des Illustres*, donnant sur la place du Capitole, est une véritable merveille. De vastes dimensions, admirablement décorée et ornée de colonnes en marbre, elle renferme les œuvres des principaux artistes toulousains, peintres, statuaires, sculpteurs, etc. C'est le *Panthéon* des gloires toulousaines.

Le grand Théâtre occupe l'aile gauche du Capitole, c'est un des plus beaux et des plus riches de France.

Après la visite du Capitole, prendre au N. de la place la *rue du Taur*, une des vieilles rues toulousaines, à l'entrée de laquelle se trouve à *dr.* *l'église du Taur.*

Eglise du Taur (du Taureau). — Cette église du xve s. à la façade et au clocher bizarres, a été bâtie à l'endroit où s'est arrêté le taureau qui traînait au martyre saint Saturnin, apôtre de Toulouse ; à l'extérieur deux statues, saint François et saint Dominique. L'intérieur très sombre, est décoré par de Benezet, artiste toulousain, qui a représenté la légende du Taureau.

En sortant de cette église, récemment reconstruite, suivre la **rue du Taur** qui vous conduit directement **place Saint-Sernin,** sur laquelle s'élève la merveilleuse *basilique Saint-Sernin.*

La *basilique Saint-Sernin*, un des plus intéressants monuments de France, est le type le plus parfait et le plus complet de l'architecture romane ; elle fut commencée, dit-on, en 1037, sur l'emplacement occupé par une première église qui datait du ɪᴠᵉ siècle.

La Basilique forme une croix latine parfaite, admirablement proportionnée. La grande nef mesure 115 m. de long et le transept 65 m. de large ; l'abside est sensiblement inclinée vers la droite. On entre ordinairement par la porte qui ouvre sur la place Saint-Raymond. Cette porte se dessine très bien

Eglise Saint-Sernin.

malgré son état de délabrement au milieu du triangle formé par l'ancien hôtel Dubarry, aujourd'hui couvent des Bénédictines, et la Collégiale Saint-Raymond, parfaitement restaurée par Viollet-Leduc. A l'intérieur se déploient devant vous les doubles rangées de collatéraux qui supportent une galerie en arcs de cercle soutenus par des colonnes jumelles d'une élégance remarquable, sveltes, gracieuses et élancées. La largeur des cinq nefs est de 32 m.

Les doubles collatéraux ne se poursuivent que jusqu'à la base du clocher, et dès lors un seul se continue autour du transept et de l'abside ; quant au triforium, il règne tout autour de la grande nef, du transept et de l'abside; il mesure 240 m. de long. sur 4ᵐ50 de large. L'église est supportée par 66 gros piliers et le tour de l'abside par 12 piliers ou colonnes.

Toutes ces constructions s'étagent l'une au-dessus de l'autre pour servir de base à la belle tour du xiv⁰ s., qui s'élève au point de jonction des bras de la croix, et qui a 66 m. de haut. Cette tour, avec belle flèche, est à arcades triangulaires du style toulousain et en harmonie complète avec le reste de l'édifice.

Les grilles sont du xv⁰ s.; elles sont de fer forgé. Les peintures de la coupole du sanctuaire sont du xvi⁰ s. Le Sauveur est entouré des quatre figures symboliques des évangélistes : le lion, le taureau, l'aigle et l'ange.

Les murailles sont couvertes de fresques de la même époque, elles sont presque effacées, les mieux conservées sont celles de saint Edmond, saint Honorat, sainte Suzanne, de sainte Juliette, de saint Cyr, de saint Papoul, de saint Saturnin et de saint Georges.

A gauche de la porte d'entrée un tableau représente le pape Urbain II au moment où il consacre la Basilique; à droite, est celui de saint Exupère bénissant l'église au v⁰ s. Au-dessus de la porte de la sacristie, un grand tableau de Bézard, artiste toulousain, a pour sujet le *martyre de Saint-Saturnin*, une autre toile montre saint Jean donnant la communion à la Vierge.

Le maitre-autel est du xviii⁰ s.; on y voit derrière le retable un bas-relief en plomb représentant le *martyre de saint Saturnin* par Marc Arcis. Un escalier de marbre rouge conduit à la plate-forme qui recouvre une partie de la crypte et qui sert de base au baldaquin sous lequel reposent les reliques de saint Saturnin. Le baldaquin est supporté par six colonnes monolithes en marbre de 3 m. de haut; le tombeau est supporté par 4 taureaux de bronze, œuvre de Luças.

Au fond de la nef apparait le grand orgue qui comprend 54 jeux et 3.500 tuyaux.

Transept N. Trois autels, celui du Sacré-Cœur, de Saint-Exupère, au centre l'ancien autel de la paroisse ; le côté Est comprend deux chapelles ; celle du Crucifix est ornée d'un grand christ doré, rapporté de Constantinople par les croisés.

La décoration est de M. Engalière. C'est dans cette chapelle que le duc de Montmorency fut enseveli après son exécution en 1632 ; son corps fut enlevé peu de temps après et porté dans la chapelle des Dames de la Visitation, à Moulins.

La seconde chapelle est dédiée aux âmes du purgatoire.

L'abside. — En pénétrant dans le déambulatorium qui contourne le sanctuaire, on se trouve dans le véritable reliquaire de la Basilique ; les murs offrent une série de niches contenant de belles châsses qui renferment les reliques de nos saints, savoir : saint François de Sales, sainte Jeanne de Chantal et de la B. Marie Alacoque, données à l'église en 1884, ensuite quatorze ossements de sainte Suzanne, don de Charlemagne ; le corps d'un des saints Innocents, les reliques de Saint-Orens qui sont en grande vénération, surtout le 1er mai ; ce saint est invoqué pour la guérison des enfants.

La niche du centre renferme les reliques de saint Georges, rapportées d'Orient et déposées par Guillaume IV, comte de Toulouse.

Transept sud. — Chapelle de Notre-Dame-de-Bonnes-Nouvelles dont le reliquaire contient un morceau de crâne de saint Antoine de Padoue.

Crypte. — Là se trouvent des apôtres, des martyrs, des confesseurs, des vierges, dont les reliques sont vénérées depuis de longs siècles.

Extérieur de la Basilique. — La porte qui se trouve en face la rue du Taur est appelée porte de Miégeville, elle est décorée de quatre colonnes supportant des chapiteaux représentant, le Serpent tentateur, Adam et Ève, chassés du paradis, et le massacre des Innocents.

Une autre porte se trouve en face la rue Bellegarde, elle a deux arceaux dont les chapiteaux représentent les sept péchés capitaux.

A l'arceau de gauche, dans le mur de l'église est adossée une petite chapelle où reposèrent : les comtes de Toulouse, Guillaume Taillefer, Pons II, son père, et Pons III, son fils.

En sortant de l'église, se rendre sur la place Saint-Sernin, pour visiter le **Musée rétrospectif et d'antiquités** installé dans l'ancienne collégiale Saint-Raymond qui servait d'abbaye au clergé de la Basilique.

Cet édifice date du xve siècle, il contient des collections rares de tableaux, médailles, monnaies, céramiques, vieilles armures, meubles et tapisseries.

En quittant le musée, rejoindre la ligne des boulevards par la **rue Saint-Bernard**; une ligne de tramways dessert cette voie; on peut en profiter pour atteindre le *canal de Brienne*, bordé d'allées de platanes magnifiques que l'on pourra suivre jusqu'aux **Ponts Jumeaux** (embouchure des trois canaux de la Garonne) : 1° *canal latéral*; 2° *canal du Midi*; 3° *canal de Brienne*.

La ligne des boulevards n'offre rien de bien remarquable, sauf les casernes d'*artillerie Cafarelli et Compas* situées en face de l'*arsenal*.

Des Ponts-Jumeaux, revenir sur ses pas par la rive gauche du canal jusqu'au **quai Saint-Pierre**; où se trouve l'importante *manufacture des Tabacs*, qui dessert 23 départements et occupe plus de 2.000 ouvriers (hommes et femmes); le *moulin de Bazacle* et le *pont suspendu* au bout duquel, sur la rive gauche de la Garonne (faubourg Saint-Cyprien), se trouve l'*hospice Saint-Joseph de la Grave*; suivre les **quais de Brienne** et **de la Daurade**, visiter en passant l'*église de la Daurade* (dorée).

Eglise de la Daurade. — Cette église date de 1764, on y bénit, le 3 mai, des fleurs destinées aux lauréats du concours des Jeux-Floraux.
Le monument enclavé dans un pâté de maisons n'a rien de remarquable. Il contient la tombe de Clémence Isaure et une statue de Notre-Dame-la-Noire.

On arrive au **Pont Neuf**. — Très beau pont en pierre (7 arches) qui, malgré son nom, date de 1543, il a été construit par Bachelier et son fils; il fait communiquer directement la ville avec le **faubourg Saint-Cyprien**; suivre le pont pour traverser le fleuve; au bout du pont, à dr., l'**Hôtel-Dieu**, sur le mur, on remarque la flèche indiquant la hauteur des crues de 1875 et 1897.

En aval, on voit les restes d'un pont plus ancien, renversé par les crues de la Garonne.

En face de l'Hôtel-Dieu, s'élève une tour de 28 m., c'est le vieux *Château-d'Eau*, datant de 1821.

Suivre la **rue de la République** jusqu'à la **place Saint-Cyprien** et revenir sur ses pas jusqu'au **quai de la Daurade**.

Rentrer en ville par la **rue de Metz**. On remarque l'*Hôtel d'Assézat*, qui date de François Ier; à l'extérieur, rien n'attire les regards sauf des festons et guirlandes, mais la porte et la cour, que l'on voit, en entrant, ont les sculptures les plus curieuses de la ville ; colonnes torses, tour élégante. C'était la maison de la mère de Henri IV; on a sous les yeux l'un des plus beaux monuments du xvie s. indignement mutilé. En suivant les **rues de la Bourse** et **Gambetta** on arrive **place du Capitole**, notre point de départ.

Midi. — Déjeuner à l'hôtel ou au restaurant.

Promenade de l'après-midi. — Suivre la **rue Lafayette**, puis à dr. la **rue d'Alsace-Lorraine**, où l'on visitera le musée et ses dépendances (cloître Saint-Augustin, salle capitulaire, etc.)

Le Musée est ouvert au public les dimanches de 1 h. à 5 h. et visible tous les jours pour les étrangers. Il est installé dans l'ancien couvent des moines augustins (xive siècle); un nouveau bâtiment vient d'être construit en façade sur la rue d'Alsace-Lorraine ; cette partie nouvelle est d'une architecture pleine d'originalité et de style moyen-âge. Le Musée est digne à tous les points de vue de l'attention des étrangers, c'est un des plus intéressants de notre pays. Il possède de nombreux morceaux d'art de toutes les époques, un peu mutilés, il est vrai, mais très précieux pour l'étude.

Les galeries, les cloîtres contiennent les plus belles collections d'antiquités romaines ; on y voit une superbe collection presque complète de bustes d'empereurs romains, de sarcophages très curieux, des chapiteaux, des autels, des

La Cour du Musée.

vases, des médailles, des armes et d'admirables fragments de sculptures, les galeries du grand cloître à colonnes jumelles avec ogives tréflées ; les sculptures du petit cloître ; la fontaine que l'on voit dans la cour de ce dernier, la maquette de la *Femme au paon*, de Falguière, de même que les statues et fragments épars dans le jardin, sont autant de chefs-d'œuvre. La salle principale de peinture est une ancienne chapelle ; il y a aussi une salle de sculpture moderne et une salle des plâtres dite salle capitulaire, du XVe siècle.

Fontaine de la Cour du Musée.

La galerie de peinture renferme de très bonnes toiles des écoles italienne, flamande, hollandaise, espagnole et française : *Le Pérugin, Procaccini, le Guerchin, Murillo, van Dyck, Jordaens, van der Meulen, van Mirevelt, Rysdael, Rubens, Boucher, Ph. de Champaigne, B. Constant, Corot, Couture, Delacroix, Gros, Gérome, Henner, J. P. Laurens, Lesueur, Mignard, Pils, Poussin*, etc.

Sortant du musée, laisser à g. la rue de Metz prolongée où se trouve un gracieux square orné de la statue d'un poète languedocien, remonter la **rue Alsace-Lorraine** jusqu'à *l'archevêché*, autrefois le palais de la présidence du Parlement ; plus tard, Hôtel de la Préfecture jusqu'en 1800, où il

Le Cloître.

devint palais archiépiscopal. Laissant la rue Alsace-Lorraine, continuée jusqu'à la **place des Carmes**, prendre à g. par les **rues Croix-Baragnon** et **Saint-Etienne**, qui aboutissent à la place de ce nom, où se trouve la *Cathédrale*.

Cathédrale Saint-Etienne. — Sa fondation remonte à l'an 250 ; elle est formée de plusieurs parties distinctes ; rose du XIIIe s. au portail, clocher du XVIe : le chœur n'est pas dans l'axe de la nef, il est entouré de dix-sept chapelles, les vitraux datent des XVe et XVIe siècles. Statue d'Antoine Lestang, de 1617.

De la place Saint-Etienne, pour se faire une idée

des anciens quartiers toulousains, suivre les **rues Fermat, de Merlane, du Canard** et la **place des Carmes,** pour gagner, par les **rues des Prêtres** et **Saint-Jean, l'église de la Dalbade.**

La Dalbade ou Eglise de Notre-Dame-la-Blanche, fut reconstruite au xv⁰ siècle; son portail surtout est fort remarquable et charmant à la fois, il est de Nicolas Bachelier ; le tympan est moderne et représente le couronnement de la Vierge, par Falguière, d'après Angelico, le tout en terre cuite émaillée, du plus bel effet ; la nef est assez belle et de proportions très hardies.

L'Hôtel Saint-Jean, même rue, bâti par Rivalz.

La Maison de Pierre, à côté de l'hôtel ci-dessus, date du xvii⁰ s., bâtie par Bachelier avec les débris d'un temple de Pallas, édifice lourd, façade bien décorée, belle cour. Pour visiter s'adresser au concierge.

Plus loin et toujours dans la rue de la Dalbade, l'*Hôtel de Felzins*, portail très gracieux ; à l'intérieur, très belle cheminée attribuée à Jean Goujon.

Suivre la **rue de la Fonderie** qui est le prolongement de la rue de la Dalbade ; on arrive **place du Palais,** où s'élève la statue de Cujas, célèbre jurisconsulte, par Valois (1850).

Palais de justice. — ancien palais du Parlement. On y remarque la chambre dorée, la salle des Assises et la chambre des mises en accusation, dont le plafond en bois magnifiquement fouillé, représente les neuf travaux d'Hercule.

Prendre ensuite, derrière le palais, l'**allée Saint-Michel,** où l'on verra l'*Ecole de Pharmacie*, les nouvelles *Facultés des Sciences et de Médecine*, et l'on arrive au **Grand-Rond** qu'il faut visiter ainsi que le jardin des Plantes.

Le Grand-Rond, ainsi que son nom l'indique, est de forme ronde ; ce jardin, promenade préférée des Toulousains, possède les chefs-d'œuvre des statuaires toulousains modernes ;

le Vainqueur, de *Falguière*; le David, de *Mercié*; le Conteur arabe, de *Pousin-Andarahy*; le Faune, de *Barthélemy*; la Velleda, de *Marquese*. Kiosque pour la musique.

Une passerelle de fer franchit le Boulingrin (route qui fait le tour du jardin) et conduit au **jardin des Plantes**, dont l'entrée principale, sur l'allée Saint-Michel, est d'un fort bel aspect. Dans le jardin, à dr. se trouvent les bâtiments du *Muséum d'histoire naturelle*.

Un troisième jardin, le *jardin Royal*, se trouve en face du Grand-Rond, à droite de l'allée Saint-Michel; il est fort coquet; c'est le rendez-vous de la meilleure société de Toulouse, qui, du reste, occupe cette partie de la ville.

A l'entrée de l'allée Saint-Etienne, que l'on doit prendre pour regagner l'intérieur de la ville, on remarque une belle et grande construction moderne entourée d'un beau parc: c'est le **Palais du Maréchal**, ainsi nommé parce qu'il fut construit par le maréchal Niel, quand il commandait à Toulouse ; c'est aujourd'hui encore le logement du général commandant le 17me corps.

Suivre l'**Allée Saint-Etienne** et le **Boulevard Carnot** qui aboutit au **carrefour Lafayette**, remonter les **allées** de ce nom jusqu'à l'extrémité où se trouve la *statue de Riquet,* l'auteur du canal du Midi.

Retour. — De ce point, en tramway, à la place du Capitole.

Nota. — Le pont monumental dit des *Amidonniers*, qui va être jeté sur la Garonne et les canaux, terminera la ceinture de boulevards qui entoure Toulouse.

Environs de Toulouse

Rien de bien remarquable aux environs de cette ville. Citons, toutefois, le village de Blagnac (7 k.) situé sur la Garonne, sites agréables aux bords du fleuve et du Touch. (Omnibus partant du Capitole.)

DE TOULOUSE A AUCH

89 kil. 2 h. 45 env. (**Matabiau**); 2 h. 20 (gare **Saint-Cyprien**).

On passe à *Colomiers*, **Pibrac** (pèlerinage au tombeau de Germaine Cousin, jeune bergère, canonisée en 1867), *Brax-Leguevin*, *Merenvielle*, *l'Isle-Jourdain*, *Montferran*, *Escornebœuf*, **Gimont-Cahuzac** (sera relié prochainement à **Castelsarrasin**, par une ligne passant à *Beaumont-de-Lomagne*) *Aubiet*, **Marsan** (beau château), *Leboulin*, on laisse, à dr., la ligne d'Agen, par Lectoure, et on arrive à **Auch**.

Auch. — Ville de 14.782 hab., préf. du dép. du Gers, sur la rive g. du Gers. Fabriques d'étoffes; tannerie. Commerce de vins, eaux-de-vie d'Armagnac, céréales; pâtés de foie de canard très renommés.

Auch est la patrie du *général Dessoles*, le *Decius français*, du *général d'Espagne*, du *connétable d'Armagnac*, des maréchaux *de Bellegarde* et *Blaise de Montluc* et du vice-amiral *Joyeuse*.

A signaler: La *Cathédrale Sainte-Marie*, sur une place voisine de l'Hôtel de ville, reconstruite de 1483 à 1662, possède d'admirables vitraux et renferme, dans le chœur, 113 stalles merveilleusement sculptées, la statue de l'*amiral Villaret-Joyeuse*, par H. Nelli et celle de l'intendant *Meygret d'Etigny*, dont une autre statue orne le parc de Bagnères-de-Luchon; une *tour* du xiiie siècle, près de la cathédrale; un *petit bâtiment*, de la même époque et un *escalier monumental*, de 232 marches, qui descend à la rive g. du Gers.

Nota. — Auch est relié, au N., avec **Agen** et, au S., avec **Tarbes**, par *Vic-Bigorre*.

DE TOULOUSE A MONTRÉJEAU

104 kil. en 1 h. 54, 2 h. 10 et 2 h. 50.

Itinéraire. — Départ de *Toulouse-Matabiau*, après avoir dépassé la petite halte de *Saint-Agne* et franchi le canal du Midi et de la Garonne, on laisse à dr., la *ligne d'Auch* et on arrive à **Portet-Saint-Simon**, station d'embarquement de la ligne de *Foix* et *Ax-les-Thermes*, qui se détache à g. La ligne remonte la vallée de la Garonne, qui coule à g., de l'autre côté de la route nationale de Toulouse à Tarbes, on atteint *Muret* (ville à g.) (21 kil.).

Muret. — Ville de 4.142 hab., ch.-l. d'arr. de la Haute-Garonne, sur la rive g. de la Garonne. Eglise des XIVe et XVe s. Patrie du maréchal Niel, du musicien Dalayrac et de l'abbé Sicard.

Après *Muret* on dépasse successivement les petites stations de *Fauga, Longages, Carbonne, Saint-Julien-Saint-Elix, Cazères-sur-Garonne, Martres-Tolosane*, on arrive à **Boussens**, d'où se détache à g. la ligne de *Saint-Girons*.

Nota. — C'est à *Boussens* que doivent descendre les voyageurs pour **Salies-du-Salat, Saint-Girons, Audinac** et **Aulus**.

La Garonne devient navigable à partir de Boussens.
A signaler à 2 kil. environ au S. de Boussens, le petit village de *Roquefort* où l'on remarque une belle église moderne de style roman et les ruines pittoresques du *Château de Roquefort*, des XIIe et XIIIe s.

En quittant *Boussens*, on franchit la Garonne, on dépasse la station de *Saint-Martory* (à dr. vieux château), puis on traverse encore la Garonne, on laisse à dr. la station de **Labarthe-Inard** et à g., le *Château de Montespan* et on arrive à **Saint-Gaudens** (91 kil.).

Foire aux bestiaux dans les Pyrénées.
(Phot. Lafont, libraire, 63, allée d'Etigny, à Luchon.)

Saint-Gaudens. — Ville de 7.007 hab., ch.-l. d'arr. de la Haute-Garonne. Admirablement située sur le haut d'une colline d'où l'on jouit d'un superbe point de vue, sur la vallée de la Garonne et sur les Pyrénées. Filature et tissage de laine et de gilets tricotés. Tissage mécanique de ceintures de laine, sandales et ceintures pour la marine. Grandes foires aux chevaux et aux moutons et foire aux chiens. Patrie d'*Armand Marrast* et du *Président Troplong*. — Belle église des xie et xiie s.

Nota. — La gare étant dans la vallée, il faut 7 à 8 min. de marche pour se rendre en ville. Prendre à g. en sortant de la gare, puis à dr. la route nationale bordée de beaux arbres.

Saint-Gaudens, la ligne se rapproche des montagnes, franchit la Garonne, dépasse la station de *Martres-de-Rivière*, on voit à g. la ligne de *Montréjeau à Bagnères-de-Luchon* et à dr., sur la hauteur, Montréjeau, et on entre en gare de **Montréjeau**.

Montréjeau. — (Buffet, avec jolie terrasse bien ombragée), ch.-l. de c. de l'arr. de *Saint-Gaudens* (Haute-Garonne), 3.668 hab. à 20 min. à g. de la gare, sur un joli plateau qui domine la rive g. de la Garonne et d'où l'on découvre un panorama très étendu et très pittoresque, embrassant les vallées de la Garonne et de la Neste et la chaîne des Pyrénées.

DE MONTRÉJEAU A BAGNÈRES-DE-LUCHON

(36 kil. — 43 m. exp. — 1 h. 15 omn.)

Attention. — Installez-vous, de préférence, à dr. dans le sens de la marche du train, jusqu'à la station de *Loures-Barbazan* et là, si vous le pouvez, passez à g. jusqu'à Luchon.

Itinéraire. — En sortant de la gare, on laisse à g. la ligne de Toulouse et on tourne à dr. pour prendre une direction S.-S.-E.; on ne tarde pas à traverser la route de Luchon, on atteint la halte de *Labroquère-Saint-Bertrand-de-Comminges* (6 kil.).

Nota. — A 3 kil. S.-O. de Labroquère, se dresse la cathédrale de *Saint-Bertrand de Comminges* (v. p. 400) qu'on distingue parfaitement sur la droite.

La ligne franchit la *Garonne* sur un pont de 3 arches, longe la rive g. du fleuve, on voit à g. les jolies prairies plantées d'arbres que domine le *château de Barbazan* et au milieu desquelles s'élève la petite station thermale du même nom et on arrive à la gare de **Loures-Barbazan** (8 kil.) qui la dessert.

Barbazan

Ch.-l. de c. de 450 hab. Sur la rive droite de la *Garonne*, à 2 kil. au N.-E. de la gare, dans un site très riant.

Des belles allées de tilleuls qui ombragent la terrasse du vieux château on jouit d'une vue superbe sur le cours de la *Garonne*, *Saint-Bertrand de Comminges* et les montagnes.

Renseignements. — Les baigneurs trouvent à se loger et à vivre dans des conditions exceptionnelles de bon marché dans les villages de **Loures** (petit casino) et de **Barbazan**, ainsi qu'à l'**Etablissement thermal**, qui possède un hôtel très confortable au milieu d'un joli parc. Le *téléphone* de l'Etablissement se trouve à dr. en sortant de la gare. On se rend à *Loures*, qui n'est qu'à 1.500 m. de l'Etablissement thermal, en prenant à dr. en sortant de la cour de la gare. Pour gagner directement l'*Etablissement*, à pied, prendre à g. en sortant de la cour de la gare, traverser la ligne au passage à niveau et suivre tout droit l'avenue bordée d'arbres et longue d'environ 1 kil. qui aboutit au parc de l'Etablissement. L'omnibus de l'Etablissement stationne dans la cour de la gare à l'arrivée des trains.

(Voir, pour les hôtels, notre agenda bleu, fin du volume, lettres B et L.)

Etablissement thermal. — Il renferme 14 cabinets de bains, salle de pulvérisation et deux buvettes; il est alimenté par les sources de l'*Etablissement*, du *Saule* et du *Sureau* dont l'eau *sulfatée calcique*, d'une température de 19°,6 est employée avec succès dans le traitement des maladies de la peau et des voies aériennes, du rhumatisme, de l'anémie, de la dyspepsie et des *fièvres paludéennes* les plus rebelles. Le traitement de Barbazan convient admirablement à toutes les personnes débilitées et, par dessus tout, à celles dont la santé a été fortement ébranlée par un long séjour aux Colonies.

Ajoutons que les eaux de Barbazan possèdent de sérieuses qualités purgatives, très appréciées des habitants des régions avoisinantes qui viennent, chaque année, faire une neuvaine de santé dans la charmante station thermale.

Excursions. — Au nombre des excursions qu'on peut faire de Loures ou de Barbazan (chevaux et voitures de promenade), citons celles de **Saint-Bertrand-de-Comminges** (v. p.400) des **grottes de Gargas** (v. p.401), de la **vallée de Barousse**, du **Col de Las Ares**, de **Saint-Béal** et du **Pont-du-Roi** (v. p. 399) et de la **vallée de Luchon** (v. p. 361). C'est au fond de la vallée de Barousse que se trouvent les *Chalets Saint-Néré* (petite station thermale avec 40 chambres et 15 baignoires) dans un site grandiose et sauvage, à 17 kil. de Loures.

L'excursion du *Col de Las Ares* demande une journée, c'est une des plus intéressantes que l'on puisse faire dans cette partie des Pyrénées. La route domine, sur tout son parcours, de merveilleux paysages (60 kil. all. et ret. en voiture). — On passe par *Luscan, Galiès, Ore, Frontignan, Antichan*, on laisse, à g., *Saint-Pé* et on arrive au col. Dans le fond, à dr., le hameau de *Moncaup*. On passe ensuite aux hameaux ou villages de *Cazaunous*, de *Sengouagnet* et de *Juzet d'Izaut* et on atteint *Aspet* où l'on déjeune. On rentre par *Soneich, Encausse* (station thermale), *Sauveterre* et *Barbazan*.

Barbazan est appelé, par la vertu de ses eaux et la beauté de son site, à devenir une station thermale de premier ordre.

Suite de l'itinéraire. — La ligne franchit un petit affluent de la *Garonne*, on laisse à g., de l'autre côté du fleuve, *Luscan* (120 hab.), puis à dr. *Bertren* (260 hab.) renommé pour ses haricots et on dépasse la halte de *Galié* (12 kil.), la vallée se resserre, on voit à dr. les maisons du village de *Bagiry* (260 hab.) échelonnées le long de la grande route de Luchon à Toulouse, puis, au-dessus, au milieu d'un véritable nid de verdure, les stations thermales de *Sainte-Marie* et de *Siradan* et l'on atteint (15 kil.), la station de *Saléchan*.

Nota. — La station de Saléchan dessert le village de *Sainte-Marie* (1 kil. N.-O) et les bains de *Siradan* (1 kil. plus loin, à l'ouest).

Bains de Siradan. — L'*Etablissement thermal* comprend un hôtel restaurant et une installation hydrothérapique très complète. Eaux sulfatées calciques et ferrugineuses bicarbonatées, employées en bains, douches et boisson. Elles se conservent très bien et se transportent. Saison du 1er avril à fin novembre. Les baigneurs peuvent facilement trouver à se loger dans les villages de Sainte-Marie et de Siradan à des prix peu élevés.

On se rapproche de la montagne, la ligne longe la route; on laisse à dr. *Saléchan* (640 hab.), puis on franchit la *Garonne*; on remarque à g. le village de *Fronsac* et sa tour du XIIe s., on dépasse la halte du même nom, on laisse à g. le hameau de *Chaune*, la ligne franchit une dernière fois la Garonne à 300 m. environ du point où elle reçoit les eaux de la *Pique*, on revient sur la dr. au milieu d'une jolie vallée et on arrive à **Marignac** (21 kil.)

Nota. — Cette station dessert *Saint-Béat* (v. p. 397).

En sortant de *Marignac*, on laisse à g. la *vallée d'Aran* arrosée par la *Garonne*, pour entrer dans la *vallée de Luchon* au milieu de laquelle le *torrent de la Pique* roule tumultueusement ses eaux. Le paysage devient véritablement merveilleux, la route, le torrent et la ligne trouvent à peine place entre les murailles énormes qui les dominent de chaque côté; on laisse à dr. *Cierp* et son château, puis, après avoir franchi un tunnel et un joli pont jeté sur le torrent, on laisse à dr. *Signac*, à g. la *chapelle romane de Saint-André* et à dr. le hameau de *Guran* et son château Renaissance, on traverse deux fois le torrent et après avoir dépassé les haltes ou stations de *Lège* (27 kil.), de *Cier-de-Luchon* (29 kil.) et d'*Antignac* (32 kil.), on entre en gare de *Bagnères-de-Luchon* (36 kil).

BAGNÈRES-DE-LUCHON

Ville de 4.000 habitants, ch.-l. de canton de l'arr. de Saint-Gaudens (Haute-Garonne). Sise au fond de la vallée du même nom, à 629 m. d'altitude. Visitée, chaque année, par plus de 40.000 baigneurs. Eaux réputées. — Centre de nombreuses excursions. — Casino.

Choix d'un hôtel. — Pour les renseignements sur les hôtels de Bagnères-de-Luchon, v. *Agenda du Voyageur*, papier bleu, fin du volume, lettre B.

Arrivée à Bagnères-de-Luchon. — On trouve à la gare les omnibus des principaux hôtels et les omnibus de ville. 0.60 par personne, 0.40 par colis.

Voitures. — De la gare en ville, avec bagages, faire prix d'avance. *Voitures à 1 cheval*, de 6 heures m. à min., la course, 1 fr., l'heure 3 fr.; voitures à 2 chevaux, la course 1 fr. 30, l'heure 3 fr. 75; de min. à 6 h. m., 1 cheval, la course, 2 fr. 50, l'heure 4 francs; 2 chevaux, la course 2 fr. 25, l'heure 5 francs; dans le périmètre de la ville limité par

BAGNÈRES-DE-LUCHON. — Vue générale.
(Phot. Lafont, libraire, 63, allée d'Etigny, à Luchon).

la dernière maison du faubourg de Barcugnas et le premier pont du chemin de fer, au nord, Notre-Dame-des-Rochers, au sud; les ponts de Saint-Mamet et de Montauban à l'est, et par la source ferrugineuse de Sourouille, le pont de Mousquères et la croix de Paysas, à l'ouest.

Pour les courses de l'église de Saint-Mamet et des cascades de Montauban et de Juzet, les voitures ne peuvent être prises qu'à l'heure et au tarif suivant : le jour, 1 cheval, 3 fr. 75; 2 chevaux, 4 fr. 75, et la nuit, 1 cheval, 5 francs, 2 chevaux, 6 francs.

Nota. — Le tarif des *guides*, des *chevaux* et des *voitures* pour les courses et grandes excursions est affiché au bureau du commissaire de police où doivent être déposées toutes les plaintes et réclamations.

Poste et télégraphe. — *Rue Sylvie*, par le passage *Sacarrère*, 59, allée d'Etigny. Ouvert de 7 h. m. à 9 h. s. — Boîtes aux lettres : 2, allée d'Etigny, à l'entrée des Thermes, place de la Mission, au casino et à la gare.

Il est fait 4 distributions par jour, à 9 h. m., midi, 4 h. s. et 7 h. s.

Hôtel de Ville et Commissariat de police. — Place du Champ-de-Mars, de 8 h. à midi et de 2 h. à 5 h. s.

De la gare en ville. — 10 *min. à pied.* — Pour se rendre à pied de la gare à l'entrée de l'*allée d'Etigny*, qui est le point de démarcation de l'ancienne ville et de la nouvelle, on laisse à g. en sortant de la cour de la gare, la vieille église du faubourg de Barcugnas et on s'engage dans la magnifique *avenue de la Gare*, bordée d'une double rangée de platanes séculaires. On laisse à dr. la *rue Nérée-Boullée* par laquelle on peut gagner la route de *Bagnères-de-Bigorre* et l'*allée des Soupirs*, puis, à g., l'usine à gaz; on traverse la rivière de l'*Arbouse* et de l'*One*, sur le pont de *Barcugnas* et, à l'extrémité de l'allée où se trouve, à dr., un établissement de bains, on laisse à g. la *rue Hortense* qui correspond avec la *rue de Piqué* et la *rue Colomic*, on débouche sur la petite *place de la Mission*, qu'on traverse, laissant à dr. la *rue du Nord* et à g. la *rue Canitou*, pour suivre la *rue Legrand*, dans laquelle on remarque, à g., la nouvelle église.

Nota. — En face de l'Eglise, s'ouvre la rue de l'Eglise, continuée par la rue de la Commune, le marché, la place du *Champ de Mars*, où se trouve la mairie, la rue de l'Arbouse et la belle *Allée des Soupirs*, à laquelle fait suite la route de Luchon à Bagnères-de-Bigorre.

Au bout de la rue Legrand on traverse une petite place et on arrive à l'entrée de l'*allée d'Etigny*, ayant à dr. la *rue Neuve* par laquelle on peut, à dr., gagner l'allée des Soupirs et, à g., la *rue de la Carraou*. La rue qu'on voit à g. est la *rue de Piqué*, qui se termine au *pont de Montauban* et par laquelle on peut gagner soit le Casino, première rue à dr., soit la jolie *promenade de la Pique*, qui longe la rivière du même nom et s'ouvre à dr. avant le pont.

Point central. — Tout le mouvement à Luchon est concentré dans les *allées d'Etigny*, que continuent si heureusement la *promenade des Quinconces* et le *Parc*. C'est du matin au soir, un perpétuel va-et-vient.

Voitures d'excursion. — On trouve à Luchon un service régulier de breaks d'excursion, qui partent *tous les jours*, à *midi*, pour la *vallée du Lys* et le *Lac d'Oô* (v. ci-dessous) et *deux* fois par semaine, pour le *Portillon* (v. p. 394) et l'Espagne.

Le prix, pour les deux premières excursions, aller et retour, est de 4 francs par personne et de 10 francs pour le Portillon.

Bureaux : 46, *allée d'Etigny*, presque en face le *passage Sacarrère*, sous le passage et rue Sylvie.

Nota. — Luchon compte beaucoup de guides et loueurs, possédant d'excellents chevaux et des voitures très confortables que l'on peut conduire soi-même.

Deux mots d'histoire. — L'origine de Bagnères-de-Luchon remonte à la plus haute antiquité et les inscriptions qui figurent sur les différents autels votifs, découverts au cours des fouilles pratiquées sur l'emplacement des anciens thermes, nous apprennent que sous la domination celtique, bien avant la conquête romaine, cette ville était placée sous la protection de Lixon ou Ilixon, divinité celtique. Les armoiries de Luchon portent, du reste, cette devise : « Balneum Lixonense post Napolitense primum » (Bains de Luchon, les premiers après ceux de Naples). Aujourd'hui, après tant de siècles écoulés, la charmante station thermale est restée digne de son antique renommée, et peut hardiment prétendre à la première place; son histoire est intimement liée à celle de ses eaux. Les Romains eurent vite fait d'apprécier, comme il convenait, le mérite des eaux et le charme du site; ils construisirent des thermes spacieux à l'endroit même où s'élèvent les thermes actuels, et relièrent la ville à Saint-Bertrand de Comminges, métropole de la contrée, par une magnifique voie impériale.

Luchon, après eux, eut à souffrir des invasions barbares et des guerres de religion qui désolèrent le midi de la France; les thermes furent en partie détruits et, durant de longues années, ce qui en restait ne fut plus fréquenté que par les habitants du pays.

L'oubli menaçait l'humble village, lorsque Maigret d'Etigny fut nommé en 1751, intendant des provinces du Béarn et de Gascogne. Sous l'habile direction de cet homme d'initiative, Luchon ne tarda pas à briller d'un nouvel éclat; les thermes furent restaurés, un service médical fut organisé, la voie romaine de Saint-Bertrand de Comminges et de Montréjeau fut remise en état et prolongée jusqu'à Bagnères-de-Bigorre, dont les eaux attiraient chaque année l'élite de la société d'alors; enfin, en dépit des protestations violentes qui s'élevèrent de toutes parts dans le pays et des manifestations hostiles des habitants, d'Etigny fit percer la splendide avenue, plantée d'une quadruple rangée de tilleuls, qui porte son nom. La fortune ne tarda pas à répondre à qui savait la tenter de si adroite façon et Luchon connut à nouveau les avantages merveilleux que procure aux cités la faveur des foules. Les thermes devinrent bientôt insuffisants; d'Etigny tenta de les reconstruire en 1785,

BAGNÈRES-DE-LUCHON. — Le Casino.
(Phot. Lafont, libraire, 63, allée d'Etigny, à Luchon).

sans pouvoir réaliser son projet qui fut repris et mené à bien, de 1804 à 1815 par M. Richard, préfet de la Haute-Garonne. Mais l'élan était donné, la clientèle se faisait d'année en année plus nombreuse, les progrès de la science rendaient nécessaires d'importantes améliorations et en 1848, la municipalité faisait procéder à l'édification de l'établissement thermal actuel qui fut inauguré en 1856.

Depuis cette époque Luchon a sans cesse vu grandir sa renommée et croître le nombre de ses visiteurs, la vieille ville n'a pu suffire à l'afflux des baigneurs et près d'elle, la nouvelle ville s'est rapidement construite, bordée de magnifiques allées, percée de rues bien aérées et décorée de riants jardins et de ravissantes villas ; un parc artistement dessiné, planté de beaux arbres et orné d'une gracieuse pièce d'eau, offre aux promeneurs de délicieux abris ; des allées bien entretenues, et partout ombragées, montent en serpentant à l'assaut de la montagne de *Superbagnères*, riche en merveilleux points de vue, dont le plus fréquenté, *la chaumière*, est desservi par un chemin de fer à ficelles ; un monumental casino construit avec goût et décoré avec luxe prodigue aux étrangers le charme de ses distractions ; bref, tout concourt à faire de cette station thermale le joyau le plus précieux de cet écrin inestimable, qu'est la région pyrénéenne.

Situation, climat. — Luchon est situé au fond de la vallée qui porte son nom et qu'arrose la *Neste de Luchon*, formée, au-dessus du faubourg de *Barcugnas*, de la réunion du torrent de la Pique et de la rivière de l'Arboust et de l'One. De hautes montagnes, aux flancs boisés, le dominent et le protègent contre l'action des grands vents ; aussi la température qui y règne, est-elle des plus tempérées et ne dépasse guère 17 à 18° au plus fort de l'été. L'air qu'on y respire est des plus purs et contribue puissamment à la guérison des malades qui viennent suivre le régime des eaux.

Le Casino. — Le casino de Luchon est un modèle du genre ; construit au centre de la nouvelle ville, à la partie N. d'un vaste jardin, orné d'une gracieuse pièce d'eau, planté de beaux arbres et décoré de pelouses merveilleusement fleuries, il présente l'aspect d'une riche demeure seigneuriale ; orienté du N. au S. il offre une façade de 100 m. de long, composée d'un corps principal, flanqué de deux ailes en retour, à chaque extrémité. Chacune de ces ailes, formée par un élégant pavillon, est desservie par un escalier spécial, tandis qu'un escalier monumental permet l'accès à la splendide terrasse qui précède la façade principale et relie les deux pavillons d'angle. De cette terrasse on jouit d'une vue splendide sur le port de Venasque et les pics qui l'enserrent. Si l'on traverse la terrasse pour pénétrer dans le vestibule grandiose de l'établissement, on a à g. la grande salle réservée aux concerts et à la danse. continuée elle-même par la bibliothèque, le bureau de poste et télégraphe et les salles de lecture, installées dans l'aile droite ; à dr., se trouvent la salle de café, le restaurant et les salles de jeux.

En face de soi, un escalier à double révolution conduisant à l'étage supérieur et, s'ouvrant entre les deux branches, l'entrée de la salle de spectacles, véritable chef-d'œuvre de bon goût. Au premier étage, on pénètre dans un salon oriental décoré avec un luxe inouï et d'où l'on découvre un merveilleux panorama ; à droite de ce salon, le *musée Lézat*.

Musée Lézat. — Ce musée renferme les plans en relief du massif central des Pyrénées, de la chaîne entière, des galeries souterraines des sources de Luchon, du cirque de Gavarnie et du Mont-Blanc, établis par M. l'ingénieur *Toussaint Lézat* et des objets très intéressants.

Nous ne saurions trop recommander à toutes les personnes qui, pour une raison ou une autre, se rendent à Luchon, de visiter ce musée dont la garde est confiée au fameux guide luchonnais *Maurice Gourdon*, membre du C. A. F.

Dans le jardin du Casino, on a installé un kiosque où se fait entendre l'orchestre de 60 musiciens et deux petits pavillons de jeux.

L'entrée du Casino et de ses jardins n'est accessible qu'aux personnes munies de cartes délivrées aux trois portes ou aux abonnés.

Nota. — Pour les prix et tarifs v. *agenda du voyageur*, papier bleu, lettre B.

Plaisirs. — En dehors de son casino, Luchon

offre à ses visiteurs les plaisirs de la pêche, de la chasse et des courses. Les torrents abondent en truites délicieuses et les montagnes des environs sont habitées par de grandes quantités de gibier dont la poursuite est très attrayante et dont la capture est de nature à satisfaire les plus difficiles. Râles, tourterelles, cailles et palombes, bécasses, bécassines et poules d'eau, gélinottes, grands-ducs, pies noires et grands tétras peuplent les vallées, le bord des cours d'eau, les marais et les grands bois de pins ; la perdrix blanche ou lagopède fréquente la région des neiges, tandis que les aigles, les vautours et les milans défient, sur les hauts sommets, le plomb meurtrier des chasseurs. Puis les lièvres, les chevreuils, les cerfs, les isards et, enfin, l'ours brun, complètent l'ensemble de ce régal promis aux disciples de saint Hubert.

Les courses. — L'hippodrome où se donnent les courses de Luchon est situé à 3 kil. environ de la ville, au milieu des prairies de Moustajon, à droite de la route nationale de Bagnères-de-Luchon à Toulouse. Trois journées de courses, chaque année, au mois d'août, attirent une grande quantité de visiteurs et sont le prétexte de réjouissances locales auxquelles la joyeuse cavalerie des guides donne un cachet des plus pittoresque.

Les Eaux

Thermes. — Sources. — Traitement.

La réputation des eaux de Bagnères-de-Luchon est universelle et due à leurs surprenantes vertus curatives. Leur degré de thermalité qui varie de 16 à 66° et leur riche sulfuration, due au sulfhydrate de sulfure, permettent d'en varier à l'infini l'utilisation et de les employer dans le traitement d'un nombre considérable de maladies. Près de 50 sources sulfureuses assurent un débit quotidien de plus de 500.000 litres d'eau. Les principales sont :

BAGNÈRES-DE-LUCHON. — L'Etablissement thermal.
(*Phot. Lafont, libraire, 63, allée d'Etigny, à Luchon*).

la *Reine* (52°), *Bayen* (66°), *Grotte supérieure* (58°5), *Richard nouvelle* (50°), *Richard ancienne* (38°), *Enceinte* (49°), *Blanche* (47°), *Grotte inférieure* (52°), *Bordeu* (49°), *Etigny* (48°), *Sengez* (41°), *Ferras nouvelle* (40°5), *Azémar* (39°), *Ferras ancienne* (38°), *Bosquet* (43°) et *Pré* 1. 2. et 3 (63°, 42°5 et 35°). Ajoutons à cette liste : une *Source Saline* froide (17°) très abondante et les sources ferrugineuses froides de *Sourrouille, Castel-Vieil, Cazarilh* et *Salles*.

Emploi des eaux. — Les eaux de Luchon s'administrent en bains, douches, humage, pulvérisation et boisson.

Maladies traitées. — Toutes les maladies ou affections, pour lesquelles le traitement sulfureux est indiqué, relèvent des eaux de Luchon. Citons au nombre de celles qu'on y soigne plus particulièrement : le *rhumatisme*, le *lymphatisme*, la *scrofule*, les affections de la *gorge et de l'appareil respiratoire*, les *maladies de la peau*, les affections des *organes génitaux*, chez la femme et chez l'homme et les affections *syphilitiques*. L'action des eaux de Luchon est par-dessus tout, *reconstituante* et donne de précieux résultats dans les convalescences des grandes maladies et chez les organismes débilités par une existence par trop oxygénée.

Les Thermes. — L'établissement thermal a été construit et aménagé, de 1848 à 1857 par l'architecte Chambert et le professeur Filhol. Il se compose de cinq pavillons se développant en une façade de 97 m. ornée de 28 colonnes monolithes en marbre blanc de St-Béat. L'entrée se trouve dans le pavillon central qui comprend un magnifique vestibule, décoré de fresques allégoriques et dans lequel sont installés les bureaux de distribution des billets et d'indication des heures de traitement. Douze salles de bains, comprenant un total de 120 baignoires avec douches locales et injections, sont réparties à dr. et à g. de ce vestibule et alimentées par les sources sulfureuses détaillées plus haut, 23 douches ordinaires, une grande douche, une vaste piscine pourvue d'appareils gymnastiques et propice aux exercices de natation, 5 **grandes douches jumelles**, 3 douches ascendantes fixes, une locale, une piscine pour hommes, une autre pour dames, etc..., complètent l'installation du rez-de-chaussée. Au premier étage, sont installées, avec tout le confort désirable, en rapport avec les exigences de la thérapeutique moderne, deux salles de pulvérisation pour les dames, à g., et pour les hommes, à dr.

Au S. des Thermes, relié avec eux par une galerie couverte, on a élevé en 1884, un élégant pavillon où sont organisés deux bains russes avec lit de repos et de massage et des salles d'inhalation. Derrière les Thermes sont les buvettes et à côté de ces dernières les entrées des galeries souterraines de captation et d'adduction des eaux. Ces galeries qui mesurent 2m20 de h. sur 1m60 de larg. atteignent, ensemble, un développement d'un kilomètre.

On a construit récemment un pavillon avec *cabines de luxe* très confortablement aménagées.

Pavillon du Pré. — En plein parc, sur un terre-plein, qui domine le lac, s'élève le pavillon rustique du Pré, où l'on administre les eaux des trois sources du Pré si appréciées des scrofuleux et des lymphatiques.

Bains émollients. — C'est au S.-E. des *Quinconces*, près du lac, que se trouve le bâtiment à l'aspect semi-oriental, affecté aux bains émollients.

Les Thermes sont ouverts toute l'année, mais la saison véritable va *du 15 mai au 15 octobre*.

Promenade de reconnaissance

Vous vous engagez dans la belle *allée d'Étigny*, longue de 608 m., qu'ombragent délicieusement ses quatre rangées de tilleuls plus que centenaires. A dr. et à g. se dressent les façades des principaux hôtels, cafés et restaurants; vous rencontrez à g. le *boulevard du Casino*, puis la *route d'Espagne*, par laquelle vous atteignez la *rue Sylvie* où se trouve le bureau de la Poste et du Télégraphe. Plus loin, vous remarquez à g. le *passage Saccarère*, qui communique directement avec la *rue Sylvie*, au bout de laquelle se trouve une des entrées des jardins du Casino.

Nota — Un bureau de voitures est installé dans ce passage.

Vous remarquez à g. la grande librairie Lafont, abondamment fournie de cartes et vues de Luchon et de la région pyrénéenne, et de tous les ouvrages et romans en vogue; vous laissez à g. une petite rue qui borde les *Quinconces* et va rejoindre la route d'Espagne et, sortant de l'allée d'Étigny, vous arrivez devant l'Établissement thermal, au bout duquel s'ouvre le Parc (v. p. 377); tournant à g., à hauteur de l'entrée principale de l'Établissement, vous descendez la *promenade des Quinconces*, plantée de beaux arbres et où vous remarquez un kiosque élégant où la musique se fait entendre tous les matins de 9 à 10 h., puis d'autres kiosques pour les journaux et les jouets d'enfants. A dr. s'élève le nouvel établissement où se prennent les bains

BAGNÈRES-DE-LUCHON. — Allée d'Etigny.
(*Phot Lafont*, *libraire, 63, allée d'Etigny, à Luchon*).

émollients (v. ci-dessus). Traversant la route d'Espagne, par laquelle on peut gagner, à dr., le pont de Saint-Mamet, que l'on traverse pour visiter le village de ce nom et pour prendre la route du *Portillon* (v. p. 394), et, en laissant à g. le chemin de Saint-Mamet, la route de la *vallée du Lys* et de la *vallée de la Pique* (v. p. 386), on s'engage dans *l'allée des Bains*, que l'on suit jusqu'à la Pique, laissant à g. la principale entrée du Casino et les deux avenues qui bordent ses jardins.

Nota. — La première de ces avenues correspond avec la *rue Sylvie* et le *boulevard du Casino*, la deuxième va rejoindre le *boulevard du Casino* et l'*avenue de Piqué*.

Tournant à g., au bout de l'allée des Bains, on suit la jolie *promenade de la Pique*, qui longe la rivière de ce nom, de l'autre côté de laquelle on voit, au milieu de la verdure, d'élégants chalets, et on arrive au *pont de Montauban*, auquel fait suite, à dr. l'allée qui conduit au village du même nom (v. p. 381). A g. s'ouvre *l'avenue de Piqué*; on la suit; à d., remarquez la *Laiterie de la Pique*, charmante propriété, dépendant de l'*hôtel du Casino*, où l'on va se rafraîchir; à g., l'*hôpital Ramel*, ancienne villa, entourée d'un vaste jardin, où sont soignés les malades envoyés par la ville de Toulouse. On laisse à g. le boulevard du Casino; on remarque à dr. le *nouvel hôpital*; on laisse à g. la *rue Spont*, par laquelle on peut se rendre au Casino, et à dr. les *rues Colomic* et *Hortense*, et on se retrouve au point de départ, ayant fait le tour de la nouvelle ville.

Pour visiter l'ancienne, tournant le dos à l'*allée d'Etigny*, on prend à g. la *rue Gambetta*, dans laquelle se trouve à g. la *rue de la Carraou*, qui mène au *parc* et passe derrière l'allée d'Étigny et l'Établissement thermal; on laisse à dr. la *rue de la Masoné*, et on prend à dr. la *rue de la Place* qui conduit au *Marché*; remontant le Marché à g., on arrive à la *place du Champ-de-Mars*, au fond de

BAGNÈRES-DE-LUCHON. — Chute de la Pique.
(Phot. Lafont, libraire, 63, allée d'Etigny, à Luchon).

laquelle s'élève la *Mairie* et à g. le *Nouveau Marché Couvert*. A dr. de la Mairie, la *rue de l'Arboust* se continue par la belle *allée des Soupirs*, très fréquentée pendant la saison.

Nota. — En suivant l'*allée des soupirs*, on peut rejoindre la route de *Bagnères de Bigorre*, du lac d'Oô et de la *vallée d'Oueil* (v. p. 402) En tournant, à dr. après avoir traversé le pont on peut rentrer en ville par la *rue de Lacasseyde* et la *rue Nérée-Boubée* en ayant soin de tourner à dr. au cimetière. En continuant tout droit devant le cimetière on rejoindrait l'*avenue de la Gare* un peu en deçà de l'usine à gaz.

De la *place du Champ-de-Mars*, on revient à l'allée d'Étigny par le *Marché*, la *rue de la Commune*, qui tombe en face la *Nouvelle Église* et la *rue Legrand*, qu'on suit à dr.

Le Casino et le Parc

Cette promenade de reconnaissance terminée, on peut la compléter par la visite des jardins du *Casino* et du *Parc*.

Trois entrées donnent accès dans les jardins du Casino : l'une correspond au boulevard du Casino, le premier à g. quand on suit l'allée d'Étigny; la seconde se trouve juste en face la *rue Sylvie*, à laquelle on arrive soit par la *route d'Espagne*, soit par le passage Saccarère, qui s'ouvrent également dans l'allée d'Étigny, enfin la troisième, qui est l'entrée principale, donne sur l'*allée des Bains* (v. plus haut). Les deux premières de ces entrées sont à peu de distance du Casino, tandis que la troisième en est séparée par toute la longueur du jardin.

Si, prenant le boulevard du Casino, on pénètre dans le jardin par la première porte, on a devant soi le Casino que l'on contourne à g. pour arriver devant la façade principale. Après avoir visité cet établissement (v. p. 367) on se dirige vers l'entrée principale, jetant un coup d'œil sur les pelouses fleuries, les bosquets touffus et la gracieuse pièce d'eau, à hauteur de laquelle on voit à dr. la seconde entrée, et l'on sort sur l'*allée des Bains* par la grille principale flanquée de deux pavillons.

Remontant à dr. l'allée des Bains, on ne tarde pas à arriver sur la *promenade des Quinconces*, que l'on traverse pour, ensuite, tourner à g. en face de la porte de l'établissement thermal. On longe la colonnade qui orne la façade et on arrive à l'entrée du **Parc**, où se dresse l'élégante statue du bienfaiteur de Luchon, l'intendant *Maigret d'Etigny*. En suivant droit, devant soi, la spacieuse allée, bordée de jolis massifs, qui partage le parc en deux, on arriverait à l'entrée de la *route d'Espagne* et au chemin de *Saint-Mamet*. On remarque à dr., dans cette traversée, le coquet pavillon de la *Buvette des Prés*, les allées qui conduisent à la *Chaumière*, à la *Fontaine d'Amour* et au *Mail de*

Soulan, la petite gare du *funiculaire* qui conduit à la *Chaumière*, indiquée d'ailleurs par des écriteaux, et, enfin, une fruitière où l'on vend des rafraîchissements et du lait. A g., on longe le lac minuscule, d'aspect si pittoresque avec sa cascade, son embarcadère, son île surmontée d'une modeste cabane et ses rives ornées de beaux arbres qui mirent leur feuillage dans le cristal des eaux. Des bancs, installés de place en place, permettent aux promeneurs de se reposer.

Nota. — On voit à dr. après avoir dépassé l'établissement et ses annexes, les entrées des conduites souterraines par où sont amenées dans les thermes les eaux des différentes sources. On peut visiter.

Promenades

Nous comprendrons sous ce titre les promenades qui peuvent être faites à pied et qui ne nécessitent pas plus de deux à trois heures, aller et retour. Ces promenades peuvent être faites, pour la plupart, à *bicyclette*.

La Chaumière.—Fontaine d'Amour Mail de Soulan

Renseignements. — L'excursion totale (10 kil. aller et retour) demande, à pied, deux heures et demie à trois heures ; on peut gagner du temps en prenant, dans le parc, le *funiculaire de la Chaumière*. On fait plus volontiers la double excursion qui ne demande pas plus de 1 heure à 1 heure 1/2 aller et retour de la *Chaumière* et de la *Fontaine d'amour*.

Itinéraire. — **A la Chaumière :** 1° par *le Funiculaire :* on prend son billet à la petite gare du parc (poteaux indicateurs), prix 75 c. all. et 1 fr. all. et ret. départs tous les quarts d'h. trajet en 2 ou 3 min. On atteint la station supérieure et on sort à g. sur la terrasse où l'on a édifié le charmant pavillon de *la Chaumière* (restaurant : déj. 5 fr., dîner 6 fr. vin compris). Très jolie vue de la terrasse et de la salle vitrée du restaurant, sur Luchon, le parc, le Casino, la vallée et les montagnes qui l'entourent.

2° *A pied.* — On prend à dr. après avoir dépassé les constructions des Thermes, un joli sentier en lacets très bien entretenu, bordé de beaux arbres sur lesquels des traits à la peinture bleue indiquent le chemin à suivre, et on arrive à l'entrée de *la Chaumière* indiquée par une enseigne placée au-dessus d'une porte rustique, à g.

Fontaine d'Amour. — Laissant à g. la Chaumière on continue de suivre le sentier et en quelques min. on arrive à la petite terrasse, ornée d'un parapet en bois, où l'on voit à dr. la fontaine d'Amour, sortant du rocher. — Petite buvette; abri adossé à la montagne. — L'eau de la fontaine est délicieuse. — Jolie vue sur Luchon et la vallée.

Mail de Soulan. — On traverse la terrasse et on monte à dr. à travers les arbres ; on ne tarde pas à rencontrer quelques granges et on descend à g. après avoir dépassé la dernière, pour gagner le charmant belvédère du Mail de Soulan entouré d'arbres et qui domine la Chaumière.

Vue magnifique sur la vallée de Luchon et les montagnes, pouvant rivaliser avec celle qu'on découvre du sommet de *Superbagnères*.

Allée des Soupirs. — *Sourrouille*

4 kil. aller et retour. — 1 h. 1/2, à pied, à cheval ou en voiture. — 1 h. à bicyclette.

Itinéraire. — Sortant de la vieille ville on suit la poétique *Allée des Soupirs* (v. p. 377) bordée de sycomores et de sorbiers datant de 1780 et, avant de traverser le joli *pont de Mousquères*, jeté sur le torrent de l'Arboust, qu'on voit à dr., on prend à g. un petit chemin bien entretenu, bordé de prairies, qui conduit au ruisseau de *Rieau-Caout* et à la source qui s'épanouit dans le vallon de Gouron. Eau délicieuse. Gracieux chalet, restaurant, buvette.

Nota. — L'eau de Sourrouille, arsénicale-ferrugineuse, s'exporte en assez grandes quantités.

🞰 En suivant à g. ce chemin, on monte à *Super-bagnères*, d'où l'on peut redescendre à Luchon par la *Fontaine d'Amour* et la *Chaumière*.

Eglise de Montauban.

Saint-Mamet. — Montauban
Cascade de Montauban

5. kil. à pied, à cheval ou en voiture; 1 heure aller et retour de Montauban à la cascade.

Itinéraire. — On gagne soit par la grande allée du parc, soit par la route d'Espagne (v. p. 373) le *chemin de St-Mamet* et après avoir traversé le pont du même nom, sur *la Pique*, on suit la route bordée de maisons qui conduit au petit village de **St-Mamet** (1 kil.), très pittoresque avec ses antiques maisons; l'église possède de jolies fresques exécutées en 1851 par Romain Caze et représentant *saint Mamet, saint Bertrand*, la *Fuite en Egypte*, *la Sainte Famille* et les *Apôtres*.

Tournant à g. dans le village on se dirige par une jolie route, vers le village de Montauban qu'on aperçoit devant soi un peu à dr. et qui n'est distant de *St-Mamet* que de 2 kil. env. On arrive à la belle *avenue de Montauban*, qui permet de rentrer à *Luchon*, à g. par le *pont de Montauban* et *avenue de Piqué*, et laissant devant soi la route de *Juzet* et du vallon, on tourne à dr. pour suivre le chemin montant du village. A dr. le presbytère et son joli jardin ; à g. le *Cimetière* (jolis monuments en marbre et granit) et la gracieuse église, style XIIIe s. aux voûtes reposant sur deux rangées de colonnes en marbre blanc. Au-dessous de l'église, crypte de style roman.

La Cascade. — Passant devant l'église, on arrive à l'entrée du sentier qui conduit à la cascade (0.50 c.). Promenade délicieuse au milieu de riants parterres et de jolies pelouses. *Prendre garde aux refroidissements.*

Cascade de Juzet

6 kil. 500 aller et retour, à pied, à cheval ou en voiture jusqu'au village.

Itinéraire. — On peut se rendre à *Juzet* soit par *Montauban*, soit par l'avenue de la Gare et la grande route de Bagnères-de-Luchon à Toulouse.

1º *Par Montauban.* — On sort de Luchon par l'avenue de Piqué, on traverse le *pont de Montauban* et on suit l'avenue du même nom, à l'extrémité de laquelle on tourne à g. laissant à dr. le chemin de *St-Mamet*. En une demi-heure on arrive au petit chemin à dr. qui conduit dans le hameau de *Juzet* (450 hab.) en longeant le torrent, que vous remontez jusqu'à un moulin que vous contournez pour suivre un petit sentier rocailleux qui vous mène à la cascade (0.50 d'entrée). Jolie chute de 40 m.

Nota. — A *Juzet* comme à *Montauban* les visiteurs sont assaillis par les gamins de ces villages qui s'offrent à faire visiter les cascades. Ne les écoutez pas, sans quoi vous épuiseriez votre bourse.

2° *Par l'avenue de la Gare.* — Vous suivez cette avenue et, laissant à dr. la *gare de Luchon*, vous vous engagez dans la route nationale de Toulouse, pour tourner à dr. à 1.200 m. de là dans un petit chemin qui passe sous la ligne du chemin de fer, franchit la rivière de *la Pique* sur le *pont de Cournabech* et rejoint la route de Montauban à l'entrée du hameau de *Juzet*. A dr. cette route vous conduit à *Montauban* et *St-Mamet*; à g. elle va rejoindre, en passant par le village de *Salles*, la route nationale de Toulouse.

Tour du Vallon

12 kil. environ. — *1 heure 1/2 en voiture.* — *2 heures 1/4 à 3 heures à pied.* — *2 heures à cheval.* — *1 h. à bicyclette.*

Observation. — Nous ne saurions trop recommander à nos lecteurs cette promenade, qui est certainement une des plus intéressantes et des moins pénibles que l'on puisse faire de Luchon.

Le tarif des voitures de place est de 6 fr. pour 2 chevaux et de 8 fr. pour 4 chevaux.

Itinéraire. — Départ par la route d'Espagne et le *chemin de Saint-Mamet*, on gagne le village de St-Mamet puis, de là, celui de *Montauban* (v. plus haut) et celui de *Juzet*; à g. au milieu du vallon, coule la *Pique*, qui longe à g. la ligne du chemin de fer; on aperçoit de l'autre côté de cette ligne, au milieu des vertes prairies de *Moustajon*, que borde la route de Bagnères-de-Luchon à Toulouse, *le champ de courses*; puis, les villages de *Moustajon* et d'*Antignac*, adossés à la montagne et on arrive au petit village de *Salles-et-Praviel*, qui possède différentes sources ferrugineuses, qu'on voit au bord de la route ; on laisse à g. un curieux pont de bois jeté sur la *Pique* et à dr. un petit chemin conduisant au village de *Sode*, perché sur la hauteur à 914 m. d'alt. et on rejoint la route de Luchon à Toulouse. On tourne à g.; la route franchit la *Pique*, puis traverse la ligne du chemin de fer à la hauteur de la *halte d'Antignac* et l'on entre dans le village d'*Antignac*, dont on remarque la belle église, en pierres de taille, de construction moderne.

Nota. — Au moment des courses données par la ville de Luchon, le petit village est envahi par de nombreux visiteurs qui s'installent dans les maisons des habitants.

En sortant du village on voit à g. le champ de courses, et de l'autre côté de la ligne du chemin de fer, la rivière de la Pique, la route qu'on vient de parcourir et les villages de *Salles-et-Praviel*, de *Sode* et de *Juzet* ; puis on traverse le village de *Moustajon*, dont la vieille église mérite une visite ; on voit à dr. perchée sur un rocher, une tour à signaux, la route longe à dr. les pentes verdoyantes du *buc d'Avède*, on laisse à g. le chemin conduisant au village de Juzet, puis la gare du chemin de fer et on rentre en ville par la belle avenue de Barcugnas.

Tour de Castel-Vieil
Source ferrugineuse.

6 kil. all. et ret. A pied 2 h., à cheval ou en voiture 1 h. 1/2 45 m. à bicyclette.

Nota. — Les voitures ne vont pas jusqu'à la tour et attendent les visiteurs sur la route, à l'entrée du sentier qui y conduit (7 à 8 m. à pied). On peut comprendre cette excursion dans celle de la vallée de *Burre* ou de la vallée de la *Pique* (v. ci-dessous).

Itinéraire. — On sort de Luchon, si l'on est en voiture, par la route d'Espagne; si l'on est à pied, par la grande allée du Parc, en laissant à g. le *chemin de Saint-Mamet*, on s'engage dans la route d'Espagne qui longe à dr. les flancs boisés de *Superbagnères*, on voit à g. une scierie, le torrent de la Pique que borde, de l'autre côté, la *route du Portillon* ou la vallée de *Burre*; on dépasse la petite chapelle de *Bargnatigues*, la route monte, on laisse à dr. un humble poste de douaniers et l'on arrive à g. au sentier qui conduit à la Tour (*Descendre de voiture.*)

Tour de Castel-Vieil.

En 7 à 8 min. on arrive à la **Tour**, qui se dresse fièrement sur son piédestal de rochers. Moyennant 50 c. on fait l'ascension de la plateforme et l'on a devant les yeux un spectacle inoubliable. Devant soi, un peu à g. la ville de Luchon et sa vallée, à dr. la sombre gorge de *Burre* toute hérissée de sapins, et, derrière, les profondeurs boisées de la vallée de la Pique.

De retour à la route, on monte environ pendant 300 m. et on arrive à g. à une petite grille que supportent péniblement deux piliers en maçonnerie; c'est l'entrée du sentier qui mène à la *source ferrugineuse*. En quelques minutes on atteint le torrent de la *Pique*, sur le bord duquel jaillit l'eau précieuse que l'on peut déguster à raison de 10 c. le verre. L'aspect du torrent, et de la gorge au fond de laquelle il se précipite est très curieux.

On peut rentrer à Luchon par le même chemin, ou prendre à dr., après avoir dépassé le sentier de la Tour, un chemin qui franchit la *Pique* sur le pont *Péquerin* et va rejoindre la *route du Portillon*, par laquelle on gagne à g. le *village de Saint-Mamet* et *Luchon* par le chemin et le pont de *Saint-Mamet*.

Excursions

Nous comprendrons sous ce titre toutes les promenades qui peuvent être faites à pied, à cheval ou en voiture, ou partie à pied et partie en voiture, et qui nécessitent au moins 5 heures. La plupart de ces excursions peuvent être faites à *bicyclette*.

Voitures d'excursion. — (V. p. 350) *Ne rien payer en dehors du prix de la place.*— *Pourboire facultatif.*

Vallée du Lys

Cascades d'Enfer et du Cœur. — Gouffre et rue d'Enfer

33 *kil. all. et ret.* — 7 *h. en voiture.*

Observation. — Les voitures et les bicyclettes s'arrêtent à la cascade d'Enfer, aux cabanes du Lys. Le reste de l'excursion se fait à pied (1 h. 1/2 ou 2 h.).

Itinéraire. — On prend la route d'Espagne et après avoir dépassé le poste des douaniers, à dr.

et les sentiers de *Castel-Vieil* et de la *fontaine ferrugineuse*, à g. on continue de monter, dans le lointain les *pics de Sauvegarde* (2.787 m.) et de

Sacroux (2.678 m.) dressent leurs masses imposantes, de magnifiques forêts jettent leur note vert sombre de la base au sommet des montagnes de *Superbagnères* (1.797 m.) à dr. et de *Couradilles* (1.985 m.) à g.; la route franchit sur le *pont Lapade*, le torrent de la Pique dont elle remonte la rive g. et l'on arrive à une bifurcation (5 kil.) où l'on remarque à dr. une buvette. En continuant tout droit, on suivrait la route d'Espagne et la vallée de la Pique, pour arriver à l'*Hospice* et au *port de Vénasque* (2.448 m. alt.) où l'on passe en Espagne, entre les *pics de la Mine* (2.757 m.) à g. et *Sauvegarde* (2.787 m.) à dr.

Nota. — On suit cette route pour aller visiter les jolies cascades des *Demoiselles* et du *Parisien* (v. p. 392).

On tourne brusquement à dr. et on franchit la Pique sur le *pont Ravi*, à g. duquel la *Pique* reçoit les eaux de la vallée du Lys. A dr. une

BAGNÈRES-DE-LUCHON. — Vallée du Lys.
(P ot. Lafon, libraire, 63, allée d'Etigny, à Luchon).

petite buvette où l'on déguste l'eau d'une source sulfureuse alcaline qui jaillit au milieu de la prairie et qui donne d'excellents résultats dans le traitement de certaines affections des voies urinaires. On entre dans la vallée du Lys, le torrent roule à g. on voit à g. un chemin forestier qui s'enfonce dans la forêt et un petit pont en contre-bas de la route et l'on atteint une petite maisonnette indiquée par un drapeau placé à la barrière d'entrée. C'est la maison du *gouffre de Bounéou*. *Descendre de voiture.* Rafraîchissements.

Gouffre de Bounéou. — Le travail des eaux a creusé capricieusement le roc et formé un véritable gouffre que l'on peut examiner d'un petit pont en bois jeté sur le torrent, un peu en aval. Un monument élevé sur la rive g., à hauteur du gouffre, apprend aux visiteurs que, là, s'est noyé en 1876, le 14 août, Alexandre-Achille Duval, avocat à la cour d'appel de Paris, qui était venu visiter ce lieu et qu'un faux mouvement précipita dans le fameux tourbillon.

En sortant de là, on voit à g. le *pont Estrangouillé*, puis la *route des Trépassés*, la jolie *cascade Richard*, qu'on peut aller admirer de près en descendant de voiture et qui tombe dans une vasque naturelle que surplombe un rocher ombragé par des sorbiers et des aliziers ; on découvre en face de soi les nombreux pics qui ferment au S., à l'E. et à l'O. la vallée du Lys; les neiges du pic *Queirat* (2.850 m.) et les *glaciers de Crabioules*, jettent leur note diamantée sur le paysage assombri des rochers grisâtres et des forêts de hêtres. On distingue dans le lointain le ruban d'argent que trace dans la faille de la rue d'Enfer l'eau de la cascade et, après avoir traversé le *plan de Cazeaux*, bordé de frênes innombrables on arrive aux cabanes du Lys. On laisse à dr. deux anciennes auberges et, franchissant un petit pont on arrive à l'auberge du Lys. (Droit de remisage 25 centimes par cheval.)

A g. auprès d'un bouquet d'arbres, se détache le sentier qui conduit à la cascade de Cœur, qu'on aperçoit à quelques centaines de mètres (10 min. de marche).

Une fois descendu de voiture, on prend à dr. un petit chemin, qui passe sur un pont en bois et

conduit au pied de la cascade d'Enfer qui tombe d'une hauteur de 70 m. On remarque sur le petit monticule de droite les ruines d'une auberge détruite par une avalanche descendue de la montagne en 1895.

Nota. — On trouve à l'auberge du Lys guides et chevaux pour l'excursion du gouffre et de la rue d'Enfer.

Gouffre et rue d'Enfer. — A dr. de l'auberge on suit un sentier à lacets qui conduit à la faille au milieu de laquelle tombe la cascade et on arrive à un premier pont (25 min.) jeté au-dessus de la cascade. Une petite plateforme à laquelle on accède par un escalier de quelques marches, à 15 min. du premier pont permet de contempler dans tous ses détails le gouffre d'Enfer. En continuant l'ascension on arrive au *pont Nadié* qui domine le gouffre et d'où l'on jouit d'une vue très étendue sur la vallée (1.493 m.). En traversant ce pont, on arrive après une petite heure de marche au cirque et à la rue d'Enfer (1.801 m.). Si vous ne craignez pas le vertige, approchez-vous du torrent et regardez. L'eau se précipite en grondant dans la plaie béante ouverte aux flancs de la montagne et remplit les oreilles d'un bruit assourdissant. Si l'on continue à travers la forêt de sapins et de bouleaux on laisse à g. la *cascade de Montigny* et on débouche après 2 h. d'une ascension assez pénible dans le *Cirque d'Enfer* d'où l'on peut gagner le *lac Vert* (1.960 mètres) le *lac Noir* et la *Tusse de Maupas*. Mais c'est là une ascension longue et difficultueuse pour laquelle un **guide est nécessaire** et qui demande une *journée entière*.

On se contente généralement, et c'est le conseil que nous donnons à nos lecteurs, d'atteindre le second pont et de borner là cette ascension.

Au retour à l'auberge, prenez le sentier de dr. et rendez-vous à la *cascade de Cœur*, formée par les eaux réunies de deux torrents et qui est, sans contredit, l'une des plus curieuses des Pyrénées. (20 à 25 min. aller et retour.)

Retour à Luchon par le même chemin.

Vallée de la Pique — L'Hospice Cascades des Demoiselles et du Parisien — Port de Vénasque

20 kil. all. et ret. à l'Hospice. — A pied, à cheval ou en voiture. — 1 h. 1/2 à pied ou à cheval de l'Hospice au port de Venasque.

Observation. — Cette excursion peut être faite complète à pied ou à cheval; en voiture ou à bicyclette, on s'arrête à l'Hospice.

Moyens de transport. — *Voitures d'excursion*, 4 fr. all. et ret. par place. *Voitures particulières* : 25 fr. à 2 chev. et 35 fr. à 4 chev.

Itinéraire. — On suit la route de la vallée du Lys, jusqu'au *Pont Ravi* (5 kil.) qu'on laisse à dr. pour suivre la rive g. du torrent *de la Pique* ; on atteint les granges de la **Bach**.

Cascade des Demoiselles. — Au delà des granges, en descendant de voiture, on prend un chemin qui s'ouvre à dr. et conduit en 20 min. à la *cascade des Demoiselles*, par un petit pont qu'on aperçoit à demi caché par les arbres : on traverse la *pelouse de Jouéou* où s'élevait, jadis, un hospice fondé par les *Templiers* et on arrive à la cascade que l'on peut contempler de près en traversant le lit du gave auquel elle donne naissance.

Nota. — *Si l'on est à pied ou à cheval*, en suivant le sentier droit devant soi, on peut gagner l'Hospice, en passant par la cascade du Parisien qui n'en est distante que de quelques minutes. *Si l'on est en voiture*, rejoindre la route par le petit pont.

Des granges de la *Bach*, la route monte au milieu de la *forêt de Charuga*; les flancs de la montagne sont couverts de sapins et de hêtres, on longe la rive g. de la Pique et on arrive au plateau sur lequel s'élève *l'Hospice*, construction modeste où l'on trouve des rafraîchissements (10 kil).

Cet hospice est élevé à la jonction de trois sentiers, dont les deux de droite conduisent aux *ports de la Glère* et de *Vénasque* et celui de gauche au port de la *Picade*, par lesquels on entre en Espagne.

Cascade du Parisien. — En suivant le sentier de dr. on atteint en 10 à 12 min. la *cascade du Parisien*, le sentier est assez accidenté; en arrivant à une bifurcation, laisser à dr. le sentier descendant qui conduit à la *cascade des Demoiselles* et prendre celui de g. qui monte rapidement et conduit au pied de la cascade. Retour par le même chemin.

Port de Vénasque. — Prendre le sentier devant l'Hospice, on traverse sur un pont de bois le torrent du *Pesson*, puis on s'élève sensiblement; le chemin devient rocailleux et difficile, on franchit trois fois le torrent, on passe devant une croix grossière formée de pierres posées les unes sur les autres et qu'on appelle *l'Homme*, on laisse à g. le *trou des Chaudronniers* où neuf hommes trouvè-

Massif de la Maladetta.

rent la mort sous la neige et, après une heure et demie de marche, on atteint le sommet du *port de Vénasque*, vaste échancrure qui s'ouvre entre le *pic de la Mine* à g. et le *pic de Sauvegarde*, à dr. Dans ce dernier on a scellé une croix de fer; l'ascension du sommet ne demande qu'une demi-heure; on y trouve une cabane dont le propriétaire est autorisé par sa province à toucher 1 fr. par visiteur.

Vue splendide sur le groupe des *monts Maudits* ou de la *Maladetta*, dont le *pic de Néthou*, qui en fait partie, est, avec ses 3.404 m. le point le plus élevé de la chaîne des Pyrénées.

Nota. — C'est par l'*Hospice* et le *port de Vénasque* que se fait généralement l'ascension du *pic de Néthou*. C'est également de l'*Hospice*, par le chemin du *port de la Picade*, que se fait la belle ascension du *Pic de l'Entécade*. (2 h. env. de l'Hospice).

On peut revenir à l'Hospice, soit par le même chemin, soit par le *port de la Picade*, qui s'ouvre au S.-E. — *Guide nécessaire.*

Du port de la *Picade*, on peut encore pénétrer en **Espagne** et rentrer à Luchon *par le Portillon* et la *vallée de Burbe*. — *Guide nécessaire.*

Vallée de Burbe
Port du Portillon-Bosost

*26 kil. all. et ret. — En voiture 6 à 7 h.
A pied ou à cheval 7 à 8 h., à bicyclette 4 à 5 heures.*

Moyens de transport. — Voitures d'excursion (v. p. 364) et voitures particulières 30 et 35 fr.

Observation. — Cette excursion peut être complétée par la belle excursion du val d'Aran, en Espagne. Dans ce cas on sort de France par le Portillon, on traverse tout le val d'Aran et on rentre en France par le *Pont du Roi*, d'où l'on gagne Luchon par *St-Béat, Marignac, Cierp* et la vallée de Luchon. Cette excursion peut être faite en une journée. — Voitures à 4 ch. prix 50 fr.

Itinéraire. — On gagne le village de *Saint-Mamet* où l'on prend à dr. de l'Eglise pour remonter la rive dr. de la Pique, jusqu'à hauteur de la Tour de Castel-Vieil où l'on tourne à g. On suit alors la route montante de la *vallée de Burbe*, encaissée entre les flancs très boisés du *Mail de Criq* (1.824 m.) à g. et du *pic Couradilles* (1.985 m.) à dr., puis (4 kil.), on atteint un plateau couvert d'abondants pâturages et l'on remarque à g. la *Cascade Sidonie* et les granges du vallon de *Burbe*, on longe la rive dr. du torrent, qui descend du

Portillon et va se jeter dans la *Pique*, un peu en amont du *pont Péquerin*, puis la route n'est plus qu'un large sentier rocailleux qui s'élève arduement à travers une immense forêt de hêtres, franchit deux petits torrents et atteint le *col du Portillon* (1.308 m.) par où l'on passe en Espagne (10 kil.), on aperçoit devant soi le *pic de la Seoube* (2.328 m.) et sur la g. le pic dénudé de *Montlude* (2.516 m.). A dr. de la route s'élève un petit casino bien connu des joueurs de Luchon mais qui fonctionne d'une façon très intermittente. Près de ce casino se dressent les quatre grands sapins du Portillon qui passent pour consacrer plus d'unions que tous les maires de la contrée.

A partir de cet endroit, la route descend très rapidement, parsemée de saillies qui soumettent à une rude épreuve les ressorts des voitures et les reins des promeneurs, on laisse à dr. un sentier qui mène au village espagnol de *Lasbordes*, puis à g. la petite chapelle *San Antonio* d'où l'on jouit d'une magnifique vue d'ensemble sur le val d'Aran, dont on ne tarde pas à rejoindre la route principale, pour arriver (3 kil. du Portillon) au village espagnol de **Bosost** (droit d'entrée par cheval 0.50 cent., à la douane). En dehors de l'Eglise rien d'intéressant à signaler. Le village est construit sur la rive g. de la *Garonne*. qui roule ses eaux avec fracas au milieu des rochers qui encombrent son lit. On aperçoit à dr. du fleuve, vers le nord-est le petit établissement thermal de **Lez**, alimenté par des sources sulfureuses et très fréquenté par les habitants de la région.

En suivant tout droit dans la direction de Lez, on peut rentrer en France par le hameau de *Pontau* et le *Pont du Roi*, d'où l'on gagne Luchon par le *val de Fos*, *Saint-Béat*, *Marignac* et la *vallée de Luchon* (43 kil. env. de Bosost).

Nota. — De *Bosost* on peut aller jusqu'à *Viella*, en remontant dans le val d'Arran, la rive g. de la Garonne.

Saint-Béat-Pont du Roi et Bosost

40 kil. all. et ret. St-Béat. — 64 kil. aller et ret. Pont-du-Roi. — 86 kil. all. et ret. Bosost.

Observation. — Cette excursion, l'une des plus curieuses et des moins fatigantes à faire de Luchon, demande une journée. On part de bonne heure le matin de façon a déjeuner à Bosost.

Moyens de transport. — A pied, à cheval, à bicyclette, en voiture d'excursion (10 f. par place, deux départs par semaine) ou en voiture particulière (2 chev. 35 fr.; 4 chev. 50 fr).

En chemin de fer, jusqu'à *Marignac* (25 min, 1 fr. 65, 1 fr. 10 et 0 fr. 70) et de là, a pied, à cheval, à bicyclette ou en voiture.

Itinéraire. — On sort de Luchon par l'allée de Barcugnas, on laisse à dr. la gare du chemin de fer pour suivre la route nationale de Bagnères-de-Luchon à Toulouse; après avoir traversé les villages de Moustajon et d'Antignac (v. p. 369) on laisse à dr. la route qui permet de faire le tour du vallon et de rentrer à Luchon par *Juzet, Montauban et Saint-Mamet*, on voit à dr. dans une petite niche la statuette de Notre-Dame-de-Lurette, on dépasse l'ancienne route de Montréjeau à Luchon presque parallèle à la nouvelle, on laisse à g. le village de *Cier-de-Luchon*, qu'on aperçoit de l'autre côté de *la Pique* et de la voie ferrée; à g. sur un roc se dresse une ancienne chapelle, plus loin à dr. le modeste cimetière du *Pont de Cazaux*, puis on traverse le village du même nom, où l'on remarque à dr. une *fruitière*, la route tourne brusquement à g. puis à droite et longe la ligne du chemin de fer, qui franchit *la Pique*, sur deux jolis ponts du plus gracieux effet. A g. se dresse le pic *d'Antenac*, on voit à g. sur la hauteur le *château de Guran*, « *vieux de* 600 *siècles* », dit la légende, la route franchit *la Pique*, puis la ligne du chemin de fer qu'elle longe quelque temps pour la traverser à nouveau ainsi que le torrent, au village de *Nuna* (fruitière, bureau de tabac et boîte aux lettres), puis on passe sous la ligne du chemin de fer pour suivre la rive dr. de *la Pique*, où l'on remarque à gauche la *marbrerie Vivès*, à dr. un tunnel, puis on arrive au village de *Gaud*; on laisse à dr. un chemin et l'on atteint le village de *Cierp* dans lequel on tourne à dr. à la hauteur du pont jeté sur la Pique, pour se diriger vers Marignac; à g., dans un mur, une petite niche puis le château de Cierp; on franchit la ligne du chemin de fer à dr. de la station de **Marignac** et l'on traverse le village de ce nom. La vallée s'élargit, de coquettes habitations bordent la route, on remarque à gauche une jolie fontaine ornée de quatre cygnes, de spacieuses écoles puis un pont en pierre; à dr. sur une éminence, se détache la silhouette d'une tour carrée à signaux, semblable à celle de *Castel Vieil*, de chaque côté de la route se dressent les parois dénudées du *Mont Arri*, à dr. et du *pic du Gar*, à g.; on arrive à un parapet, qui borne la route à dr. Là, dans une dépression du sol couverte de roseaux, jaillit une source dont on peut déguster l'eau dans une modeste cabane qu'on voit à droite au bord de la route. En jetant les yeux à droite sur la montagne on aperçoit les blocs énormes de marbre blanc, le fameux *marbre de Saint-Béat*, que l'on fait glisser d'une hauteur prodigieuse et l'on entre à *Saint-Béat* (20 kil.).

Saint-Béat. — On remarque à g. sur un roc escarpé de l'autre côté de la Garonne, une tour carrée et des ruines précédées d'une petite chapelle au-dessus de laquelle on a planté un drapeau tricolore. En avant de cette chapelle, regardant la rivière et le pays, une magnifique statue de la Vierge. Le village se compose d'une longue rue montante à g. de laquelle coule la Garonne, dont les crues à différentes époques et, notamment en 1885 et 1897, réservent aux habitants de désagréables surprises. Admirablement située, à l'entrée d'un défilé très pittoresque, appelé dans l'ancien temps *Passus Lupi*, la petite ville de *Saint-Béat* occupe une situation privilégiée dans la région pyrénéenne. C'est la sentinelle avancée de cette partie de la frontière, ce qui lui a valu le qualificatif de « *Clef de France* » qu'elle mérite à tous égards.

La Chapelle de Saint-Béat.

Nota. — Pour jouir d'un magnifique point de vue sur la ville et la vallée de St-Béat, monter à la vieille *Tour*, qui se dresse derrière la chapelle, qu'on voit à g. en arrivant. Traverser le pont et prendre un peu à g. un petit chemin à degrés, où demeure le sacristain qui fait visiter — 0 fr. 50.

A visiter également l'église datant du xie s. dont le clocher renferme deux cloches du xvie s.

De **Saint-Béat** au **Pont du Roi**, 12 kil. par une route très pittoresque ; on traverse le village de *Fos*, bâti sur la rive dr. de la Garonne, on franchit cette rivière dont on longe la rive dr., on remarque à gauche la vieille *tour de Pomarin*, puis à dr., plus loin, de l'autre côté de la rivière, une construction carrée à laquelle on donne le nom pompeux de *Casino du Pont du Roi* et l'on arrive au *Pont du Roi*, qui sert de limite entre la France et l'Espagne.

Du **Pont du Roi** à **Bosost**, 13 kil. environ par le val d'Aran, on passe au hameau de *Pontau* ou *Pont haut*, la route franchit à nouveau la Garonne, traverse la petite station thermale de Lez (865 hab., v. p. 395) et remonte la rive g. de la rivière jusqu'à *Bosost* (v. p. 395).

Retour par le même chemin ou par le *Portillon* et la vallée de *Burbe* (v. p. 394).

Saint-Bertrand-de-Comminges

Grottes de Gargas.

34 kil. par la route, à bicyclette ou en voiture.

Moyens de transport. — *En chemin de fer*, jusqu'à **Loures-Barbazan** (28 kil. en 40 min. 50 m. et 1 h. 10 ; prix : 3 fr. 15. 2 fr. 10 et 1 fr. 35). De la gare de Loures à Saint-Bertrand-de-Comminges, 4 kil. 500. On trouve des voitures à la sortie de la gare. *En voiture particulière*, 30 à 35 francs 2 chev. et 40 francs 4 chev. — Chevaux : 7 francs.

Itinéraire. — *Par la route* : Le même, jusqu'à **Cierp**, que pour aller à *Saint-Béat* (v. p. 396). Dans le village de *Cierp*, on laisse à dr. la route de Marignac et on traverse à g. le pont jeté sur *la Pique*. On rejoint bientôt la *Garonne*, un peu au delà de l'endroit où elle reçoit les eaux de la Pique et, après avoir traversé la gorge boisée *d'Esténos*, on arrive au village de *Cenon*, puis on laisse à g.

le village de *Saléchan*, dans la vallée de ce nom et, plus loin, à dr. la *station de Saléchan*, qui dessert les établissements thermaux de Siradan et Sainte-Marie, qui sont à g. On passe ensuite à la *halte de Galié*, qu'on laisse à dr., puis au hameau de *Bertren*. On arrive à une bifurcation. La route de g., peu intéressante, conduit à Saint-Bertrand-de-Comminges, par le village d'*Izaourt*. On suit tout droit; on laisse bientôt à dr. la *station de Loures*, puis à g. une route qui conduit à *Saint-Bertrand* et à *Sarp* et arrivé au **Pont de Labroquère**, qui traverse la Garonne, on tourne à g. et on suit la route pittoresque qui longe la rive g. de la Garonne, on rencontre à g. les débris d'un mur romain et on atteint *Valcabrère* (3 kil.).

Valcabrère. — Petit village de 269 h., très intéressant à visiter, bien construit et possédant de nombreux vestiges de constructions romaines. À visiter, un peu au S. du village (10 min.), la curieuse église *Saint-Just*, d'architecture byzantine, à laquelle on accède après avoir traversé le cimetière.

De Valcabrère on atteint en quelques min. *Saint-Bertrand-de-Comminges.*

Saint-Bertrand-de-Comminges. — Village de 625 h., admirablement situé sur un rocher isolé, qui domine la vallée qu'arrose la Garonne, ancienne capitale des Convènes (Lugdunum Convenarum), doit son nom à l'un de ses évêques, Bertrand qui la reconstruisit presque en entier, vers la fin du XI° siècle.

De son antique splendeur, Saint-Bertrand-de-Comminges a conservé sa vieille *Cathédrale*, un des morceaux d'architecture les plus intéressants qui se puissent voir et qui, pour longtemps encore, sauvera de l'oubli la vieille capitale.

La Cathédrale. — On y accède par trois degrés de pierre au-dessus desquels s'ouvrent deux portes flanquées de colonnettes. Quand on a pénétré dans l'église on est frappé de la hauteur de la voûte qui n'a pas moins de 25 m. d'élévation; on y compte quinze chapelles offrant peu d'intérêt, mais on remarque à g. des orgues de toute beauté, décorées de sculptures extrêmement curieuses. Le chœur mérite une mention spéciale (demander la permission de visiter à un prêtre), il renferme, en dehors du trône épiscopal, abrité par un dôme à plusieurs étages et supporté par deux colonnettes sculptées, soixante-six stalles décorées d'ornements de toute nature ciselés dans la pierre avec une rare perfection et un luxe infini de détails. Après le chœur on visite le reliquaire qui renferme, sous un grillage à trois compartiments, le chef de saint Bertrand, dans un buste en argent doré, une châsse en ébène contenant le corps du saint et un coffret que ce dernier avait coutume de porter. A dr. au fond de l'église, quinze marches étroites conduisent à la sacristie où l'on peut voir différents objets ayant appartenu au saint.

La légende veut que saint Bertrand ait tué un crocodile énorme qui dévastait la contrée et que l'on voit, au plafond, en sortant de l'église, à g.

A visiter sur la place carrée où se dresse la cathédrale, le couvent des Olivetains, qui possède une jolie chapelle dont l'autel est orné d'une belle copie de *Murillo*.

Du belvédère qui domine l'escalier par lequel on gagne la ville basse, on découvre un panorama splendide.

De Saint-Bertrand-de-Comminges on va visiter les *Grottes de Gargas*, qui n'en sont éloignées que de 5 kil. (Voir le fermier des Grottes, qui demeure à Saint-Bertrand.)

On s'y rend par le village de *Tibiran*, qu'on gagne en laissant à dr. la route du *Pont de Labroquère* et en suivant à g. une route montante qui passe par le hameau de *Saint-Martin*.

Les Grottes de Gargas sont au nombre de trois, une centrale et deux latérales. La grotte centrale se compose d'une voûte aux vastes dimensions constellée de figures bizarres et soutenue par de curieuses colonnes formées par la réunion des stalactites et des stalagmites. Sur une profondeur de plus de 160 m., à la lumière des torches ou des feux de Bengale, c'est un défilé d'objets de toute forme semés à profusion dans un prestigieux désordre.

Les deux grottes latérales renferment une fosse au fond de laquelle on descend par un escalier en spirale. On pénètre alors pans une autre grotte, à l'extrémité de laquelle on descend par une échelle et une corde à nœuds, dans une troisième plus curieuse encore que la première. (Entrée 1 franc par personne et 1 fr. 50, les jours d'éclairage.)

Retour par le même chemin, ou par *Montréjeau*, en traversant la *Neste*.

Vallée d'Oueil

16 kil. all. et ret. — A pied, à cheval, à bicyclette ou en voiture.

Itinéraire. — On sort de Luchon par l'*Allée des Soupirs*, au bout de laquelle on traverse le pont de *Mousquères*, jeté sur l'*Arboust*, pour suivre la route thermale de Bagnères-de-Luchon à Bagnères-de-Bigorre : après avoir laissé à dr. le chemin de *Lacasseyde* qui passe devant le cimetière, on voit à dr., sur la hauteur, le petit village de *Cazaril*, perché comme un nid d'aigle et qui est le plus ancien de la contrée, la route monte ferme, on laisse à dr. le village de *Trebons*, on franchit le torrent à trois reprises différentes, on remarque à droite la tour *Castel-Blanquat*, à g. le village de *Saint-Aventin* et on arrive à l'embranchement de la route de Bigorre et du *lac d'Oô* avec la route de la vallée d'Oueil. A dr. de la route une colonne en marbre blanc dédiée à Napoléon III. (Ecriteau.) Laissant à g. la route de *Bigorre*, on suit tout droit ; de l'autre côté du torrent, à dr., on aperçoit le petit village de *Sacourvielle*, puis, à g., étagés l'un au-dessus de l'autre, ceux de *Benque-dessous* et *Benque-dessus*, on franchit deux petits torrents, on découvre, à dr., le vieux *château de Saint-Paul*, la route est rocailleuse, on franchit le torrent à gué et on gravit la rue tortueuse du village de *Saint-Paul*, au delà duquel on ne tarde pas à atteindre une première auberge à dr. de la route, puis une seconde un peu plus loin. Ce sont les auberges de *Mairègne*, on est au terme de l'excursion. (Rafraîchissements.)

Du kiosque de la seconde auberge, en regardant dans la direction de Luchon, on découvre une quantité considérable de pics et hauts sommets de la chaîne des Pyrénées ; c'est d'abord, à dr. *Superbagnères*, aux pieds duquel s'étend Luchon, puis, dans le lointain, en promenant ses regards de dr.

à g., les *glaciers de Crabioules*, la *Tusse de Maupas*, le *pic de Sacroux*, le *port de Vénasque* qui s'ouvre entre les *pics Sauvegarde* et de la *Mine*, puis le massif imposant de la *Maladetta* avec ses immenses glaciers. Plus près de soi, à g., le *pic d'Antenac* (1.990 mètres) auquel on arrive en 3 heures de *Mairègne*, par un sentier qui part de *Saint-Paul* et qu'on voit très distinctement du kiosque. On peut faire également de ce point l'ascension du *Montné* (1.818 m.), qui ferme au nord la *vallée d'Oueil* (4 h. aller), en continuant de suivre la route de la vallée.

Retour à Luchon par le même chemin, ou, laissant à dr. après la traversée du village de *Saint-Paul*, la route suivie à l'aller, revenir par *Sacourvielle*, dont l'église possède un clocher remarquable et d'où l'on rejoint la route de la vallée d'Oueil, en franchissant le torrent à hauteur du village de *Benque-dessous*, qu'on aperçoit devant soi à mi-côte.

Lac d'Oo.

16 kil. all., 13 kil. de route carrossable. — 3 kil. à pied ou à cheval.

Itinéraire. — Le même que celui de la vallée d'Oueil, jusqu'à l'embranchement de la route de Bigorre (écriteau). On tourne à g. pour suivre cette dernière route; on laisse à dr. (6 kil.) le village de *Saint-Aventin*, on atteint (7 kil.) le village de *Cazeau de l'Arboust* (curieuse église et fresques anciennes); on tourne à g. dans le village et, laissant la route thermale de Bagnères-de-Bigorre, on longe à dr. la moraine d'un ancien glacier et (9 kil.) on arrive au petit village d'Oo, à l'entrée de la vallée du même nom.

Nota. — On trouve à ce village des guides. Droit de péage de 0,20 par cheval.

En sortant du village, on franchit le torrent sur le *pont d'Oo* et on s'engage dans la vallée. Le chemin suit la rive dr., on franchit, à nouveau, le torrent sur le *pont d'Astau* et on atteint les *Cabanes d'Astau*, où cesse la route carrossable.

Des Cabanes d'Astau, on gagne le *lac d'Oo*, en 1 h. environ par le *val d'Astau*.

Lac d'Oo. — (Auberge; 0,25 c. par personne et par cheval, de droit d'entrée.) Ce lac, qui porte aussi le nom de *Lac de Séculéjo*, est à 1.500 m. d'alt.; il mesure 700 m. de long sur 500 m. de large et sa profondeur est d'environ 60 m. L'aspect est imposant; d'énormes murailles de rochers se dressent de tous côtés et reflètent dans le cristal des eaux leurs capricieuses silhouettes. De l'autre côté du lac, on aperçoit la jolie *cascade d'Oo*, qui tombe de 264 m. de hauteur. On peut en gagner le pied soit par un mauvais sentier, qui longe le lac (40 min. à pied), soit en bateau (*traversée du lac* : 1 fr. 75 pour une personne; 2 pers., 2 francs; 75 c. par pers. en plus; *tour du lac* : 1 pers. 2 fr. 50; 2 pers. 3 fr.; 3 pers., 4 fr.; ensuite 75 c. par pers.). Ajoutons qu'on pêche, dans le lac d'Oo, de délicieuses truites.

Nota. — On peut faire du lac d'Oo les curieuses mais pénibles ascensions du *Pic Quairats* (5 à 6 h.), du *Tuc de Montarqué*, des *pics de Crabioules et Perdighero* et atteindre le *Portillon d'Oo* (3.044 m. d'alt.) qui est le col le plus élevé des Pyrénées. Mais ces ascensions présentent de grandes difficultés, sinon de réels dangers, du moins en ce qui concerne le Portillon d'Oo, et nous recommandons formellement aux touristes de ne pas les entreprendre sans être accompagnés de guides expérimentés.

Ascensions

On peut faire, de Luchon, un nombre considérable d'ascensions, toutes plus intéressantes, plus instructives et plus captivantes les unes que les autres. Nous en avons signalé quelques-unes, au cours de la description des excursions qui précèdent et qui en sont comme la préface; quant aux autres qui présentent, parfois, de sérieux dangers et ne s'adressent qu'aux Pyrénéistes éprouvés, elles nécessitent, toutes, l'aide précieuse d'un ou plusieurs guides. Nos lecteurs trouveront près d'eux tous les renseignements désirables.

TABLE DES MATIÈRES

Préface	4	De Pau à Laruns	131
Les Pyrénées	5	De Laruns aux Eaux-Bonnes	132
Conseils pratiques	10	Des Eaux-Bonnes à Argelès	147
Billets à prix réduits	10		
De Paris aux Pyrénées	15	De Laruns aux Eaux-Chaudes	149
Itinéraires	16		
De Bordeaux à Toulouse	16	De Pau à Oloron	158
De Lyon à Toulouse	18	D'Oloron à St-Christau	161
De l'Auvergne aux Pyrénées	21	D'Oloron à Urdos	171
De Bordeaux au Verdon	40	De Pau à Lourdes	176
De Bordeaux à Arcachon	42	De Lourdes à Argelès	185
De Bordeaux à Dax	54	D'Argelès à Pierrefitte	190
De Dax à Puyôo	61	De Pierrefitte à Cauterets	191
De Dax à Bayonne	62	De Pierrefitte à Luz-St-Sauveur	227
De Bayonne à Biarritz	69		
dº à St-Jean-de-Luz	81	De Luz à Gavarnie	241
De St-Jean-de-Luz à Hendaye	87	De Gavarnie au Cirque	247
		De Luz à Barèges	250
D'Hendaye à St-Sébastien	95	De Lourdes à Tarbes	257
De Bayonne à St-Jean-Pied-de-Port	102	De Bordeaux à Tarbes, par Morcenx	258
De Bayonne à Cambo	102	De Tarbes à Bagnères-de-Bigorre	271
De Cambo à Ossès	104		
D'Ossès à St-Jean-Pied-de-Port	105	De Tarbes à Montréjeau	314
		De Paris à Luchon	316
De Bayonne à Puyôo	107	De Paris à Toulouse, par Cahors et Montauban	316
De Puyôo à Salies	108		
De Salies à Mauléon	114	dº par Capdenac	329
De Puyôo à St-Palais	115	De Toulouse à Auch	354
De Puyôo à Orthez	115	dº à Montréjeau	355
D'Orthez à Pau	118	De Montréjeau à Luchon	357

INDEX ALPHABÉTIQUE

Adour (Forges de l')	62	Ardiden (Pic d')	220
Agen	16	**Argelès-Gazost**	185
Aire	261	Argenton	319
Ambazac	319	Arizes (Vallon d')	311
Anglas (Lac d')	145	Arreau	306
Antenac (Pic d')	403	Arrens	148
Aran (Val d')	395	Artouste (Lac d')	155
Arcachon	44	Aspe (Vallée d')	170
Arcizac-ez-Angles	299	Aspin (Col d')	303

INDEX ALPHABÉTIQUE

Asté	292	**Castelnaudary**	20
Aubisque (Col d')	145 148	**Castelsarrasin**	17
Auch	354	Castel-Vieil	384
Autevielle	114	Caunes	18
Aventignan	315	Caussade	327
Bagnères-de-Bigorre	273	**Cauterets**	195
Bagnères-de-Luchon	361	Cazaril	402
Balaïtous (Pic de)	157	Cazaux (Etang de)	53
Balandrau (le)	188	Cazaux (Pont de)	396
Barbazan	358	Cazeau-de-l'Arboust	404
Barèges	253	Cazoulès	326
Barsac	14	Cerisey (Cascade de)	209
Bastan (Vallée du)	251	Cérons	14
Baudéan	294	César (Camp de)	293
Bayonne	62	Chabenet	319
Beaucens	189	Chaos (le)	244
Beautiran	14	**Châteauroux**	218
Bédat (Mt et grottes du)	289	Chiroulet (Cabanes de)	303
Bédous	174	Ciboure	86
Bellocq (Ruines de)	108	Cierp	361
Bertren	360	Coarraze	177
Bétharram	177	Cœur (Cascade de)	391
Biarritz	71	Croix-Blanche (la)	297
Bidart	81	**Dax**	55
Bielle	132	Demoiselles (Cascade des)	392
Bious-Artigues	155	Déols (Abbaye de)	318
Bleu (Lac)	312	**Eaux-Bonnes**	133
Bon-Encontre	17	**Eaux-Chaudes**	151
Bordeaux	23	Eguzon	319
Bordères	307	Enfer (Cascade, gouffre et rue d')	390
Bosost	395		
Boucau (le)	62	Entécade (Pic d')	394
Bounéou (Gouffre de)	389	Escot (Bains d')	171
Boussens	355	Estom (Lac d')	214
Brède (la)	14	**Eugénie-les-Bains**	259
Brive-la-Gaillarde	325	Facture	42
Burbe (Vallée de)	394	Faisans (Ile des)	92
Buzy	131	Ferret (Cap)	51
Cabaliros (Pic de)	220	**Figeac**	330
Cadéac	306	**Fontarabie**	93
Cadillac	14	Fronsac	360
Cahors	326	Gabas	155
Cambo	102	Gabizos (Massif du)	146
Campan	294	Gaillac	331
Capbreton	62	Gaube (Lac de)	213
Capdenac	330	**Gavarnie**	247
Capvern	314	Gavarnie (Cirque de)	248
Carcassonne	18	Gèdres	243

INDEX ALPHABÉTIQUE

Gélos	131	**Luz-Saint-Sauveur**	229
Ger (Pic de)	146	Lys (Vallée du)	386
Gerde	292	Macau	40
Gourdon	326	Mairègne	403
Goust	154	Marcadaou (Port et val de)	223
Graves (Pointe de)	41	Margaux	40
Grenade-sur-l'Adour	259	Marignac	360
Gripp (Cascades de)	299	Marmande	15
Grottes du Bédat	289	Marsan	354
Grotte des Eaux-Chaudes	154	Maubourguet	260
— de Gargas	401	Mauléon	115
— du Loup	185	Médous	294
— des Spélugues	185	**Moissac**	17
Guétharry	81	Mondarrain (Pic)	104
Guran	396	Monné (Bagnères-de-B.)	291
Hendaye	87	Monné le (Cauterets)	218
Hospice (l')	391	Monné Rouge	305
Hourat (Défilé du)	149	Montaner	261
Iléou (Lac d')	216	**Montauban**	328
Irun	96	Montauban (V. et casc. de)	381
Issoudun	317	**Mont-de-Marsan**	258
Itxassou	104	Montgaillard	273
Juizquivel (le)	95	**Montréjeau**	357
Jurançon	130	Morcenx	54
Juzet (Cascade de)	382	Motte-Beuvron (la)	316
Labarde	40	Moulleau	52
Labassère (Fontaine de)	295	**Muret**	355
Labenne	62	Najac	330
Labouheyre	54	Néthou (Pic de)	393
Labroquère	358	Nexou	329
Laluque	54	Nizan	14
Lamothe	43	Ogeu	158
Langon	14	Olivet (Mont)	289
Lannemezan	315	**Oloron**	158
Lapaca (Cascade de)	250	Oncet (Lac d')	310
Laquet (Col du)	312	Oo (Lac et Port d')	403
Laruns	132	Orhy (Pic d')	115
Lescar	118	**Orthez**	116
Lescun	174	Ossau (Vallée d')	132
Lesparre	41	Ossès	104
Lesponne (Vallée de)	302	Ossun	258
Lexos	330	Oueil (Vallée d')	402
Lez	395	Palomières (les)	292
Limoges	320	**Panticosa** (Bains de)	158
Lormont	39	Parisien (Cascade du)	391
Lourdes	177	Pasages	97
Lourdes (Lac de)	184	**Pau**	118
Loures-Barbazan	358	Pauillac	41

INDEX ALPHABÉTIQUE

Payolle	303	Saint-Sébastien	99
Péguère (Pic de)	217	— Sulpice-Laurière	319
Peyralade (Lac de)	313	— Vincent-de-Paul	60
Peyrehorade	107	— Vincent-de-Tyrosse	62
Peyresourde (Port de)	309	**Saint-Yrieix**	329
Pibrac	354	**Sainte-Marie**	360
Pic du Midi (Bigorre)	310	Salbris	317
Pic du Midi (d'Ossau)	157	Saléchan	360
Pierrefitte-Nestalas	190	**Salies-de-Béarn**	108
Pilat	52	Salut (Bains de)	288
Piméné (Pic de)	250	Sarrancolin	307
Pique (Vallée de la)	391	Saubusse	62
Plantade (Hôtellerie)	311	Sauternes	14
Pont d'Espagne	209	Sauve (la)	39
Portet-Saint-Simon	355	Sauveterre	114
Portillon (le)	394	Sencours (Col de)	311
Port-Sainte-Marie	15	**Siradan-Ste-Marie**	360
Pouzac	293	Socoa (Pointe de)	86
Puyôo	108	Souillac	326
Quillac (Chêne de)	60	**Soulac-les-Bains**	41
Rabastens	331	Soulan (Mail de)	380
Réole (la)	15	Sourrouille	380
Reuilly	317	Souterraine (la)	319
Rhune (la)	87	Suberlaché (Bains de)	174
Riou (Col de)	222	Superbagnères (Mgne)	380
Riscle	260	**Tarbes**	262
Rocamadour	330	Tardets	115
Roi (Pont du)	396	Tercis	61
Roland (Pas de)	104	Tessonnières	331
Roncevaux	106	Teste (la)	43
Roquefort	355	**Toulouse**	331
Royan	40	Tourmalet (Col de)	309
Sablonney (Dune de)	52	Trébons	294
Sacourvielle	402	Trinité (la)	113
Saint-Béat	397	Urdos	175
— Bertr.-de-Comminges	399	Urrugne	87
— **Christau**	163	Uzious (Lac d')	145
— Etienne-de-Baïgorry	104	Valcabrère	400
— **Gaudens**	357	Valcarlos	105
— Germe	260	Vénasque (Port de)	391
— **Jean-de-Luz**	83	Verdon (le)	41
— Jean-Pied-de-Port	105	Vert (Lac)	313
— Mamet	381	Verteuil	41
— Marcel	319	Vic-en-Bigorre	260
— Martory	355	Viella	395
— Palais	115	**Vierzon**	317
— Paul-les-Dax	60	Vignemale (Col du)	226
— **Sauveur**	235	Villefranche-de-Rouergue	330
— Savin	188	Ychoux	54

Paris. — Imp. P. MOUILLOT, 13, quai Voltaire. — 87336

www.ingramcontent.com/pod-product-compliance
Lightning Source LLC
Chambersburg PA
CBHW071903230426
43671CB00010B/1453